夕照漫笔

下

资中筠 著

壹嘉出版

壹嘉出版社

夕照漫笔（下）

作　　者／资中筠
出 品 人／刘　雁
封面设计／王　烨
装帧设计／壹嘉出版（美国）
出　　版／壹嘉出版（美国）
　　　　　网址：http://www.1plusbooks.com
印制销售／秀威资讯科技股份有限公司
　　　　　114 台北市内湖区瑞光路 76 巷 69 号 2 楼
　　　　　电话：+886-2-2796-3638
　　　　　传真：+886-2-2796-1377
网络订购／秀威书店：http://store.showwe.tw
　　　　　博客来网络书店：http://www.books.com.tw
　　　　　三民网络书店：http://www.m.sanmin.com.tw
　　　　　读册生活：http://www.taaze.tw

出版日期／2023 年 2 月
ＰＯＤ版／2023 年 6 月　一版
Ｉ Ｓ Ｂ Ｎ／978-1-949736-58-8
定　　价／NT 890 元

作者简介

　　资中筠，国际问题及美国研究资深学者，中国社会科学院荣誉学部委员，美国研究所退休研究员、原所长。祖籍湖南耒阳，1930年生于上海，1947年毕业于天津耀华中学，先后在燕京大学、清华大学外文系学习，1951年毕业后，多年从事对外关系工作。1980年代参与创办《美国研究》杂志与中华美国学会，创办中美关系史研究会并任第一、二届会长，主持并参加各种国内外学术活动。1996年从社科院美国所退休后，著述尤丰，除专业国际研究外，旁涉中西历史文化，近年来关注中国现代化问题，撰有大量随笔、杂文。此外，翻译英、法文学著作多种。

编辑说明

　　《夕照漫笔》收入作者 2013 — 2022 年间写作的文章及讲座整理稿、访谈录共约50万字，依内容主旨分为八个小辑，以上下两卷的形式出版。本册为下卷，包括"历史与救国"、"世界观察"、"思故人"、"音乐家园"四辑。每辑中的文章大致按写作年代顺序排列。

目 录

序 言

自上世纪八十年代以来，我在专业著述之外开始写一些随笔杂文，或长或短，隔几年出一本集子。2011年应广西师大出版社之邀，从三十年来的文字中选了一些自以为有长远价值的，按题材性质分五卷，出了《资中筠自选集》，又称《五卷集》。这套文集获得了一些关注，还得了各种图书奖。随后于2013年又将以后两年来的文字集结出版，题为《老生常谈》。自那以后，时格势禁，没有再出文集。如今应刘雁女士之邀，把2013年以后尚未入集的文字在这里集结出版。这是本人第一次中文著作在外国出版，这本书竟首先在海外与读者见面，是我未料想到的。

本书文章截止于2022年。其中少部分曾发表在国内一些报刊。2015年在朋友建议和帮助下开了微信公号，创作更加随性，读者点击率也日益增加。本书大部分文章是曾在公号上发表的。这个公号共存活三年，正在方兴未艾之时，2017年秋被"永久屏蔽"。但是互联网时代文网再密也有空隙，实际上我并未三缄其口，除撰写文章外，也应邀做讲座或访谈，本书有些是根据录音整理成文字。所以内容驳杂，体例也无一定之规；即兴发言不像写文章，措辞可能不太严谨。不过不论何种形式，都是个人有所思、有所感，经过思考，出自肺腑之言。

专业是研究美国，所以有关国际评论的文章也大多与美国有关。关于把一个国家作为一门社会科学来研究，我在1987年《美国研究》创刊号上已为文阐述一己之见。总之是把美国竖切面、横切面，作为一种文明全面考察，帮助国人增进了解，而不是为政府出谋划策，或为外交建言。当然此宗旨不为主流社科界所接受。只是自己的研究本着这一原则，主要代表性的专著有《二十世纪的美国》和《美国十讲》，以及几本论文集。另外还有一个独特的关注领域，就是百年来美国公益基金会的发展，为此写了专著，第一版题为《散财之道》，以后随着发展不断增订，最后一版题为《财富的责任与资本主义的演变》。因是之故，就这个专题接受了很多采访，应邀做了许多讲座。本文集设"公益"一栏，选入我最近几年的几篇文稿。美国是成熟的公民社会，NGO非常发达，进入后工业时代在这个领域又有所创新，对整个资本主义社会可能产生重大影响，但是受到学界的关注远远不够。希望这一栏目的文章对读者有所帮助。

近年来，美国两党政治分化变本加厉，特别是最近两届大选，不但在有选举权的华裔美国人中争议激烈，而且在中国的知识界也出现热烈的"川粉"现象。本人也曾被要求"表态"。我坚持作为中国人只能隔岸关火，绝不选边站。而且根据自己的研究角度，从来关注点不跟着大选跑，因为我不认为在美国制度下，总统能决定国运。

实际上我真正关注的当然是生于斯、长于斯、终老于斯的本乡本土。借用杨奎松教授一本书的题目：忍不住的关怀。我关心的是民族精神，与研究外国一样，写作是以普通中国人为读者，绝对不作向上建言、献策之举。中国知识分子常有一种"帝师"情节，所谓"处江湖之远而忧其君"，我竭力提倡的是摆脱这种情节而忧其民。本文集中有一篇《国家兴亡，匹夫无责》，诠释顾炎武的名言"天下兴亡匹夫有责"。在广为流传中"天下"常被代以"国家"。其实顾的原意是把"天下"与"国家"分开，明确说"保国者，其君其臣肉食者谋之；保天下者，匹夫之贱与有责焉耳矣"。另外一篇最新写的《国际研究的反思》，最后一段主张学者采取更为超脱、更高瞻远瞩的立场，与政客拉开距离。这是我的一贯治学和发声的态度，但很少为人所理解。

最后摘录《自选集》序言的片段：

> （2000年）的集子名《读书人的出世与入世》，原意是想退休后享受"出世"的情趣的。不知怎地忧患意识日甚一日。后一本《斗室中的天下》，扉页上自题："生年不满百，常怀千岁忧"。
>
> ……
>
> 回顾自己几十年来的文字，既有变化也有一以贯之的不变。第一个不变是对人格独立的珍惜和追求。事有巧合：2010年我发表了《知识分子与道统》一文，其中对中国古今的"颂圣文化"作了比较透彻的分析，文中引了韩愈"臣罪当诛兮天王圣明"之句。如今重读旧文，忽然发现1980年发表的第一篇随笔《无韵之离骚——太史公笔法小议》中正好也提到太史公之可贵处在于没有"臣罪当诛兮天王圣明"那种精神状态，并钦仰其"不阿世、不迎俗，不以成败论英雄，不以荣辱定是非"的写史笔法……现在回忆起来，我那时正处于对一代知识分子的命运抚今思昔、思绪万端的状态。不知怎地常想到司马迁，于是重读《史记》，甚至曾起意要为太史公写一个舞台剧本，连序幕和主要情节都想好了，而且想象中舞台上的太史公是于是之扮演的（！）。后作罢。以我

的才力当然是写不成的，结果只写了一篇读后感。为什么想起"臣罪当诛兮天王圣明"这句话呢？大约是为当时各种受迫害的人被"落实政策"后一片"感恩"之声所触发。由此可见反颂圣、恶迎俗是我的本性，开始并没有那么自觉，自己也没有想到三十年后想明白了许多问题，却与开初的朦胧状态遥相呼应。《知识分子与道统》一文所述中国"士"的精神轨迹多少也有夫子自道的成分。遥望两千年前，犹有太史公这样的风骨，再看两千年后的今天"颂圣"和"迎俗"的态势，能不令人唏嘘！

追求"真、善、美"而厌恶"假、恶、丑"应该是普遍的人性。不过在阅历太多、入世太深之后，可能审美神经就会麻木。然而我在知命之年开始逐渐苏醒之后，这条神经却日益敏锐。似乎对虚伪、恶俗、权势的暴虐、草民的无告，以及种种非正义的流毒恶习的容忍度比较小。许多当代国人见怪不怪，不以为意，一叹了之，甚至一笑了之之事，我常觉得难以忍受，有时真想拍案而起，尽管许多事与我个人风马牛不相及，若不是现代资讯发达，我完全可能浑然不知。……向往美好、公平、正义的新社会，而且也曾经多次为之升起希望，所以对于方今现实与当初理想的鲜明对比感受特别敏锐。至于当年的"士林"风尚比之今日，只能说是"曾经沧海难为水"了！

本文正当结束时，发生了日本地震→海啸→核泄漏的严重灾难，举世关切。日本的灾难更足以证明需要加强"地球村"的意识。天灾是如此不可测，而"人"自己的"发明创造"究竟是造福人类，还是惹祸，值得深刻反思。这绝不是一国一地的问题。今后超国界、超民族，需要共同应付的天灾人祸定会层出不穷。而各国政治家何时能超出狭隘、自私的"国家利益"的惯性思维和强权政治、损人利己（其实也损己）的行为模式？其中，大国、强国显然比小国、弱国有更大的影响，更重的责任。他们，或者我们大家，负得起这个责任吗？我自称"常怀千岁忧"，人类还有一千岁吗？

以上写于11年前，大体上仍能代表当前写作动力和心情。最后一段提到日本核泄漏的天灾人祸。科学发展对人类的祸福一直是我关切的话题，见本书《科学与人类》一文。但是再"杞人忧天"，也没有想到今日在国内竟身处这样类似荒诞剧的防病毒"封控"局面；外部世界竟然发生了超级武器库卷入的真正的"热战"。掌控足以毁灭人类的武库的政客们凭理性克制了近80年之后，竟有失控的危险。与此同时，那些创新奇才似乎能将太空玩弄于股掌之上。人类、地球向何处去，已非我这风烛残年的凡夫俗子所能计。

2022年5月，九十二岁

辑
一

历史与救国

男儿当如何

——从花蕊夫人说开去

最近由于一句诗忽然流行起来，想起了诗作者后蜀孟昶宠妃花蕊夫人。此诗题为"述国亡"，全文是：

> 君王城上竖降旗，妾在深宫那得知。
>
> 十四万军齐解甲，更（一作宁）无一个是男儿。

我初见此诗大约是上初中时在一个杂志上，还有画像，觉得很美，立刻记住了，是我"过目不忘"的诗之一。这首诗从来同情都是在这位美丽的夫人一边，有一种悲壮之情，让人觉得，从君王到那十四万男儿实在不及一位弱女子"爱国"，有骨气，与"商女不知亡国恨，隔江犹唱后庭花"的"商女"形成对照。不过那是抗日战争时期，在那个语境中，与民族存亡相联系，是有其正面意义的。

多年以后，"更无一个是男儿"句曾一度在我脑海中涌现出来，是与彭德怀遭殃的庐山会议有关，不过不是在1959年。坦率说，那时我还处于蒙昧状态，不可能有此联想。那是20世纪80年代，已经打破迷信，我第一次见到私下传阅的"庐山会议纪要"。忽然觉得，事实和是非都那么清楚，几天前那么多人都是基本上同意彭老总的意见的，怎么风向一变，立刻转蓬，那些代表最高权力的衮衮诸公竟无一直言敢谏之士站出来主持公道，伸张正义？那些平时我比较尊敬的人物，特别是在"文革"后把他们列为正面人物的，其表现也如此软弱。我当然还没有见到全部记录。据说如果见到全部与会者发言的记录，那是很不堪的，足以使所有心目中的正面形象坍塌。那一次"男儿"句在我脑中出现，也只是昙花一现，没有进一步深想。只是自那以后，我每见各种老革命回忆录，或他人写的传记中提到在党内斗争或政治运动中表现"铮铮铁骨"之类的词，都打一问号。

最近，这句话又被翻出来古为今用。我现在已经习惯于从"人"的角度、从大历史走向看问题，感觉完全不一样了。五代十国是中国分裂、混乱时期。特别是南边的十国，混战不已，疆域不断变化，每个朝代只有几十年，超不过三代。这改朝换代当然是打出来的，所以战争此起彼伏，连绵不断，可以想象生灵涂炭，血流成河，受苦受难的是老百姓。而这些"兴亡"之事与他们本来没有什么关系。从历史发展看，赵宋统一中国，又出现了几百年的安定局面，与民休养生息，正是百姓所盼望的，是有利社会进步的。

再说后蜀，孟知祥从后唐手中夺得帝位，当年即去世，传位给三子孟昶。这个"国家"一共只有二世，实际只能算一世。孟昶在位31年，史称其前期励精图治，征伐、扩土，尽有前蜀之地，成一时之盛。在文化上也有建树，据说用木版刻书肇始于他。后期坐享天府之国的富庶繁荣，纵情享乐，极尽骄奢淫逸之能事。他本人文艺修养很高，擅诗词、音律、书画，这点与另一位亡国之君南唐李后主有相似之处，而压榨民力、挥霍国库，奢靡无度，则远超过李后主。那花蕊夫人投其所好，以其才艺、聪明，在饮食、声色方面别出心裁，多有"创造发明"。这个宫廷以它统治范围的全国之力供一人、一家的挥霍，财尽、民怨，最后众叛亲离，连最亲信的大臣也逃亡降宋，"亡国"是必然的。在这种情况下，在赵宋大军压境时，士兵"齐解甲"，"君王"不战而降，恐怕是最人道、明智之举了。而那位花蕊夫人却满腔怨恨，责怪十四万"男儿"没有奋力战斗保卫他们孟家的"江山"。须知，那"十四万"不只是一个数字，每一个"男儿"都是血肉之躯，都是人生父母养，如果君王决定号令他们奋力抵抗，让他们横尸城下，为自己继续在那豪华的宫殿中过骄奢淫逸的生活，以供妃子一笑，人性何在？退一万步说，假设那一场战斗暂时退了宋兵，"王朝"苟延残喘，终究也挽救不了最终灭亡的命运，不过百姓多受一些煎熬，沙场多一些枯骨，于民何利？

至于花蕊夫人本人，貌似风光，实际只不过是高级性奴隶，她若真有头脑，应该想到殷鉴不远，假设君王决定抵抗，官兵还有斗志，说不定马嵬坡一幕会重演，首先牺牲的是她本人。君王竖了降旗，她没有死，却被另一君王霸占。据说，宋太祖见到她之后，为之惊艳。孟昶七日而亡，死得不明不白，她随即应诏入宫，服侍新主。她最后的下场有各种版本，供文人骚客演绎。

再说那"玉树后庭花"的作者，南北朝时期的南朝陈后主（叔宝），也是亡国之君，也是有一位美貌宠妃张丽华陪他纵情声色，其宫室之豪华和生活之奢靡也是历史有名的。亡国时他还偕宠妃一起跳枯井，被隋军俘获。不过张丽华命运与花蕊夫人略有不同，没有活下来。隋文帝灭陈之后本来也是想循例"接收"这位美人的，但是他的忠实战友高颎深信"红颜祸水"之说，没让杨坚见到她就一刀给杀了。陈叔宝却得以苟全性命，直至病死。

9

在统治者眼里，美人也好，"男儿"也好，都是命如蝼蚁，一切服从某个家族的"君王"的利益、好恶。从这个意义上看，没有被选入宫，身处江湖，以卖唱为生的"商女"还是幸运的。"后庭花"照唱不误，作者是谁，哪一姓的"国"亡不亡，跟她们有什么关系？"恨"从何来？

这些都是古人的事。今天呢？

联想起"文革"结束后，两个最高家族（一家的家长被另一家长害得死无葬身之地）的后人在被害人遗孀主持下聚会，握手言和，抛弃恩怨，媒体曾炒作为"佳话"。如果只是两个私人家族，他们之间的关系如何，与旁人无涉。但是"文革"受害者绝不是一家人，涉及千百万家庭，上亿人口，更不用说全民族的危机了。按照叶剑英主席1978年12月在中共中央工作会议闭幕式上的说法，整了一亿人，死了二千万人，浪费了八千亿人民币。邓小平说，国民经济濒于崩溃。两个家族之间的恩怨可以一笔勾销，但代表不了对全国人民，以及子孙后代的交代。既然号称"共和国"，毕竟不是两家或几家的天下，这样的国家大事是断不能"私了"的。

至今，国事是少数人的"私事"，还是全民的"公事"，在某些人心目中不见得很清楚。例如彭德怀一案，现在回头看，也不能以是否"男儿"来衡量与会者。因为他们中许多人在对"敌"斗争中还是很英勇的。据说彭本人委屈认罪，以及与会者"千夫诺诺"，都是为了顾全"大局"。那几亿百姓的生计、全国的经济发展，以及由于当时错误不得纠正而在以后几年中造成的几千万饿殍，与"天子一怒"相比较，哪个是"大局"？现在还有人公开说，个人挨饿事小，不要因个人受苦而不顾大局。问题只是少数"个人"受苦吗？"文革"中两家的恩怨和亿万生灵的命运，以及公平、正义、人权、宪法，哪个是大局？只有弄清什么是"大局"，那么在关键时刻真"男儿"当如何，才能说得清楚。外国的事，姑存不论，不过想起多年前震惊世界的北方某大国政权易帜，关键时刻，正规军队坚守住了枪口不对内的原则，避免了生灵涂炭，应该算是真"男儿"。

21世纪的共和国民的思维模式总该比活在10世纪宫廷中的宠姬有所超越吧！？

（2013年）

治史与救国*

改革开放之初，我在美国参加了一次中美历史学者的交流会。主持会议的美国历史教授在开场白中说：他问美国学生为什么要学历史，绝大多数的回答就是感兴趣；他问过台湾的学生，得到的回答是，为兴趣而学历史对我们太奢侈，我们是为了救国而学历史；后来他接触到中国大陆的学生，对这个问题的回答竟如出一辙，也是为了救国！当时两岸处于对立状况，各自所谓"救国"的内容可能相反。把学历史和救国联系在一起，令他这个西方人感到十分新鲜。这是我第一次意识到学习和研究历史可以有如此不同的角度。

古代官史基本上是给皇帝看的

世界上历史悠久的民族颇有几个，好像没有像我们那样特别重视历史文本，对史书赋予如此沉重的使命。最常见的说法是"**以史为鉴, 可知兴替**"。这里"**替**"是关键, 为什么不是"**兴衰**"?就是一个皇朝由盛而衰, 最后被下一个朝代"替换"了, 这才是最重要的。所谓一个朝代实际上是一个家族掌权，然后又被另一个家族夺走了，换了姓。从历史中吸取经验教训，是为了本朝能千秋万代永远继续，避免被别的

---

* 本文最初为2013年3月在中欧国际商学院北京分院的讲稿，网上流传有长短不一的版本，标题也有多种。此为最新删改稿.

朝代"替"掉。

谁最该吸取这个教训?当然是皇帝和他的家族。谋士们——所谓"帝师"的职责就是教皇帝如何保住这个皇位,老百姓是无权参与,也无能为力的,所以历史首先是写给皇帝看的。中国二十四史只有第一部《史记》例外,是异类。尽管司马迁本人的职务是史官——太史公,但他著史的目的是"究天人之际,通古今之变,成一家之言",不是为了皇朝的延续。他的心胸非常博大,包含整个他目光所及的世界,要找出规律,不是为了汉朝统治能够永远持续。所以他胆子很大,一直写到当代。他是汉武帝时代的人,《武帝本纪》他也写出来了,而且对武帝,并不歌功颂德。要是看《史记·孝武本纪》,对汉武帝得不出很好的印象。《史记》还有点像布罗代尔所提倡的写生活史,给各类人都写列传,包括《游侠列传》、《刺客列传》、《货殖列传》等。儒家历来是轻商的,但司马迁给商人也列传。还有酷吏、循吏,都分别列传,按照他自己的评判标准。所以司马迁的《史记》,是中国历史书里的一个异类。是为记录史实,也是寄托他自己的情怀。他自己准备藏之深山,是给后人看,不是给皇帝看的。但从此以后,包括《汉书》,历代所谓"正史",就是官史,基本上是给皇帝看的。

《资治通鉴》是标准的皇帝教科书

没有列入二十四史,却最权威、最重要的一部编年通史干脆就叫《资治通鉴》,顾名思义,目的鲜明,是帮助统治者如何巩固统治权的。其主笔是司马光,但此司马非那司马,角度非常不一样。《史记》很多章节有"太史公曰",是作者对事、对人的评点,就是抒发已见，不是说给皇帝听的。《资治通鉴》常出现"臣光曰"，也是作者评论，但是从称谓看，就是把皇帝作为假想读者。最后一篇"臣光曰"是致皇帝（宋神宗）的信，篇幅相当长，大意谓：此书是奉先帝英宗皇帝之命编写的，现在由圣上（即宋神宗）赐名《资治通鉴》，我所有的精力和有限的才智都放到这里边了，请当朝皇帝好好读一读这部书，我在浩如烟海的史料中取舍标准和用意就是说明每一个朝代的兴衰有什么样的规律，宋朝应如何吸取经验教训，才能持续兴旺下去。这封信是画龙点睛，对史书的作用说得再明白不过了。

所以，古人修史的最高目标就是如何使皇朝能够千秋万代永存下去。为达巩固统治的目的，其中有一条就是得民心。**所以得民心是手段，不是目的**。就是说，任何一个统治者都不能不顾及民众的需求和他们的福祉，但这是手段，目标是为了维持王朝。就像唐太宗那句脍炙人口的话：水可以载舟，亦可以覆舟。民是水，舟是皇权。当然也可以说这是一种以民为本的思想，因为水还是最基础的。但归根结底，水的功用是什么呢？是为了承载上面的皇权宝座。能够明白这一点，重视民众这个基础，就算明君了。但后来因为在皇宫里待久了，皇二代、皇三代以后，连这样的道理都不明白了，习惯于掌握生杀予夺之权，以为自己可以呼风唤雨，为所欲为，一意孤行，结果起了风浪，把船给掀翻了。

对当权者的约束作用

从"资治"这一目标派生出来，史书还有一个功能是对当朝统治者起一定的监督和约束作用，这有一定的积极意义。中国古代史书有一以贯之的价值观，这是从孔子著《春秋》时定下来的。遣词造句都代表着褒贬，叫做"春秋笔法"，所以有"孔子作春秋而乱臣贼子惧"之说。顾准说中国的文化是"史官文化"。从"史官"这方面说，有一个很好的传统，就是**"在齐太史简，在晋董狐笔"**，有**"秉笔直书"**的道德操守。那位齐太史为了一个字，三兄弟前赴后继，全被杀了。他们为坚守自己的史德，不惜牺牲性命。通常有"殉国"、"殉职"、"殉道"之说，而写历史成为一桩惨烈的职业，要牺牲性命，"殉史"应该算是中国特色。不论如何，这两位史官为后来写历史的人树立了一个标杆，修史者以此为榜样，坚持写真事，这是一个很好的传统。**是"流芳百世，还是遗臭万年"，一般草民不在乎，中国士大夫却很在乎，当国者更在乎，他们特别在乎自己死后的历史地位，史书上是把他当成明君还是昏君。要想历史把他写得好，就要做得好。做不好，在历史上就会是昏君，亡国之君。从这个意义上，史书对皇帝或君主还起到一定的监督作用，使他们还有所敬畏。**

　　史官的地位有一定独立性，皇帝不能看史官所记自己的行藏。这个传统在皇权专制时期能保持近千年，很不简单。到唐太宗自己做了不好的事，怕史官记下来，坚持要看自己的"起居注"，褚遂良等人顶不住，就破了这个规矩。后来隐恶扬善、歌功颂德就逐渐多了起来。不过总的来说，史官还是有一定的职业道德，心目中有一个榜样，治史者对后世有一份责任心，对真相心存敬畏，不敢为迎合当权者而胡编乱造。所以前人留下的二十四史加上清史稿，基本上还有一定可信度。

为什么近现代官史可信度还不如古代史？

1）过去皇朝更替遵循的是同一道统，是非标准不变，基本制度不变，主要看谁更符合这一标准。而后世的革命是从理论到制度全盘颠覆。必须把前朝完全否定，才有本朝的合法性。

2）本朝的开国者与前朝是同一代人，曾经共事，奉同一正朔（孙中山三民主义），也曾互相杀戮，是现世的仇敌。被打倒的既是立国者也是亡国者，而且还未全亡，偏安一隅，还不能完全算作"前朝"。这样，两边的"笔底春秋"完全相反：这边是"革命"，那边是"叛乱"；这边是英雄，那边称"匪首"。更重要是史实的叙述也大相径庭。

3）古人治史不是为了对民众做宣传。一般改朝换代之前总有一个乱世，人心思定，谁能实现安定，统一天下，就是"奉天承运"，老百姓就拥护。肯定百年前的前朝君主的功绩与现实的民心归附无关，反而能为当前的当政者树立榜样（但也有例外，就是异族入侵，如元、清，对前朝的说法就诸多忌讳。元朝太短，清朝统治者特别怕汉人不服，怀念前朝，所以清朝文字狱最发达）。**而现在写历史与当代政治、意识形态以及政权的合法性息息相关。加之教育普及，关心国事的民众越来越多，历史的叙述与政治宣传合二为一**，不仅对近代史，连古代史都是如此，每一次政治运动就修改一次历史，真如宋人周密所说："国史凡几修，是非凡几易"（《齐东野语》），连对孔子也"是非凡几易"。不仅是笔底褒贬问题，事实的陈述也都须服从当前政治需要，有些真相就必须遮蔽。

事实上，辛亥革命后，民国的官史对晚清的说法以及对国民党一党专政之外的各政治派别的褒贬，也有类似的出发点，因而也在不同程度上对史实的叙述和对人物、事件的评价都有偏颇。只不过那时的官史始终未能垄断全部史学的话语权。

4）古代皇朝兴替，成王败寇，祖辈打江山，子孙坐江山，是公认合法的，无须掩饰。而辛亥革命以后，君主制被否定，名义上是民主、共和，不能公然复辟帝制，承认江山私有。**理论与实践脱节，"道统"与"法统"在逻辑上难以理顺，对相关的历史真相就更有必要掩盖。**

5）现代史官的相对独立性早已荡然无存！大饥荒的年代，刘少奇曾告诫毛泽东："人食人是要上史书的"，还希望借助对身后名敬畏的传统力量。但是写史的权力已被垄断，连饥荒事实本身根本不许载入史册，其能奈何！？

所以中国近现代史的官史可信度还不如古代史。不过自改革开放以来，史学有很大进步，真相逐渐透露出来。比如纪念辛亥革命百周年，是很了不起的一件大事。学术界非常活跃，成果累累，出现繁荣景象。这两年民国史以及晚清史的著作很多，从档案中挖掘出很多真相，对史实以及历史人物重新评价，推翻了不少以讹传讹的旧说，澄清谎言，振聋发聩。有许多佳作可以说是继承了中国史学传统中的优良部分。2011年对近代史来说可算是丰收年，比起十年以前，对于民国史的认识，就大大地不一样了。还有一些业余喜好者也参加进来，促进了"野史"的繁荣，是大好事。但教科书还没改，还在继续误人子弟。

何时治史不再以皇朝兴衰为主线

自19世纪中叶，中国人开始放眼看世界以来，再讲历史，就不限于中国，而是世界各国的历史了。中国人研究外国历史，最开头的着眼点是：为什么他们能打败我们？这也就是前面讲的中国学生学历史是为了救国。**不管学中国史还是学外国史都是为了救国，这是当时知识精英的共同情结。**但是"他们"为什么强大，就不能以皇朝的兴衰为主线了。因为欧洲从中世纪以后的发展途径，就不再是一家一朝的兴衰。历史发展是以生产力、思想的进步和制度的改变为主线。因此，我们在学欧洲的历史时，总是要学文艺复兴、启蒙运动、宗教革命、科技革命、工业革命，什么时候有了蒸汽机之类。既跨越王朝，也跨越国界。

作为现代人，放眼世界，回头看本国历史是否还能立足于朝代的"兴替"？既然号称"共和国"，又以马克思理论为主导，那么，**历史观就应以生产力的发展、社会的进步、大众的福祉为标准。评判是非得失有了新的视角。眼睛不是总盯着上面，而是看一般老百姓的生活，包括用什么器皿，什么时候机械化、电气化了，以及风俗的演变等，而统治方式、政权的兴替以及制度的变迁只能成为手段。**

几年以前，中央电视台的纪录片《大国崛起》曾引起热议。一般观众自然而然会想到"中国崛起"，思考从其他国家的兴衰中看出什么规律。比如纪录片中提到荷兰这个蕞尔小国，却曾经一度因其最自由、最开放、最有创新而领先欧洲，称霸一时；比如德国作为欧洲的后来者，特别重视教育，19世纪德国的教育在欧美国家处于领先地位，德国也以此兴国。**这实际上是从人类文明发展的角度看历史，脱离了帝王家谱的体系，颠覆了为皇朝服务的历史观。**从这个意义上讲，《大国崛起》这部纪录片无形中起了一些突破性的作用。

如何评价苏联解体？

自从苏联解体、东欧剧变以来，其原因和经验教训是中国政界、学界戚戚于怀、挥之不去的心结和话题。总结苏俄历史经验教训的纷纭众说，大体上有两种视角。

一、人类文明史的视角

从这一视角出发，得出的结论是苏联原来的统治制度对人类的两大诉求——生产力的发展和公平正义都无法满足，既无效率，也不公平，反而扼杀了文化底蕴深厚、优秀的俄罗斯民族的创造力，给俄罗斯及其周边的民族带来的祸多于福，因而难以为继。不论以何种方式，最终旧的制度必然要被抛弃，转到人类共同发展的轨道上来。这一转轨可能是和平的，也可能是通过暴力。**俄罗斯得以和平迈过这一坎，避免了流血和大规模的破坏，是其人民的幸运，也说明民众的文明程度。总而言之，这是历史的进步。**

二、沿袭朝代兴替的视角

这一视角奉苏共的统治为"正朔"，以同一政权千秋万代永远持续为理想，是非褒贬以此为准。于是得出的"教训"是：从赫鲁晓夫开始揭露斯大林暴政的真相（尽管只是一小部分）动摇了对斯大林的迷信；戈尔巴乔夫的进一步"公开化"、"新思维"，"扰乱"了人心；吸取的教训就是在思想上要加强控制。**在这里，广大百姓的意愿似乎是不存在的，可忽略不计。归根结底，最高准则不是社会进步、公平正义、人民福祉，而是巩固已经夺得的政权。民众的福利是手段，"保江山"才是最高目标。为达此目标可以适当照顾民生，也可以不顾民生，但必然牺牲民权。**

告别"打江山，坐江山"思维

有一个说法："欲灭其国，先灭其史"。历史本身是客观存在，如何"灭"得了？这里指的不是史实本身，而是历史文本对过去重大事件的说法和解释，更重要的是对史料的取舍。如果把历史的功能定为为当前政治服务，就难以客观、真实。苏联的《联共（布）党史简明教程》，就是围绕着为斯大林专政的合法性辩护而撰写的。现在已经知道其中谎言甚多。中共过去也是以这部历史为国际共运标准文本，所以**整个一代人学习的苏联"官史"基本上建立在谎言的基础上，真正起到了"灭史"的作用。蒙蔽历史真相，垄断历史话语权，是维持专制统治的重要手段**。如今治俄国史者揭露了真相，否定这部党史，就是"灭"了一个神话，起到正本清源的作用。

1951年胡乔木编《中国共产党三十年》，曾经在短时间内为钦定官史。但是经过几次政治运动，又有所变化，后来为进一步神化领袖、"大树特树"，党史也就完全以"路线斗争"为纲，以说明领袖一贯正确，更进一步篡改历史。1986年胡乔木访美时，自己都认为那本《三十年》不能算作学术著作，不同意放入履历中。自从改革开放以来，尽管"官史"还是定于一尊，但是许多历史真相还是逐步透露出来。这是一大进步。于是又有一些以权威自居的学阀出来批判"历史虚无主义"。史学界对某一段历史的不同解释可以不断争论下去，是正常的。随着档案的陆续开放，有些本来"公认"的事实也被否定，对历史人物重新评价，这些都应以事实为基础，言之有据。而今披露历史真相的，改变过去偏颇的结论，拨乱反正的，被称为"历史虚无主义"，而以愚民为目的的谎言反倒是"正史"，那是颠倒是非。

不同历史观是不同的国家观

不同的历史观，归根结底是不同的国家观，涉及对政府和政党存在理由的根本认识。**百姓是主人，还是在皇恩浩荡下的臣民，各级政府官员是"食君之禄"，还是纳税人养活?这"谁养活谁"是问题的根本。**

中国由于皇权制度历史悠久，"祖辈打江山，子孙坐江山、保江山"的观念根深蒂固，而对现代民主、共和制的认识历史较短、远未深入普及，却又经历了以人民的名义行极权的历史。现在要把观念扭转到以"民"为目的，政权为手段，十分困难，况且涉及如此巨大而盘根错节的既得利益。但是**中华民族毕竟是要汇入人类文明滚滚向前的洪流的。历史，不论是本国的还是他国的，已不是只写给君主看，而是面向大众、面向后世的。**

培根说"历史使人聪明"，其前提是历史是写真相的。长期生活在历史谎言宣教中的民众只能日益愚昧。多一些人，早一点清醒地对待历史，明确人民与朝廷哪个是目的，哪个是手段，最终要"保"的是谁，这是百姓祸福、民族兴衰的关键。

（2015年）

国家兴亡，匹夫无责

—— 顾炎武原意

顾炎武的名言"天下兴亡，匹夫有责"，长期流传，"天下"被改成了"国家"。这不是顾炎武的本意，而且正好相反，顾炎武的原意是国家兴亡"肉食者谋之"，匹夫是无责的。按《日知录》明明是这样说的：

有亡国，有亡天下。亡国与亡天下奚辨？曰：易姓改号，谓之亡国；仁义充塞，而至于率兽食人，人将相食，谓之亡天下。魏、晋人之清谈，何以亡天下？是《孟子》所谓杨、墨之言，至于使天下无父无君而入于禽兽者也。……是故知保天下，然后知保其国。保国者，其君其臣肉食者谋之；保天下者，匹夫之贱与有责焉耳矣。

这段引语中间删节处是批评魏晋之士无父无君的话。这是顾炎武的儒家正统思想，姑存不论。他的本意很清楚，"国"指的是政权，政权的兴亡，也就是改朝换代，那是在位的皇帝与大官们的事；"天下"指的是道统，用现在的话来说，是民族精神、社会正义，那是"匹夫"有责的。顾炎武说这话的时候是明末朱家朝廷将亡之际，有一些士大夫已经纷纷降清，如钱谦益之流。顾对此十分愤慨，认为统治者荒淫无道把政权给折腾完了，我们没有责任，但是"匹夫"应该坚守的是道义原则，不论谁入主中原，这一原则不能变，也就是"士"的气节。其实他所谓的"匹夫"还是指士大夫，只是暂时在野而已，真正的黎民百姓，引车卖浆者流也是无法负起这种道义责任的。

从何时起"天下"变成了"国家"呢？我没有考证，估计大约在晚清时期，眼看列强环伺，清政府无力保国，民间仁人志士蜂起，不论是否喊出这一口号，心中都存此意，认为挽救国家已不能靠肉食者谋之，需要民众担起责任。那时的"国家"绝不是满清朝廷，而是中国的疆土，实际上那已是西方的主权、民主、宪政等概念输入之后，这种"匹夫有责"的观念导向了通过革命，推翻朝廷来救国。

根据我自己的切身经历，"国家兴亡，匹夫有责"流传最广的时候是抗日战争时期，那时面临亡国灭种的危机，这个口号确实深入人心，而且覆盖到每一个人，包括贩夫走卒，农夫农妇，此时"天下"和"国家"是合而为一的。也就是精神上的爱国主义、民族气节与现实的保卫主权和疆土是一致的。那是非常时期。然而在平时，细想起来，在专制制度下，"匹夫"对政事既无知情权，又无参与权，如何能负起责任？责与权应该是相对应的，这是公民社会的观念，与顾炎武所处的时代不同。不过顾炎武也已认识到，国事只能由在位的肉食者谋之，"匹夫"是无法负责的。至于道义上的担当，也就是他所说的那个"天下"，似乎古今中外的"士"（略相当于知识分子）都是引以为己任的。为捍卫自己认定的真理或道义原则不惜抛头颅、洒热血，中外史籍都不乏例证。专制统治者一方面剥夺民间人士为"天下"负责的权利，遇到危机时却又要他们对"国家"负责，其可得乎？

还有，顾炎武所说"率兽食人"，当然不是真的有人领着野兽去吃人，而是出自《孟子》："庖有肥肉，厩有肥马；民有饥色，野有饿莩，此率兽而食人也。"可悲的是，这种现象还没有完全成为历史，顾炎武如看到那些豪华昂贵的"宠物医院"，同时许多人看不上、看不起病，不知会作何感想。即便不是"率兽食人"，至少也由于"仁义充塞"之故，当属"天下"范畴，因此应在"匹夫"责任之内。但是，我辈"匹夫"怎样对此负责呢？

（2018年）

历史与档案

1985年11月在上海复旦大学举行的第一届中美关系史研讨会上，有一个问题不断凸显出来，就是档案资料问题。档案对于历史研究的重要性不必赘言。而我国近代史的档案查阅困难重重。自改革开放以来，学者接触到国外的图书档案，愈加痛感其便捷与我国成鲜明对比。那次会上大家不约而同地围绕档案问题大倒苦水。特别是，外国学者看中国档案反而比中国学者得到更多机会，令人着实意难平。有人举例：西安事变是近代史研究不可绕开的一个课题，中国学者多少年来看不到有关的档案。但是有一位常来常往的研究中国的美国学者，邀请某档案馆的管理人员赴美访问一次，就取得了阅读西安事变档案的许可，从而根据第一手材料写出论文，提出新的看法。中国学者对此即使质疑，也无强有力的依据提出不同的意见。这一例子使在座者痛心疾首，有人甚至拍案而起，认为再这样下去，连研究中国历史我们都与外国学者处在不平等的地位，是可忍，孰不可忍！

这场讨论的结果是，大家一致认为必须向有关领导上书，力陈利害，争取档案依国际惯例开放。经大家讨论议定内容，本人被公推为执笔人。现在还留有底稿。主要段落如下：

……（介绍本次会议的情况略）

就中美关系史的研究而言，近二十年来美国出版的这方面著作卷帙浩繁。近年来，我国学者也开始从事研究和著述，但是所能得到的依据主要也仍是美国的档案或引自美国著作中的第二手材料。这样，我国学者总是处于劣势，跟在别人后面。在掌握美国材料方面，我们当然无法与美国学者抗衡，而美国人却往往引用我们既不能肯定又无法否定的据称是我国的（包括清、国民党时期以及我党成立之后的）原始文件档案对我国的历史、情况、政策肆意解释，致使一些片面反应美国人偏见的论点在国际上流传甚广……国民党方面已有意识地向其有关学者开放部分档案，并已成书多种。最近台湾报刊有文章建议加速对这一段中美关系史的研究，要求当局开放史料，以免在"美国或中共方面出版许多歪曲历史的解释后才图对策"云云。说明国民党方面已在有意识地与我争夺对近代史的解释权，并企图造成先入之见。

此外，有个别外国人或外籍华人通过某种特殊关系即可查阅中国学者所无法接触的材料，结果珍贵史料首次发表的权利落入外人之手，往往由他们做出我们所不能同意的解释，在国际学术界抢占权威性的地位。这种现象不但使克服种种困难从事艰苦的学术工作的我国学者为之寒心，更重要的是对我国政治上影响极为不利。

以上情况也适用于一般中外关系史的研究。有一名美国负责外交档案解密工作的人员曾对我国学者（按：此学者即本人）说："我们根据法律必须公布档案，而你们什么都保密，表面上似乎你们占便宜，但是从长远看，历史将对你们不公平，因为以后的世界史都是我们一面之词"。这句话是值得深思的。何况就在目前，对我们不利的影响已经显示出来。

……（具体建议从略）

这件事看来与国计民生无直接影响，却关系到当前我国精神文明的建设、文化学术领域的现代化，以及教育子孙后代的问题。我们作为历史工作者，深感一个多世纪以来我中华民族备受外侮之痛，如今在中国人民已经站起来的情况下，面临开放政策所带来的在文化方面的挑战，怀着历史的使命感，愿在中外关系史的研究方面做出与我们今天国际地位相称的贡献。特此恳切陈辞，希望中央各级有关领导同志体察，并给予切实的关注。

中美关系史学术讨论会全体人员

1985年11月19日

这是一份中规中矩、"政治正确"的奏表，最终目的是争取档案开放，"对我政治上有利"，是能够打动"上面"最正当的理由。今天大多数严肃的历史学者恐怕不会把与外国人争夺对历史的解释权作为研究的宗旨。不过直到今天，不论是上呈的奏折，还是下达的敕令，恐怕还是以"对我政治上有利"为准绳，例如发展文化是为了在国际上显示软实力，等等。至于我自己，自那时以后，基本上摆脱了写此类"奏折"的任务，是一大幸事。

此件上达后，据说有关领导有批示，我没有见到，但被告知，批示仍重申了他过去的指示："旧民主主义革命"时期的档案可以开放，"新民主主义革命"时期的暂缓。换言之，自从有了共产党以来，与之有关的档案就不能开放了。不论怎样，这份报告连同批示正式传达到有关部门，包括档案馆，的确产生了效果。以后情况有所改善。据说有的档案馆还组织了对这份文件的学习讨论。最明显的是南京的第二历史档案馆（主要是民国时期的档案）改进管理方式，加速整理积案，加强了服务于查阅的观念。这里所谓"整理"，不是一件简单的事。二档馆是1936年建立的，建筑设计十分讲究、科学，在尚未有空调的情况下，做到防潮、四季保持恒温。其中的档案一部分被国民党运到台湾，即"大溪档案"。留在南京那部分原来也是排列有序，有完整的目录。但是后来，在"革命"高潮中，为体现政治立场，把卷宗题目都改了，例如原来编目有"总统府"，就改成"蒋匪"，原来"XX部"，则加"伪"字，等等，而且里面的细目也打乱了，所以同类文件可以放在不同卷宗内。总之，体系乱了套，查找十分困难。要重新还原，按照专业的档案编目、整理，确实需要费不少功夫。后来我很少去那里，据称现在查阅已经很方便了。

美国的档案解密制度及国际惯例

美国依法30年解密政府档案（后改为25年），每年由政府出版部门出版，全世界都可订购。我国当时能进口这套资料的只有极少数几家图书馆。2011年，美国国务院出版的《美国对外关系（FRUS）》举行150周年纪念。第一次正式公布外交档案始于1861年南北战争期间。当时美国国务院还很小，外交规模也有限。实际上，临时性的解密从开国以来就有，那时每当与外国签订条约需要国会批准，除提供条约文本外，还须附谈判经过的原始文件。不过1861年是第一次全面、正式公布，不仅是个案，而是全部外交档案；不仅对国会，而且对公众公开，媒体都予以报道。其特殊动因是南方闹分裂，正进行争取外国承认的活动，国务院需要向公众交代在外交上为抵制这些活动做了哪些工作。因此1861年那一卷被定为FRUS首卷。开此先例后，每年都有外交文件解密，或主动，或应国会要求。那时还不一定要等30年之后。后来美国对外关系日益扩大、国际关系日益复杂，保密制度日益正规化，就需要正式的解密的制度。1966年约翰逊政府通过《知情权法》（Freedom of Information Act，我国通常按字面直译成"信息自由法"，我认为"知情权法"更准确）。该《法》的主要精神是把档案的解密从"需要"变为"权利"，就是说，过去是因为某种工作需要了解情况而公布，现在是确定了解真相为公民的权利。因此定期公布档案是政府的义务。

原来英国早已有30年解密政府档案的法律。美国援英例，此法也适用于一切政府部门的档案，时限不等，不过只少于，不会多于30年。国务院专门成立了"历史办公室"，由专人负责整理分类，到期必须公布出版。如有特殊需要继续保密的（例如涉及国家安全，或者会引起外交纠纷的敏感问题等），必须有法可依，经过特殊批准。如果一份文件中，有几句话因故尚不便公开，就在那份文件中用虚点标出，明告查阅者：此处有省略（我就在美国国家档案馆中看到过这种文件）。也就是说，解密是自然的，不需要批准，保密需要批准，而且要明白告诉查阅者。根据《知情权法》，有关人士如果指定要看某项暂未解密的档案，可以提出特殊申请，如得不到批准，可以到法院告档案馆或有关部门。据我了解，已经有不止一起学者因写书需要而打官司胜诉的案例。

美国的解密档案每年都出版成书，按国家或地区分册，全世界都可购买。英国原来也是如此。但是到上世纪60年代因经费不足，无力再出版。读者只能到位于伦敦郊区的国家档案馆去查阅。我曾经去过，手续也很方便。其他欧洲国家大体如此。我还去过巴黎的法国国家档案馆查阅。

所以史学研究的发展，往往跟着解密档案走，从尼克松访华以来兴起的中美关系史的研究也不例外。例如1985年最新公布的就是1955年的材料。

本人在美查档案经历

我第一次知道有解密档案这回事是1979年调到中国国际问题研究所后，在图书馆发现了FRUS，如获至宝，像发现金矿一样，一头钻进去可以达到废寝忘餐的地步。那家研究所地位特殊，在开放之前就有比较充足的经费从国外购进资料，特别是有关国际方面的年鉴、工具书十分齐全。后来我有机会到美国做访问学者，如饥似渴钻图书馆和档案馆，那里有无尽宝藏，任你挖掘。还遇到一些很有意思的事。

1980年代初，第一次做访问学者在普林斯顿大学，曾专程到华盛顿去国家档案馆查阅资料。那时档案馆尚未迁入新址，旧馆设施陈旧，比较拥挤，在密密麻麻的卷宗架旁边摆了一些长桌供阅览。不过手续十分方便，工作人员熟悉业务，敬业而热情。接待我的是一位白发苍苍的老先生，对我研究范围的资料如数家珍，查找效率极高。他们的业绩是以查阅资料的人次和数量计算的。这也是一种激励机制。有一次我要看的文件在目录上有，但是标明此件暂不公开。他竟然怂恿我根据《知情权法》去向有关部门申诉，要求开放，如不允，还可到法院告他们。我大为惊讶，说外国人也有这个权利吗？他说有，已经有先例，有一位苏联学者告过，而且胜诉。

此前我知道有美国学者运用此《法》胜诉，并根据争取到的档案写出一本揭露美国政府弊病的书，但是不知道此权利还包括外国人。当然我不至于因看档案而打异国官司。

意外的事还不止此，我在华盛顿只能呆两星期，由于国家档案馆正进行内部整理，在我逗留期间有一部分我要的卷宗不在架上，没有看到。谁知我回普林斯顿不久，又接到档案馆那位老先生来信，告以现在这部分档案已经上架，你可以过来看了。这种服务态度真使我受宠若惊。这一遭遇对我说来太神奇了，与我在国内试图查档案的遭遇形成鲜明对比。

在国内的遭遇

中国的档案管理以"保密"为主。管理的目的是防泄密，没有为学术研究服务的观念。而且"机密"的范围可随意扩大。我在研究工作中大量运用美国的档案之后，照理应该有中方资料互证，才算完整。我从不指望在国内也像在美国一样自由地钻档案馆，要求不高，只想就与我写书有关的有限史实，求得中方的说法。但是在国内寻访的过程处处碰壁，痛苦不堪。首先是不得其门而入，托了许多人，走了"后门"，才找到了门路，一路打报告，列出少量要查的文件，层层审批，终于拿到了特许的"批件"，找到中央档案馆，通过层层管卡，进入神圣殿堂，递上清单。档案馆的规定是，只能看明确列出题目的那几个文件，不能根据某一个范围查目录。即便如此，我列出的单子上最重要的几个文件却被拒绝。管理员说，他们领导认为与我的研究范围无关，"就不必看了吧！"我据理力争，说明是有关系的，当然无效，对方言词温和而态度坚决。

由档案管理人员来决定学者研究的范围，也是一大奇闻。还遇到过有关领导批准可以看某个文件，到机要员那里却碰钉子的情况，那是他的一亩三分地，就有这点权力。

今天我国档案开放的程度已经大有进步，当然党史还是不能开放，各地各部门开放程度不一样。史学界根据新的档案资料写出的佳作迭出，成绩斐然，不过大多数可引用的根据还是境外的档案。在实践中还有种种阻力。我个人就碰过不少钉子，仅举一例：

我写《财富的归宿》一书时，涉及福特基金会在中国设立办事处之事。福特是改革开放后第一个被批准在中国正式设立办事处的外国基金会，主管单位就是我供职的中国社科院，1986年双方领导签有正式协议，当时很多人知道此事，根本不是秘密。上世纪末，我远涉重洋，在纽约福特基金会总部的档案室中查到这份协议的英文本原件，回来后希望找到中文本。我原以为很简单，就在本单位。却不料与有关办公室联系，得到的回答是：这份文件确实存在他们那里，但是经请示领导，不能查阅，没有给出任何理由。于是我在书中只好据英文本转译成中文。按理说，这一协议当时就是公开的，根本不是机密文件，只是一旦"归档"，就"侯门一入深似海"了。不许查阅，也不知根据什么规定，是什么心理作祟。

这种把本国的历史档案视作禁脔的主导思想就是不承认公众有知情权，一切以掌权者制定的官史为准，不让普通人知晓内情，得出自己的看法。但是现在各色人等的回忆录纷纷出台，还有许多"出口转内销"的"秘闻"，人们对此兴趣极浓，许多事说法不一，真伪难辨，官史野史交叉证明，任凭读者根据自己的判断取舍。也许正因为如此，现在连写个人的亲身经历也限制日严。正如那位美国人所说，别国档案都公开，而中方都"保密"，自以为得计，实际上历史将对中国不公平，因为今后的有关历史只有对方一家之言。即使从"争夺话语权"的角度，也对自己不利。因为写历史不是宣传广告，不是文学创作，也不是外交斗争，按一定口径说话，而是必须言之有据，使人信服，而且本身也须经得起历史的考验，对当代人、对后世、对本民族，也对世界负责。严肃的学问与宣传毕竟不是一回事。

无怪乎中国学者一出国，与欧美学者比较之下，充满不公平感。我本来对中国留学生或学者到外国研究中国历史很不以为然，后来才发现许多中国史料只有在国外才见得到，特别是近现代史，在中国却是"藏在深闺人未识"。我曾慨叹：他们条件那么好，再做不出学问来是无天理。而我们似乎是脚上绑着沙袋参加跳远比赛。那还是前互联网时代，靠一张一张翻阅，大量复印。现在进入互联网时代，其方便更不可同日语，而我们在"墙"内的，又另是一番滋味。

何时我国也能出台一部"知情权法"，并且真正能落实，恐怕不只是历史学界的企盼。

（2018年）

"三反"运动值得肯定吗?

多年来全民痛恨腐败，经常听到对50年代初"三反"运动的向往，一般民众对枪毙刘青山、张子善津津乐道，提起来无比痛快，盛赞当时领袖有魄力，似乎按照那样的路子走下去，就不会有今天的腐败。有的文章尽管承认其扩大化，造成大片冤案，却仍给予大力肯定。我曾为文阐明自己的看法。当前大力倡导反腐，得到广泛拥护和关注之时，"三反"运动仍作为正面历史出现，使我感到旧文仍未过时，略加删改，重发于此：

由于对当代史真相的一知半解，一般民众只知当年有刘青山、张子善两个贪官在"三反"运动中经过群众公审，被下令枪毙，感到无比痛快。在法治传统缺失的情况下，中国老百姓仍未摆脱期盼"青天老爷"或"明君"为民除害的心理，出于对今日贪腐之痛恨，把那场运动理想化，也不足为怪。但是有些了解这段历史的作者明明披露了许多"扩大化"的情节（远不足以反映其严重性），最后却得出予以大力肯定的结论，说明长年政治运动熏陶下的思维定式影响深远。经过半个多世纪的历史教训，回顾这个运动至少有下列几点不足为训。

其一，**只问结果，不问程序**。就算如有人所说，最后产生了"树立正气、……树立共产党的威望"的结果，那么在这过程中无数受冤屈、受伤害、人格被侮辱、精神受戕害、家破人亡，乃至自杀的人呢？最后"落实政策"，真有罪而受罚、判刑的人数如此"少"（姑不论其中尚有多少冤案），更说明原来蒙冤被冲击的人数之多，他们所受的有形、无形的损失，以及直接、间接受其牵连的家属、亲友受害者，是无法统计，也无法弥补的，更不用说已经"迫害致死"的生命。为了"除恶"，必须以如此广大的善良人们的身家性命为代价吗？而且，这种损失是从来得不到赔偿的。

其二，**有罪推定论**，先把广大无辜者当作犯罪嫌疑人，沙里淘金地找真犯，实际上是"宁可错杀一千，不可放过一个"的翻版。对于这点，在中共高级领导中胡耀邦觉悟最彻底，他曾说，每次运动都说只打击5%，团结其余95%；一次次下来，终于发现95%都成了打击对象（大意）。所以，改革开放之后中央曾做出决定不再搞"运动"。不过实际上变相的大小"运动"仍隔三差五地进行。说明这种"传统"积习难改。

其三，**以"运动"治国代替法治**。那么多人，只因其工作涉及钱物，就被当作潜在的贪污犯，无端被剥夺人身自由，"审查"批斗的手段完全是逼供，没有任何法律依据。在新政权建立伊始，就开了蔑视法律，任意侵犯人权的恶劣先例。以后历次"运动"都依此办理，施之于思想领域，就更加没有明确的边界，打击面一次比一次大，直到"文革"达于顶峰。"文革"号称"史无前例"，是就其"天下大乱"的规模和残酷、荒谬的程度而言，事实上在治国理念、思维模式上是有例可循的。

其四，**以一个人的意志为转移，无法无天，**而所有执行者却无"法"有"天"，这"天"就是一个人在某时某刻的一句话。"三反"前期的大打"老虎"是因一个人的几句话，并下令限期做出"打虎预算"；刘、张是否罪当死，亦无法律依据，只因"树典型"需要，就成钦定要犯。此例一开，各地照此办理，大开杀戒，"死罪"只凭第一把手的意志决定；到运动后期，同一个人又说要"实事求是"，批评"主观主义"，把造成如此大面积伤害的责任推给下面执行者的"主观主义"。这种驭下、驭民，收放自如之术，贯穿在历次政治运动之中。那使几十万大小知识分子上当的"阳谋"自不待言，接下来的"大跃进"，以一人的师心自用，造成饿殍遍野，又以一桩高级冤案钳众人之口。到形势不可收拾时，忽然转而批评下面虚报、浮夸，下令"实事求是"。一人上下其手，永远英明正确，而在这过程中造成多少冤案、冤魂，在所不计。

其五，**所谓树立"正气"，值得怀疑**。从本质上讲，在全民范围内进行逼供，不是整人就是被整，鼓励互相揭发、举报，造成杯弓蛇影互不信任，"正气"何在？正是以"三反"开始的（事实上在此前的"镇反"已经开始，不过规模较小）这种一浪高一浪的"运动"造成了一种"揭批"文化，把一时的"政治"任务置于一切人伦、道德之上，或被迫、或自愿告密成风，至亲人反目，友情疏离。中国传统士大夫一向重名节，"士可杀，不可辱"，在"三反"中无端被诬为贪污是最大的人格侮辱。所以王世襄老先生对各种人生坎坷、政治帽子都能泰然处之，唯独对于当年被诬陷贪污故宫文物这一点，至死耿耿于怀，一定要讨一个明确说法，还自己清白。自"三反"以降，历次"运动"莫不对批斗对象采取人格侮辱的做法，使人人以最坏的设想加于他人，反过来也造成自己的"小人之心"。于是，善恶是非都被模糊、颠倒，似乎天下无"好人"，随便什么人，干什么坏事都是可以想象的。运动一来，高压之下，说假话成风，何来"正气"？"三反"运动实开其先河（这里只谈1949年之后，在此以前的姑且不论），只是时间比较早，范围尚不如以后的"反右"那样大，但本质上是有共同之处的。

其六，"三反"与"五反"是分不开的，而且后者是重点，其对象是广大民营工商业者。就被打击的对象而言，"五反"与"三反"一样，先扩大，后收缩，最后"落实政策"。但是其更加深远的影响是各阶层各党派代表共同制定的、信誓旦旦通过的"共同纲领"不到两年，转身即遭废弃，从此时起，便完全背离市场规律，而企图跳跃进入"社会主义"、"共产主义"。刚开始恢复元气的大小民营工商业受到当头一棒，逐步被消灭或收归国有。国民经济受到破坏，几十年不断向"左"的惯性从此开始。著名爱国企业家卢作孚在三五反运动一开始就自杀，是有象征意义的。

综上所述，"三反、五反"运动的负面影响深远。至于其一时间对贪腐起到的一定的震慑作用，远不足以抵消其所付出的近期和远期的代价，而且这种"反贪"的手段是难以持续的。在痛恨今日腐败之余，人们往往留恋五十年代的政府"清廉"。诚然，在革命胜利初期，确实有一段政风比较清明的时期，这是承革命风暴之余威，还处于"其兴也勃"的阶段。任何朝代建立之初都是如此，总不能一上来就腐化堕落吧（也有例外，如太平天国、李闯王）？再者，当时的分配制度中供给制还占较大比例，钱的用处不大，因而诱惑力还没有那么强。不过这种情况也未持续多久，随即悄悄地发生变化。那时不称"腐败"，而称"不正之风"或"以权谋私"。在全民物质匮乏之时，不一定表现在货币上，例如各种票据（粮票、油票等等）都可贪污；手中有权无论大小都可以用来谋取物质利益，从农村大队长、副食店售货员，到京城高官，各自都可根据手中权力的范围谋取或交换某种私利。不过直到"文革"之前，还没有达到弥漫性的地步，人们还有所顾忌，还存在相当一部分净土。真正从观念到行为完全失控始于"文革"，此处暂不详述。

诚然，最高领袖对进城之后革命队伍腐化的危险一直是戚戚于心的，从大力推荐郭沫若的《甲申三百年祭》到著名的七届二中全会讲话都足以说明。但是他首先把革命胜利者的腐化责任推给外人（即资产阶级"糖衣炮弹"）的进攻，而未认识到权力本身对掌权者的腐化作用，因此并未致力于建立监督权力的机制。在大家都已耳熟能详的与黄炎培的"窑洞对"中，说是找到了"民主"的新路，要"让"人民来监督政府，但是实际做的却反其道而行之，把至高的权力绝对化，以"运动"人民，代替人民监督，遑论建立监督政府的制度！也许他心目中的"民主"就是一人指挥全国群众批斗他所认定的对象？也就是他"让"人民来监督政府，而"政府"不包括他本人？而且实际上以这种方式被监督的并非各级政府，相反，更多是权力体制以外的人。本该被监督者不"让"监督了，"人民"就监督不成了，甚或监督有罪了。今天的腐败严重程度令国人扼腕，根本原因就在于对公权力缺乏监督机制，民主被歪曲为当权者"为民做主"。以"运动"代替法律程序，有的是显性的、大规模的，有的是隐性的、小范围的。时至今日，还有人向往再来一次"三反运动"以扫荡当前的社会污泥浊水，足见这一传统之影响深远，而依法行事，特别是尊重"人"，却十分艰难。已故著名戏剧家黄宗江先生曾大声疾呼倡导"唯人主义"，可以想见他对这种"目中无人"、"心中无人"的传统的刻骨铭心的体验。有鉴于此，我认为时至今日，再重弹"某某运动尽管'扩大化'，但大方向是正确的"一类老调实乃误我苍生！

(2017年)

38

不该被遗忘的历史人物——袁昶烈士

袁昶何许人也，当代人除史学界外，可能知者不多。他是庚子事变时，由于力谏朝廷不可纵容义和团滥杀洋人与外国开衅，而被处死的五大臣之一（另四人是吏部侍郎许景澄、兵部尚书徐用仪、内阁学士联元和户部尚书立山）。后世治史者称：**"袁昶名臣也，以忠谏至祸，同罹惨刑。丹心未泯，碧血长埋。"**

本人曾写过北平图书馆馆长袁同礼事迹，袁昶正是袁同礼夫人的祖父，袁同礼之子袁澄是我清华同学，因此我对袁昶有所关注。另外，袁昶曾师从晚清名儒刘熙载，近年来我见到了我外祖父童米孙的《遗言》，发现他也曾从学于刘熙载，就更增加了对袁昶的兴趣。这些都是个人偶然因素，重要的是，袁昶其人是近代史上值得大书一笔的人物，从他的事迹可以见到，直到清末，仍然有一批这样对国家忠贞不二，有胆、有识，有血性的士大夫，同时从他被害的背景也可见当时朝廷之荒唐与昏聩。

袁昶（1846年-1900年），浙江桐庐人。他于光绪二年（1876年）中进士，殿试二甲。从此一路为官，既有京官，也有外官。外放时，他曾任徽宁池太广道道台，在任六年，兴利除弊，有多项改革，政绩斐然。他与张之洞交好，也信奉"中学为体，西学为用"。在安徽时引进西学，扩办芜湖"中江书院"，增加了舆算、格致等科学课程，这也是受其师刘熙载在上海办"龙门书院"的影响。他博学多才，是同光体诗的代表之一，与很多名士都有唱和，其中知名的有刘熙载、黄遵宪、王闿运、沈曾植等。一生著作很多，还将农桑、兵、医、舆地、治术、掌故等书编成一部《渐西村舍丛刻》。

1898年，袁调任京官，在朝堂议事中一直秉承直言敢谏的作风。起初很受重用，两年内一路擢升，在被杀前，官至太常寺卿（正三品）。先是1897年发生曹州教案，德国借机出兵强占胶州湾，光绪征求大臣意见。袁昶上了二万言的条陈，分析当时的形势，做了详细论证，认为**德国占胶州湾"祸急事小"，而"俄国自西北至东北，与我壤地相错"，"其祸纡而大"**。也就是说，德国一案看似紧急，但是小事，从长远看，俄国才是大患。接着借此机会系统地陈述时弊，说诸臣"相率为乡愿，而举国之人才靡矣！"他举金田之例，说，连洪杨这样的小民都能闹出这么大的乱子，何况诸国互肆蚕食之心！他大声疾呼帝国外患之忧，提出改革措施之纲要。光绪亲自写在册子中，下发大臣们议行。到那时为止，他还是受到重视的。

庚子之变清廷向十一国宣战

从山东发生的义和拳暴乱，实际是曹州教案的延续。1898年清廷被迫与气焰嚣张的德国签订《胶澳租借条约》，答应了极为苛刻的条件，山东这一地区成为德国的势力范围，教会与当地民众的矛盾不断。朝廷对于民间社团一向是敌视，以镇压为主的。但是事态扩大，外国卷入，官府又想利用其对抗洋人，既"剿"又"抚"。原山东巡抚李秉恒被撤职后，继任毓贤起初曾镇压义和拳，后又认为"民气可用"，予以招安，改称"义和团"，口号也从过去大刀会的"反清复明"改为"扶清灭洋",势力越来越大。同年12月,袁世凯取代毓贤任山东巡抚,又大力镇压义和团。于是义和团由山东转入直隶,蔓延至内蒙、东北,最后获准进入北京。他们在北京大肆烧教堂,摧毁一切与洋人、洋货有关之店铺,包括西药铺,滥杀无辜,连支持义和团的贵戚家(例如徐桐)也有被闯入遭抢劫的。清军有的也加入,一起肆虐。军匪混杂,京师大乱。期间发生了一名日本外交人员被杀,并被剖腹挖心之事,引起各国震动。清廷拒绝各使馆要求保护之请求,各国开始调军队进京保护使馆。又发生德国公使柯林德到总理衙门议事,途中被清军伏击杀死(清军的说法是因为此人先杀过义和团,杀他是复仇)。这样,事态扩大,联军占领了大沽口炮台,形势紧急,战事一触即发。朝中亲贵如端郡王载漪、军机处协办大学士刚毅等主张借义和团之力与外国斗,还主张围攻外国使馆。袁昶等几位大臣则从一开始就主张镇压"拳匪",与外国的纠纷按照以前的"教案"处理,避免事态扩大,消弭战祸。主战派认为"拳民忠贞,神术可用"。慈禧经过来回摇摆,最终支持主战派。

6月21日清政府以光绪的名义,向英、美、法、德、意、日、俄、西、比、荷、奥十一国宣战。同时悬赏捕杀洋人,规定"杀一洋人赏五十两;洋妇四十两;洋孩三十两"。义和团及朝廷军队围攻各国在北京的使馆。各使馆筑起防御工事,由英国公使窦纳乐负责指挥抵抗。然后是八国联军占领天津,继而攻破京城,西太后与光绪皇帝率随从"西狩",逃亡西安……不必赘述。

关于这段历史细节有各种说法,专著已林林总总,不是本文的主题。这里只是粗略概述袁昶被害的背景。

且不论国力如何，一国独自向十一国同时宣战，其"气魄"可谓独步中外古今。但是十一国中只来了八国，军队合起来一共只有三万人（各种资料说法不一，姑取其中），当时在北京周围的清军连同义和团有十五万人之多，却不能阻挡侵略军长驱直入，太后与皇帝弃宗庙与百姓于不顾，仓皇出逃了！如果原来真的准备打一仗，怎么不做任何调兵部署呢？真如袁昶所说"以天下为戏"！这样的朝廷居然还维持了十年才亡！

遇害经过

　　从5月到7月袁昶被杀之前的两个月内，形势越来越危急，袁昶单独或会同许景澄连上三道奏折：《请急剿拳匪书》、《请亟图补救之法以弭巨患疏》和《请速谋保护使馆维持大局疏》，提出："**奸民不可纵，使臣不宜杀，外衅不可开**"。并在慈禧几次召开的御前会议慷慨陈词。同时，徐用仪、联元、力山联名支持袁昶的意见。最终未被采纳。

　　联军占领天津之后，有步军统领衙门弁役到袁昶家，说诸大臣在总署相候议事，请他过去。那时情势危机，议事频繁，所以并未引起袁怀疑。实际上他却被送到刑部，不加审讯，第二天就在菜市口与许景澄同时被杀，据说是腰斩，十分惨烈。袁、许二人从容就义。诱杀之后才上报慈禧，是名副其实的"先斩后奏"。第二天，慈禧下诏追述其"罪状"称："平日办理洋务，各存私心，每遇召见，**任意妄奏，莠言乱政……实属大不敬**"，这是以"妄奏"、"不敬"罪判死刑。徐用仪当时被慈禧派往外国使馆谈判退兵之事，主战派称之为"勾结洋人"。袁昶遇害后，家人已星散，无人收尸。

徐用仪为其收尸，也遭忌恨。徐给友人朱彭寿写信，最后一句提到此事"惊心动魄，千古奇冤"。朱怕惹祸，把信的最后一行撕下烧掉，可见当时的恐怖气氛。这是杀人以堵天下之口。情势进一步危急，朝廷再召开会议，无人再敢说话。不久，徐用仪与另外两位曾支持袁昶意见的联元和立山也被砍头，是朱彭寿为徐收尸，并重贿刽子手把身首缝在一起。在当时的险恶环境下也算够朋友了。

"力谏"的内容

以下选登一些袁昶等诸大臣的说辞，道理明白，文字浅显易懂，就不翻译加注了。

6月初，身在外地的张之洞致袁昶信，表示为时局担忧，他概括局势，言简意赅："拳匪大乱，外兵乘机，邪术岂能御敌？大局危矣！"要求袁昶告诉他"政府主见，都下议论"。

事态紧急时，太后召九卿六部议事，人数众多，一直跪到殿外，大家都匍匐不敢言，许景澄首先发言谓："中国与外国结约数十年，民教相仇之事，无岁无之，然不过赔偿而止。唯攻杀外国使臣，必召各国之兵，合而谋我，何以御之？主攻使馆者，将置宗社生灵于何地？"许景澄还力陈："兵衅不可启，**春秋之大义不杀来使，围攻使馆背公法**"。他说：况甲午一战，中国对手是一弹丸小国日本，结果丧师辱国，如今再与众国为敌，只怕国力不足，重蹈甲午的覆辙。徐用仪、立山、联元皆说：与世界各国宣战，外侮一入，内乱随发，后患不堪设想，恳求皇太后、皇帝圣明裁断。

袁昶跪在殿外，膝行而前，大声说："拳匪不可恃，外衅不可开，杀使臣，悖公法。"又说："就令有邪术，自古及今，断无仗此成事者。"

袁昶还说：当下之急"莫急于献自治乱民，以示各夷以形势，俾折服其心，然后可以商阻夷使添调外兵办法"。对于慈禧以为要顺民心（她认为义和团代表民心）。袁昶说："变者惟左道惑人心之拳匪耳，以辟止辟，扑杀为首要匪二三十人，乱党乌合之众，必可望风解散。我自办乱民，免致夷人调兵代办，交哄辇毂之下，则大局糜烂，不可收拾。"总的意思是说，我们自己惩办了肇事的匪徒，堵塞外人进军的借口，然后再谈判。有书载其声震屋宇，太后"怒目视之"。

袁的上疏中还有"**千古奇事, 必酿千古之灾**"语。他说："窃自拳匪肇乱，甫经月余，神京震动，四海响应，兵连祸结，牵动全球，于千古奇事，必酿千古之灾！而今之拳匪，竟有身为大员，谬视为义民，不肯以匪目之。无识至此，**不特为各国所仇, 且为各国所笑**。查拳乱之始，非有枪炮之坚利，战阵之训练，徒以'扶清灭洋'四字，号召不逞之徒，乌合肇事……今朝廷与各国讲修睦，**忽创灭洋, 是为横挑边衅**，以天下为戏，且所灭之洋，指在中国洋人而言，抑括五洲各国之洋人而言？大灭在中国之洋人，不能禁其续至，若尽五洲各国则洋人多于华人十倍，其能尽与否，不待智者而知之。近日天津被陷，洋兵节节内逼，诚恐几日势将直扑京师.万一九庙震惊，兆民涂炭，尔时作何景象.臣等设想之，悲来填膺。"

袁、许二人的最后一道奏折要求惩办那些肇事大臣："臣等愚谓时至今日，间不容发，非痛剿拳匪，无词以止洋兵，**非诛袒护拳匪之大臣, 不足以剿拳匪**……应旨将徐桐、刚毅、启秀、赵舒翘、裕禄、毓贤、董福祥先治以重典。其余袒护，与徐桐、刚毅等谬妄相若者，一律治以应得之罪，不得援议亲议贵为之末减。庶各国恍然于从前纵匪肇衅，皆谬妄诸臣所为，非国家本意，弃仇寻好，宗社无恙。然后诛臣等以谢徐桐、刚毅诸臣，臣等虽死，当含笑入地。"
这里，他们已经孤注一掷，甚至表示只要办了这些人，达到"宗社
无恙"，自己准备把命赔给他们，在所不惜，真是此心可对日月！
这道奏折还没有到达慈禧、光绪手中，他俩就被那几个政敌诱杀了。

平反、追谥、立祠

　　一场灾祸过去后，根据联军提出的议和提纲中的要求，光绪发
布上谕，宣布为袁昶等人平反，"开复原官"。离被害约半年，这应
该算是冤案平反最快的，却是在洋人压力之下。平反的诏书曰：（五
人）"于垂询时，**词意均涉两可，而首祸诸臣遂乘机诬陷，**交章参劾。
应即加恩，……均著开复原官"。明明袁昶等人是强烈、急切地反对
开衅之举措，甚至以死相谏，却说他们"词意均涉两可"，当然责任
全在"首祸诸臣"，"今上"没有责任，现在平反是"加恩"。那几
个"首祸"是外国要求严办的，正好应了当初袁、许等人的主张。经
过一再讨价还价，刚毅已经死在西逃途中，只予革职，不再追究，载
漪免死，发配新疆。其余有自杀的、处死的、流放的，不再赘述。
到宣统元年（1909年）又追谥五大臣：袁——忠节，许——文肃，
徐——忠愍，立山——忠贞，联元——文直。并下诏在杭州西湖孤山
南麓敕建"三忠祠"，奉祀袁昶、许景澄、徐用仪三人。此时离清朝
被推翻只有两年了。

为权位，还是为社稷生灵，是分歧的核心

　　皇室逃往西安途中，就已命令各地官兵剿灭义和团。发布上谕，
称**"此案初起，义和团实为肇祸之由，今欲拔本塞源，非痛加铲除不可"**。这

可算是"始乱终弃"！袁昶本来只主张惩办几个头目，而慈禧下令铲除的是广大的团员。义和团多数就是无知农民和流民，原来在朝廷鼓励之下依附的人数越来越多，甚至有不少是未成年的少年跟着起哄。结果在朝廷"抚""剿"之间，这些人都做了牺牲品。慈禧未必真相信义和团的"法术"，但是牵扯到内部"帝党"、"后党"之争。当年康梁戊戌变法受到洋人支持，慈禧认为洋人企图以光绪取代自己，怀恨在心。那些主战派也特别强调这一点，他们自己各怀鬼胎。特别是载漪的一个儿子已经被慈禧封为"大阿哥"，原本就有取代光绪之意，他更加不遗余力企图借义和团之力推翻光绪。他们还曾率义和团企图冲杀光绪，被慈禧制止，但未予惩罚。而主和派是被认为属于"帝党"的。其实光绪在此事件中完全是傀儡，并未有支持主和派的表态，那些后来被称作"乱命"的诏书都是以他的名义发布的。义和团的实力和影响的扩大，朝廷也不无忌惮，甚至于有人异想天开，企图让他们在前面与洋人战斗，两败俱伤，清廷收渔翁之利。总之，**从皇家到贵戚想的首先是争自己的权位，国家安危是从属的，至于生灵涂炭，对他们说来更不在考虑之列。当然还有无知、昏聩，既不知己，也不知彼，导致判断错误，进退失据。而袁昶、许景澄等人处处想的是"宗社"、"兆民"、"生灵"。这就是区别所在。**

"东南互保"之议与李鸿章的鞠躬尽瘁

朝廷逃亡后，还只能召李鸿章进京与洋人议和。李鸿章原任两广总督，朝廷向十一国宣战时曾召他进京，他以"乱命"不从，从广州到了上海，与张之洞、刘坤一等一批封疆大吏发起"东南互保"，不承认朝廷的"乱命"，称其为奸人的"矫诏"（假传圣旨）。参加者有当时的两广、两江、湖广、闽浙总督和山东、四川巡抚，还有时任铁路大臣的盛宣怀。他们与洋人达成协议，外国不进犯他们划定的地区，他们负责保护外人生命财产。他们还暗中议定，一旦京师不保，由李鸿章暂时主政。**这一大片疆土，都是中国人口密集，最富庶、经济最发达之地，就这样保了下来，未遭蹂躏。**如今，太后和皇帝都逃走了，李鸿章只得奉诏进京与洋人谈判退兵。他充分发挥其外交手段，首先援"东南互保"同样的理由，说那个以皇帝名义发布的宣战诏书不算数，是在"拳匪"逼迫下的"乱命"，所以根据国际法，中国并没有与外国开战，各国是进来协助中国剿匪的。这样，根本没有交战，就不是战败国，避免了割地和出让其他权益，只需赔款补偿洋人生命财产的损失，以及"协助剿匪"的费用。还有就是开外国以保卫使馆为名派军长驻中国的先例，后来卢沟桥事变就是以驻华日军开枪为导火线。最后达成的《辛丑条约》的正式名称，只是一个中国与各国之间的"善后议定书"（Settlement Protocol），而并非交战国之间的正式和约（Peace Treaties）。这是在最不利的形势下为中国保全主权，争得了一点面子，避免了更大的损失。列强各自有打算，英美并不想占领中国领土，而是旨在商业利益。德国已经占领青岛。正如袁昶所预言的，领土野心最大的是俄罗斯。俄国除了随联军进攻北京外，更乘人之危，另外从南北两路派大军进占中国东北，到10月占据了东北全境，以后再单独与清廷谈判，取得大量特权。另一有野心的是日本，日本在此役中掠夺财物最多，得到赔款也最多。几年后日俄战争，日本取代俄罗斯获得在中国东北的权益。

赔款数目巨大，成为中国多年的沉重负担。不过实际并未付那么多。后来美国带头退还一半用于办学，在中国外交官力争下，其他各国跟上。第一次世界大战后，德国战败，在新形势下中国有机会进行争回部分权益的斗争。

在惩办祸首方面"上谕"与洋人要求距离最大。慈禧镇压"拳匪"毫不手软，但是对真正的祸首——那些皇族贵戚，却竭力庇护，成为李鸿章奉旨与洋人讨价还价最棘手的部分。这是李最后一次为朝廷效劳，他在这场交涉中心力交瘁，到了生命最后时刻。各国还是看他的面子，不再坚持更高要求（有外国代表表示，实际祸首是慈禧本人，没有要求惩办她，已经给面子了）。刚签了协议，李鸿章就去世了。联军退兵后，"御驾"又回到紫禁城内，暂时苟安了几年。清廷虽说有所觉悟，决心启动革新，有派五大臣出洋考察之举，但为时已晚，而且改革方案还是不能放弃亲贵的特权。慈禧和光绪都未亲见皇朝被推翻。

即便从保住自己的权位出发，杀谏臣、倚暴民，不自量力，开启外衅，除了自取败亡，还能有别的结果？而真正受害最深的还是千百万无法掌握自己命运的无辜百姓，先大规模惨死于本国土匪与官兵之手，后又成为外人报复的对象，横遭暴行蹂躏。至于财产损失、妻离子散者，更无法计算。

中国士大夫的悲剧

最近常见到所谓"崖山之后无中国"之说，意思似乎是说自从南宋陆秀夫背着最后一位小皇帝投海后，中国"士"的传统气节已丧失殆尽。姑且不论从今天的眼光看，这种愚忠是否值得发扬，单以忠于旧皇朝为标准，此说也不符合史实。晚明、晚清忠贞死难之士史不绝书。只是到了晚清，情况发生变化，面对的是以前没有的外洋列强。朝廷昏聩至此，仍然有以袁昶为代表的死谏之士，以家国、黎民为念，视死如归；在19世纪下半叶，国门有限地开放之后，出现一大批有眼光的"能吏"，包括提出"东南互保"那些封疆大吏，可以说人才济济。但是挽救不了已经腐朽的皇朝。当时有一位同情袁昶的朋友说他有点傻，前两道奏折之后，慈禧恼怒之情已经非常明显，他还要逆其意坚持己见。实际上他早已把生死置之度外。他第三道奏折不但傻，而且迂，点了一连串权力炙手可热的亲贵之名，要求朝廷惩办，而且表示，只要宗社安稳，自己愿意陪他们死，而他明知这份奏折会先落入这些人之手。主要是当时的确形势紧迫，社稷"糜烂"，"兆民涂炭"，危在旦夕，他什么也顾不上了，只有以命相博。

从今天回望历史，袁昶的思想在当时还不能算最前沿的，有一些同代的知识分子已经超越他的观念。康梁变法他曾是反对派，因此曾获得慈禧好感。他没有超出把爱国和忠君合为一体的观念。"宗社"一词经常出现在他的奏折中，直到临刑时，口占绝命诗有"正统已添新岁月，大清重整旧山河"句，而且自比吕望和张良。不知道如果他再活十年，遇到推翻清皇朝的革命时将持何态度。

自屈原以降，"忠而见疑"一直是中国士大夫的悲剧。自从开始与外洋列强打交道，出现了在中外之间的"忠"与"奸"的衡量。于是多了一个罪名，就是"汉奸"或"二毛子"。明明是保一己之私利、权位，只要祭起仇外旗帜，把对立面说成"汉奸"，就很容易动员愚民、暴民。具有讽刺意义的是，袁、许等人是汉人，被主战派诬为"汉奸"，而载漪、刚毅等是满人。在明清易代之际，降满清的汉人被认为是"汉奸"，袁昶如此保大清江山，却被满清贵戚扣上"汉奸"的帽子，那么那些满清贵戚自己已经认同汉族了？袁被骂"汉奸"还因一事，就是德国公使被杀后，他着人予以棺敛。有人要开棺戮尸，把人头割下来，挂在东安门示众，袁反对，引孟子曰：人皆有不忍人之心。此人上告到端王那里，说"汉奸"袁昶居然棺敛洋人，竟表同情于上国仇敌，是"大奇事"。不能小看这种污名化对群众的影响。直到徐用仪平反几年后，他的灵柩回乡，重新举行大殓仪式时，围观的路人还有人说，那么看来他不是"二毛子"了？

有年轻人问我，像袁昶那样明知必死，而且无用，还要坚持，这样的牺牲是否值得？这个问题值得深思。例如变法失败后康梁逃亡日本，谭嗣同可以逃而不逃，主动付出流血的代价，留下千古英名，但是客观上对革命的帮助如何？如果他不死，以后是否还会有更大的贡献？很难衡量。当时袁昶等人内心深处的想法，后人难以尽知。我粗浅的解释是：他们继承了中国士大夫"武死战、文死谏"的传统。君主虽然掌握生杀之权，但是还有朝臣议政的机制，是有可能听从建言的。至少当时还有"御前会议"，大臣们可以有机会发表意见。从慈禧在危急中频繁地召开会议来看，可以认为她尚未做出最后决断。在那种制度下，天下安危系于一人的一念之间，主和派的意见实际上都是常识，正如他们所说，"不待智者而知之"，他们可能还抱有一线希望，能晓以利害，说动慈禧做出正确决断。既然召开会议，诸大臣是有发言的机会的，假设（只是假设）敢言之士多一些，造成声势，未始不可能有另一种结果。袁、许是被主战派诱杀的。若是慈禧被激怒而直接处置，也可能有多种贬黜的选择，不一定非死不可。另一方面，袁、许等人对危机的估计十分严重，他们预料，十一国发兵入侵中国，中国必亡，其后果必然是生灵涂炭，不堪设想。袁昶临刑时说，我今天死在中国人手中，你们他日都要死在洋人手中。他设想的是列强攻进来，后果是比义和团更乱、更惨烈的大屠杀，大概没有料到最后议和、退兵的结果。作为京官，又不可能去参加那些地方官员的"东南互保"。他们的信念是与国家共存亡，在这种危急关头，不可能为个人安全而不作声，除了"死谏"，别无他法。

谁爱国，谁卖国、祸国，历史已有公论。只是付出的代价太大。这段历史已经过去百余年，是非应该很清楚了。但是似乎载漪、刚毅等人的思维和论调仍然阴魂不散，把"反洋"与爱国等同起来，以不同方式、不同规模再现，"汉奸"的帽子满天飞。在某些人心目中，义和团暴行仍是"反帝爱国运动"。如果这样一而再的惨痛历史教训尚不能使我同胞醒悟，还要牺牲多少真正爱国忠贞之士，中华民族还要付出怎样的代价呢？

（2017年）

司马迁的财富观

——读《史记<货殖列传>》有感

中国自古以来有轻商的传统。"士农工商",商居末位。但是这"古"从何时开始的?我对此没有考证过。似乎春秋战国时期还没有这个说法。孔子也不轻商,孔门弟子颇有几个经商的。儒家轻商好像也是后来的事。法家是肯定轻商的,韩非子把商工列为"五蠹"之一。至少从隋唐行科举以来,四民次序的排列固定下来。"士"居首位,并不是单纯地因为读书人有多高的地位,而是因为"士"是唯一可达于"仕"的渠道。一个终身白衣没有功名的乡间穷秀才,恐怕地位还不如本乡的富豪。所以在商之上的实际上是官,自古商怕官,官压商,才是实在的传统。

司马迁著《史记》专门为商人作《货殖列传》,过去只觉得他不同于后之官史,为各类人都做列传,而且不以成败论英雄,眼界确实异于寻常,但是我自己对刺客、游侠都感兴趣,唯独没有细读过《货殖列传》。如今在新的现实背景下再读此篇,用现在的网络语言来说,突然脑洞大开,两千年前的太史公,竟然对商贾的作用有这样的估价,有些观点放在今天也属前沿(至少在我国)。

这篇"列传"的叙述法不同于其他的传,不是以个人为主,而是以一个个案例证明作者的观点。

观点一：肯定人的物欲，要求声色美食的享受是正当的。文章开宗明义就先批驳了老子那段著名的话："至治之极，邻国相望，鸡狗之声相闻，民各甘其食，美其服，安其俗，乐其业，至老死不相往来"。说如果这样，近代人的耳目就几乎没有作用了。接下来就论述人的"耳目欲极声色之好，口欲穷刍豢之味"是无法化解的本性，所以作为治国者不能压制。他提出几种做法，从最善到最坏，依次是"因之"、"利导之"、"教诲之"、"整齐之"，最下者是"与之争"，也就是与民争利。所以他认为对人民的欲望，统治者最好听其自然，不加干涉。这与后来朱熹的"存天理，灭人欲"大异其趣。

观点二：为了满足自己的欲望，以其所有易其所无是人民自发的。东南西北各地的特产，"皆中国人民所喜好"，"工而成之，商而通之"，"人各任其能，竭其力，以得所欲"，自然会进行交易，自然定出贵贱，"若水之趋下，日夜无休时，不召而自来，不求而民出之"，哪里需要什么"政教"？也就是人民因自己的需要而通商，自己定价，这不是由统治者教化而来的。用现代的话来说，就有点政府不要太多干涉市场的意思了。

观点三：对逐利、致富予以肯定。"天下熙熙，皆为利来；天下攘攘，皆为利往"，过去一般引这句话都倾向于负面意义，说明人的自私，而司马迁在本文引这句话是充分肯定其正当性。"富者，人之性情，所不学而俱欲者也"，说白了，就是人天生都想发财，不用学。他列举各类人，士兵冒死冲锋、猎人不避猛兽，胥吏舞文弄墨，游闲公子舞刀弄枪，女子美容学艺，乃至各种作奸犯科犯罪行为，不论做好事还是做坏事，都是为利所趋，奔着财富而去。他认同管子所说："仓廪实而知礼节，衣食足而知荣辱"，并加以进一步发展："礼生于有而废于无，君子富而好兴德；小人富，以适其力"。

他一反孟子把"义"和"利"对立起来的提法，说"人富而仁义附焉"。还说："千乘之王、万家之侯、百家之君，尚犹患贫，而况匹夫编户之民乎！"总之求富是人的本性，不分贵贱，无法阻挡，并且与行仁义没有矛盾。

观点四:国家强盛发展经济是重要因素。文章以相当大的篇幅详述各地人口、地理、物产、民俗等特色，以及通商交易互通有无造成的繁荣富裕盛况。人们都知道司马迁年轻时游遍天下名山大川，而后行文有奇气。《太史公自述》中提到，二十岁之后开始到处游历，足迹遍南北东西，处于边远地区的巴蜀、昆明都到过。可以看出，他不是旅游看风景，也不仅仅是"文气"受到影响，他是做了扎扎实实的实地考察。所以本文完全可以作为研究当时经济地理的参考文献。据此，他特别强调发展经济应因地制宜，不一定完全依靠农业。

齐国的兴起先后得力于两个人：一个是太公望（即姜太公），他封于营邱（在齐国），那里是盐碱地，人口稀少，不适合种庄稼，于是因地制宜，"劝"妇女做女功（纺织），并发展渔盐之业，结果齐国以渔盐吸引外来人口，同时"齐冠带衣履天下"，也就是成为服装出口大国，各国衣服鞋帽都是"齐国造"。齐国最初的兴旺由此而来。这里用"劝"字很重要，是说服，鼓励，而不是强迫命令。另一人是管仲，齐国开始中衰时，赖管仲之力得以再度崛起。管仲理财是历史有名的，不必赘言，他设立了九个管经济和财政的部门，最终成就了齐桓公的霸业。

越王勾践卧薪尝胆，最后战胜吴国而复国的故事尽人皆知。而本文中提到勾践主要是讲他困于会稽时的经济建设。当时有两位善于理财的人物辅佐他，一位是著名的范蠡，一位是不太著名的计然。实际上计然起的作用更大。他提出了一整套详尽的发展经济的谋略,对丰年、凶年、水、旱、饥荒有预防应付之道,对收购农产品的价格,农民和国家获利的比例多少才合适……等等都有详细计算。总之,在他的打理之下,"修之十年,国富",于是有资本给战士以优厚的报酬,使他们在战场上勇猛向前,"士赴矢石,如渴得饮"。终于战胜强吴,成就越国的霸业。

范蠡也从中得到启发。他说计然提出七条计策,越王只用了五条,就有这样的成绩。这些计策已经施于我国,那我也可以施于我家。于是他辞职下海了——"乘扁舟游于江湖"。不知道今人把经商称为"下海"与这个典故有没有关系。他一再改名易姓,后人比较熟悉的名字是陶朱公。他果然发了大财,而且能聚财而能散财,有钱就帮助穷兄弟,"十九年之中三致千金"。也就是千金散尽,再赚回来,如是者三次,文中称其为"富而好德者"。在今天也可以称为慈善家了。

到汉朝一统天下,由于全国实行开放,"开关梁,弛山泽之禁",使富商大贾周流天下,货物交易通畅,满足了各地、各类人的需求,成就了汉初文景之治。

观点五:商人是优秀人才,可与政治人物有同等地位。

除了国家,还有人物。文中列举了许多经商致富的个人,有像上述越国大夫那样的贵族,也有起于草根的"鄙人"。

首先是孔门弟子。孔子得意门生中既有颜回那样甘居陋巷,箪食瓢饮而不改其乐的,也有游走各地经商的,其中子贡(赐)最成功,为七十子中首富。他坐着多匹马拉的华丽马车,带着厚礼重币去见诸侯,所到之处,国君把他奉为上宾,"分庭与之抗礼"。司马迁说是子贡先发迹，然后才使孔子扬名天下。读至此，我想起鲁迅曾说孔子食不厌精是因为有胃病，是坐老牛破车周游列国颠簸出来的，他还差点在陈、蔡饿死，有时被当地国君赶出来，"如丧家之犬"，老师的遭遇与这位大款弟子成鲜明对比，确实有点意思，说老师借了学生的光倒也有可能。

魏国有一位白圭，特别善于把握时机，"人弃我取，人取我与"，年成好坏都能加以利用。"趋时若猛兽鸷鸟之发"，也就是看准了时机就扑过去，该出手时就出手，成为产业家的鼻祖。白圭说过一番话，自诩经营产业可以与名相伊尹吕尚之谋、孙吴用兵、商鞅行法，相提并论。司马迁对此予以充分肯定。

秦始皇时有一名少数民族名字叫倮，善于畜牧，以贩马牛致富，秦始皇赐他以封君的地位，可以与大臣一起上朝；同时巴蜀有一名寡妇名清，善于理财，以财自卫，不受人侵犯。皇帝尊她为"贞妇"，为她筑台，命名为"女怀清台"。司马迁评论说，一个善于畜牧的"鄙人"，一个穷乡僻壤的寡妇，能够"礼抗万乘，名显天下"，还不是因为富的缘故！

文章还提到"素封"的制度，就是有些人因某种名望，皇帝给封一个空的爵位头衔，没有俸禄，也没有封邑，全靠经营自己的田园生活。有善于经营者，根据自己居处的特点，或畜牧牛羊、或养猪、或种树、或养鱼、或桑麻、或种菜，不必到处游走，坐收其成，就可发家致富，实际收入等同"千户侯"。不必出仕做官，在本乡本土也可以过上与封侯同样的优裕生活，司马迁称之为"本富"。他举了若干各地知名的大户，例如蜀之卓氏、山东程郑、南阳孔氏、鲁之曹邴氏，都是靠炼铁发家；齐人刀（diao）氏从事渔盐，他的特点是敢于收用当地人看不起的奴隶，而且是"桀黠""豪奴"，放手让他们逐利，终于富至千万。还有一位任氏，原为管仓库的小吏，秦灭后，地方豪杰都抢金玉，而唯独任氏把仓库的粮食藏起来。由于楚汉相争，百姓无法种地，粮食奇缺，他大赚了一笔，结果那些被抢的金玉也都归他了。他致富后仍然保持勤劳俭朴的习惯，成为民间表率，受到统治者的尊重。

诸如此类的个案文中有许多，为篇幅计，不再多引。司马迁总结说，就致富而言，农不如工，工不如商。但是经商有正当与不正当的途径。这里列举的大户都是他认为是通过正当的手段，凭自己的能力才智致富的。既没有爵邑俸禄，也没有作奸犯科，而是"与时俯仰，获其赢利"。所以他称之为"贤人所以富者"，足以为后世参考。

但是并非所有富人都是"贤人"。例如老老实实务农，就不如盗墓赚钱；女工刺绣，不如倚门卖笑；赌博也能赚大钱，等等。靠这些行业发财的，他称之为"末富"，更加歪门邪道，犯法的是"奸富"，当然不足取，但是客观存在。还有一种人，并不是有特别高的德操的"奇士"，只因自己没本事治生产而长期受穷，还自命清高，空谈仁义，司马迁很是看不起这类人，骂他们"亦足羞也"。

最后结论是财富的聚散无常，有能耐的就能聚财，"不肖者"就破财败家。"千金之家比一都之君，巨万者乃与王同乐"，那就无所谓"素封"了。换句话说，富埒王侯，富可敌国，是可以做到的。

这就是司马迁的财富观。他在《太史公自序》中说作《货殖列传》的本意是"布衣匹夫之人，不害于政，不妨百姓，取予以时而息财富，智者有采焉"。这是为商人，特别是富商正名。一个没有官位的布衣平民，对谁也没有妨害，就是能利用时机买卖运作而致富，怎么不值得"智者"肯定呢？这种思想在当时应属异类。当然司马迁的异类思想也不止这一点。班固批评他"是非颇谬于圣人"，货殖列传就是其中之一，"述货殖则崇势利而羞贫贱，此其所蔽也。"这种批评太简单化，太肤浅。司马迁绝不是"崇势利"的人，班固可能没有仔细阅读全文，或者处境不同，无法体会文章的深意。

司马迁本人对贫穷是有切肤之痛的。他获罪之后，如果有钱的话，本可用钱赎买，免于受那惨无人道之刑戮。但是家境贫寒，而且人情冷暖，受难后没有朋友伸出援手，借贷无门。这可能对他深思贫富的问题有所触动。不过他没有因此而仇富，而是从全局出发，悟出这么一番富民强国的道理，肯定"商"的价值和致富之正当性，进而强调通过工商发展经济对国家强盛的重要性，发时人所未发，这种胸怀和眼光确非常人所及。

（2018年）

20世纪上半叶的中国实业家

中国在超过一个半世纪艰苦探索的现代化道路上，曾经出现过一大批实业家，对民族振兴、经济发展、社会进步功不可没，却不大进入当代人的视野。

（一）皇权制度下的中国没有外来冲击是否能够产生资本主义？

这是一个老掉牙的问题，讨论这个问题的著作林林总总。我没有做深入的学术研究，只想根据自己的阅读、思考，结合亲历的见闻，谈一些看法。

中国人是以善于经商著称的，自古以来不乏出色的名商巨贾，先秦时期就有子贡、范蠡、吕不韦……我少年时曾经过一家老式店铺，门口有一副对联，因为感到有趣，居然过目不忘，至今记得：

> 越国大夫曾货殖，孔门弟子亦生涯。

上联指范蠡，下联就是子贡了。看来那商家还是慑于重士轻商的风气，所以要拉两位古人来撑腰。

司马迁著《史记》就专辟有《货殖列传》，这当然是太史公眼光独到之处，同时也说明，汉武帝时商业已经相当发达，而轻商尚未成风。后来又有徽商、浙商、晋商等等。有人说中国人与犹太人有相似之处,聪明、勤奋,能在逆境中翻身,有一点机会就能发家。历史著作经常提到宋、明时代的市井繁荣盛况。那么为什么直到19世纪中叶,西方列强敲开、或轰开中国大门之前,中国没有发达的市场经济呢?

要回答这个问题,首先要看是什么压抑了市场的发展?

第一是官府。历来商家受官府的压制,两千年不变。这是制度层面。过去总说中国主要矛盾是农民和地主的矛盾,实际上在皇朝时代,社会最主要矛盾是官与民的矛盾,所以有"官逼民反"之说。此说不是我最先提出,但我颇为认同。这"民",就包括商。凡是发达到一定程度的商家,免不了成为官家勒索的"肥肉",于是就设法依附或勾结官府,以取得庇护或特权,或亦官亦商,成为"红顶商人"。如果发展到"富可敌国",必定遭忌,无论何者,最后下场都不妙,如沈万三、胡雪岩,等等。

第二、科举入仕。既是制度,又是文化层面。科举制度把精英都收入仕途,从而形成一种文化观念,即便富甲一方,仍然社会地位不高,缺一个"功名"。所以富商家族一定至少让一个子弟考科举、博功名,才能改换门庭,光宗耀祖。

第三、消费市场有限。高消费人群主要在宫廷和少数贵族之家。所以能工巧匠集中于手工业,精益求精,达到世界顶峰,但是没有庞大的中产阶层,大众购买力不高,缺少提高效率大规模生产的动力,因而也难有激发出工业革命的创新机制。

在这种情况下,自难发展出自由竞争的市场。制度不变的情况下,没有外来强有力的冲击的确很难走出这一怪圈。

（二）外来冲击的作用：姑且从鸦片战争算起。

——最大的作用是削弱官府，直到清皇朝崩溃。客观上减轻了官府对民间工商业的压制，民族资本在夹缝中开始壮大。

——文化上西学东渐，逐步改变观念。工商业有了社会地位。

——被迫开放以后，必须做生意，于是有了竞争。当时中国面对的是19世纪工业革命以后的西方，所以引进的是现代科技和先进的经营模式。

中国真正走出中世纪，开始走向全面现代化是在二十世纪上半叶，从晚清到民国这一时期。教育、实业、新闻、出版、文化、社会风气，乃至对外部世界的认知，是全面现代化。所谓的"黄金十年"（1927-1937）之说并不确切，这个过程远不是从1927年开始，而是更早，至少从清末已经开始。第一次欧战发生之后，列强暂时顾不上东方，也给了中国发展的空隙。

别的方面姑且不论，但就经济方面而言，**二三十年中涌现出一大批实业家，成就了20世纪上半叶的现代中国**。以下略举一些代表人物和产业，以见一斑。本文不能详述，难免挂一漏万，只是提供一个概念。

（三）改变洋货一统天下

1927年以前的代表人物是**张謇**，他刚好是在1926年去世的。这是一位近代史上值得大书而特书的人物，是从废科举前的状元到现代实业家，从传统士大夫转变为新型知识分子的重要典型，起了继往开来的作用。他立志于改良社会、振兴中华，关注面和事业极为广泛。其初衷是要办教育，办教育需要资金，才开始致力于实业，也就是从教育救国而实业救国，以其胸怀、魄力和才能，事业越办越大。最独特之处是企业办社会，一手建成了繁荣发达的南通市。在他以后还有一个企业建设社会同样的事例，就是卢作孚之于四川北碚。

张謇之后有：

工业：荣德生及荣氏家族（棉纺、面粉），穆藕初（纺织），聂云台（纺织）范旭东（精盐、化工），刘鸿生（火柴），吴蕴初（味精），宋棐卿（毛访、制药），陈一甫、陈范有父子（水泥）

银行：张公权、陈光甫、李馥荪、钱新之

文化出版：夏瑞芳、张元济（商务印书馆），史量才（申报），邓季惺（新民晚报）

商业：郭氏兄弟（上海永安公司）

交通：卢作孚（民生船运）

另外还有被杀害的烈士，项松茂（五洲大药房总经理，1932年一二八事变中，因解救为日寇拘捕的员工而被杀害）；杜重远（原在东北办瓷厂，已经颇有成绩，九一八事变后遭日寇通缉，逃到关内，后因亲共，在新疆为盛世才杀害）。

（当然绝不止这些人，本文并非详细介绍人物，只是举要，以见一斑。）

去掉"洋"字，功不可没

这一批实业家最大的贡献是工业国产化。当时多少日用品的名称都冠以"洋"字："洋布"、"洋面"、"洋火"、"洋蜡"、"洋灰"，连肥皂也称"洋皂"（天津话称"洋胰子"）。名称没有"洋"字而主要靠进口的有"味之素"（日本）、毛线和毛纺织品（英国）、精盐（原来中国只产粗盐），等等，更不用说西药了。而在短短十几、二十年中，这些与民生息息相关的日用品基本上实现国产化，去掉"洋"字，这是多大的功业！以荣氏为例，把民生最重要的衣和食都覆盖了，而且1915年首次实现了面粉出口。以毛线为例，根据本人的记忆，我上小学时母亲织毛衣用的是充斥市场的英国蜜蜂牌毛线，而到中学时已经用东亚毛纺厂出产的"抵羊牌"毛线了，而且其质量并不亚于进口毛线，说明它已经得起与洋货竞争，占领一部分市场。

（四）新型中产阶层的出现及其作为。

中产阶层不仅是在经济实力上，更重要是文化意义上，主要由实业家和知识精英组成。他们承载了中西交汇的文化，大多数既继承了传统"士"的特点，又是"海归"，一起撑起了当时代表现代化的社会价值观。以这批企业家而言，除了为实业国产化做出贡献外，有几个特点：

独立于官府。这是中国历史上第一次，民间工商业在地位上、意识上独立于官府。在军阀混战中他们不依附某一军阀。他们共同的诉求是发展、和平、推动社会前进，终极目标都是为了救国。救国是自救，过去都是政府以国家的名义提出要求，现在是自己确定什么是国家利益，要一个什么样的国家。从这里出发，在时局动荡中有合乎逻辑的、大体一致的表现：

例如，1913年宋教仁案引起"二次革命"时，工商界多数反对武力解决，实际上站在了袁世凯一边；而对袁称帝、张勋复辟，他们持鲜明的反对态度；1926年北伐时，他们又支持北伐，以财力支持北伐成功的国民政府。这都是基于要求和平统一的一贯目标。

石破天惊的银行集体抗命

1916年，段祺瑞任国务总理。当时国库空虚，他以国务院名义电令中国、交通两大银行停止兑现（即只准对存户付纸钞，不准兑银元），并要求各地官府派出军警监督执行。时任中国银行副总裁的张公权认为如执行这一命令，将使银行信誉尽失，后果严重，难以恢复。于是与其他银行界同仁商议，决定抗命不从。参加者有：张公权、宋汉章（中国银行）、叶揆初、蒋抑卮（浙江兴业银行）、陈光甫（上海银行）、李馥荪（浙江地方实业银行）等，他们采取适当步骤，发布公告，继续照常兑现。由于各银行的联合一致，相互支持，渡过了因民众听到风声而发生挤兑的最初的险关，最后成功保住了银行的信誉，同时也保护了客户的利益。这一不寻常的举动坚守了现代银行信誉至上的原则，也表现出独立于政府强权的骨气和勇气。后来，1927年陈光甫在武汉还有一次抗拒武汉政府停兑令，坚持照常兑现。那一次上海银行损失不小，但是维护了信誉。

联合维权的觉悟和行动

从以上联合抗命的举动来看，工商界已经有了联合维权的觉悟。1912年第一次全国工商盛会，由上海总商会发起，各地商会、华侨商会代表济济一堂。张謇、聂云台等以特邀代表身份参加。荣德生提出三个提案：振兴纺织业、派海外实习生、制造机器母厂，都获通过。最后一点"制造机器母厂"是极具远见的，因为当时虽然最终产品实现国产，而机器还得进口。不过这一提议要很久以后才实现。

1914年北洋政府出台"产销并征"的税收政策，遭到工商联的集体抗议，并得《申报》等媒体支持。这也是联合维权的一次重大成果。

当时的银行家对于银行的主要功能是支持实业，都有清晰的认识，所以银行家与实业家关系比较密切，有同舟共济的观念。

公益慈善事业的倡导者和骨干力量

上述大部分企业家都热心公益，除了积极扶贫济困外，已经有"授人以渔"的现代公益思想。他们最热心的是教育事业，并有明确的通过教育改良社会的目标。例如张謇创办的盲哑学校，明确说明不是为了怜悯，而是为培养能自食其力的个人，使其成为有益于社会的公民。黄炎培、史量才等人都是热心教育，而且根据国情需要办各种职业学校，既为社会培养急需的人才，又为贫寒子弟谋求出路。现代的企业文化也开始引进。例如东亚毛纺厂的职工福利十分优厚，还自办"东亚小学"，不但职工子弟可以免费入学，还面向社会。由于其师资优越，成为当时许多家长的首选之一。另外，穆藕初、吴蕴初都是裸捐。以当时中国的经济水平和这批企业家并不雄厚的实力，比之差不多同时代正在兴起的美国慈善家，相对说来在观念上的差距并不那么大。

不以财富论英雄

办企业当然必须盈利，这是毋庸置疑的。不过逐利不是终极目标，振兴实业，从而"救国"，才是终极目标。这批实业家个人的人品可能参差不齐，但就总体而言，大体有一个原则和底线，在"义"、"利"之间知所取舍。他们有一定的社会地位和知名度，但是与当下不同的是，人们津津乐道的是他们的产品，而不是他们的财富（当时也没有什么"财富排行榜"），从"火柴大王"、"味精大王"之类的称呼可见一斑。有时企业和产品比本人名气大得多，例如"启新洋灰"在天津十分有名，但是陈氏父子的名字鲜为人知。事实上，就个人财富而言，实业家中称得上"巨富"的很少。一个例子足以说明：我所知道的当时天津称得上"大老板"的人家，都没有自己的房产，而是租房而住的。由于那个时代家庭人口比较多，他们大多住得并不宽敞。天津有不少著名的"X家大院"的豪宅，大多属于下野政客，或过去的祖传。那时尚无"按揭"的做法，买房必须全款，而这批新型企业家大约在十几年中尚未有足够的积蓄。另一个原因可能是时局不稳，对置业持慎重态度。总之，说明他们大多属于典型的中产，而不是"富人"。

这一中产阶层也撑起了社会价值观。首先是爱国，在抗日战争爆发后，有毁家纾难的，而极少附逆的。另外，他们的创业是靠知识、才能，经历了艰苦奋斗，因而比较重视子女教育，纨绔子弟较少。而在灯红酒绿的娱乐场所一掷千金的大多是所谓的"暴发户"或官宦人家的子弟，为他们所不齿。这也造就了当时的社会风气。

（五）与政治的关系

中产阶层在有了经济实力之后，自然有影响政治的需要和愿望，以实现他们理想的社会。与发达的资本主义国家不同的是，中国的中产阶层虽然在某个历史空隙中发展壮大，有了一定的独立地位，但是在政权面前始终处于弱势，在影响政治方面有少数成功的例子。而总的说来，他们不但不能影响大局，而且还是免不了受制于官府，在艰苦博弈中求生存。这是中国国情决定的。

有限的积极影响

最早，1900年庚子之乱，慈禧向十一国宣战时，以李鸿章为首的几位封疆大吏有"乱命不从"，联合起来实行"东南互保"之举，保全了人口最密集、最富庶的大片国土免遭蹂躏。这一事实笔者已经在《袁昶烈士》一文中有叙述。不过我没有提到，实际上在这一举动中出谋划策的一位重要人物就是张謇。而且他以他独立的身份和威望奔走于各有关总督和大臣之间，进行说服，起了重要作用。这一举动既是救急，免遭生灵涂炭，也符合新起的实业界和平发展的诉求。

五四运动除了学生之外，企业界也曾积极参与，反对二十一条，联名上书要求不在凡尔赛条约上签字。为反二十一条，工商界曾募集"救国储金"，后袁世凯想插手这一笔资金，被坚决拒绝。

北伐战争统一中国，以及其后建立的国民政府都得到工商界的大力支持和资助。蒋政府初期对他们比较倚仗和尊重。但是好景不长，以后就发生矛盾，下面将要谈到。

陈光甫以本人的国际威望，国民政府不得不予以倚重。抗日战争中，美国对支持中国抗战开始是比较犹豫的，而且对蒋政府缺乏信任。最早争取美国贷款的谈判，在陈光甫参与下，中方取得美国信任，谈成了第一笔"棉麦贷款"。

始终在与官府的博弈中求生存

由于中国始终没有一个健康的法治环境，民营工商业的独立性只能是相对的。不可能完全摆脱当政者的"恩"与"威"。早期的张謇本人是做过官的，还曾被册封三品（尽管是闲职）。他最先办工业是奉张之洞之名，但由于政府实在没有资金，只能向民间集资，而那时的商人已经有了一定的自主意识，不接受"官督民办"，才成为"官商合资"。再后来逐步成为以民办为主，不过早期发迹时也曾依靠官府取得垄断地位；作为交换，被迫每年要交巨额的"官息"（就是官方虽然投资不多，不论企业盈亏都必须每年分高额的股息）。最后张謇的企业破产固然有多种主客观因素，而这一硬性的高额官息也是压

67

断资金链的重负之一。这是他作为过渡性人物的局限性。

范旭东不同于张謇，是新一代的典型，他本人的理念和作为也属于新一代，但是他的创业仍在官府压迫下备尝艰辛，最后可以说是被逼死的。范是日本京都大学应用化学系毕业，本已留校当助教。辛亥革命后他抱着"科学救国"、"工业救国"之志回国。他利用天津塘沽沿海的优势，在那里置地开办久大精盐公司，使中国第一次有了自己的精盐。此事不再赘述。这里主要讲他在军阀混战中的遭遇。他制精盐首先触犯了旧盐商的利益，遭到这方面传统势力的围攻。幸好当时有一部分也可称权贵的人物支持他，最初入股的有梁启超、蔡锷、杨度、刘揆一、范源濂等人。梁先后任司法总长、财政总长，还兼任过盐务署督办，范源濂是教育总长。后来黎元洪、曹锟也入股。又由于有人给袁世凯送去两瓶精盐，袁尝后喜欢，下令给了久大五口岸经销权，这对久大精盐初创打开局面起了不可小看的作用。所以还是靠"朝中有人"。但是，好景不长，"城头变幻大王旗"，各路占领天津的军阀或其手下都要来"借款"，敲诈勒索，令他不堪其扰。最严重的一次是奉系军阀驻扎天津，此时曹锟已下台，他们以久大公司有曹锟等的股份为名，要"清理"、没收，甚至明目张胆绑架范旭东，最后以各种名义勒索一大笔款项了事。这是最突出的一次。由于盐是要在全国各地销售的，各地的大小军阀、地头蛇，上上下下都要在它身上捞一笔，年年如此。北伐成功之后，依然免不了遭国民政府、地方官僚各种手段的压榨。

北伐以后的国民政府

国民党执政之初必须依靠工商界财力的支持。但是民国政府始终未走出"训政"，实行"宪政"。在没有健全的制度保障的情况下，在朝者仍未摆脱利用特权与民争利的痼疾，民营企业仍摆脱不了在与官府的博弈中艰难前行的命运。特别是抗战胜利之后，百业待兴，正是应该大力扶植工商业，恢复和振兴经济之时，当政者却采取了一系列短视、自私、错误的政策，与民争利，杀鸡取卵。原来怀着胜利的喜悦，对重振家业，建设国家充满希望的工商界遭到毁灭性的打击。实际上政府是自毁长城，不但失去了经济基础，而且完全失去了中产精英阶层的人心。现在人们都认为"四大家族"之说不确，因为陈氏兄弟并未发财。但是孔、宋两家利用特权敛财则是事实。这不在于财富的数量，而在于其性质。以受贿为特征的腐败是中下级官僚的行径，而他们这种大权在握居高位者，主要还是倚仗特权变相掠夺，和利用内部信息投机谋私利。

再以范旭东为例。他在抗战前已经备尝官府勒索之苦。胜利之后，他一心想恢复被日寇蹂躏的天津和南京的公司，并已派侯德榜到美国采购化工生产机器（战后美国军工转产，有大批淘汰的机器设备，实际很先进，价廉物美，各方都去抢购），已经一切谈妥，只需要中国银行出一担保，即可付款成交。此事本来很简单，只需宋子文的签字，却遭其百般推脱。最后范得到暗示，只有把公司让给宋子文主持，他才能签字，也就是宋要吞并这一产业。范为此心力交瘁，突发心脏病去世了。这是对待抗战后内迁，需要恢复生业的企业的一例。还有对待沦陷区被日寇强占的民产，"中央政府"接收时，不但不归还原主，还定之为"逆产"，予以剥夺。再加以对沦陷区百姓掠夺性的法币与伪币的兑换率，等等。所以对于盼"中央"如大旱之盼云霓的沦陷区人民来说，不是一般的失望和幻灭。因此在内战全面爆发之前，国民党政府已经失去城市一大部分人心。本文并不是总结国民党在大陆败亡的全部原因，只是就民族工商业这一领域而言。

几点看法：

1.二十世纪上半叶中国民营企业在内忧外患中有了相当可观的发展，对中国的现代化功不可没。它最大的意义在于从根本上奠定了工业化的基础。这种发展与科技创新不可分，不论是火柴、水泥，还是味精、纺织、精盐（羊毛与纺织嫌重复），每一样产品之改良，达到能与洋货争市场的标准，都经过无数科学实验，更不用说化工产品了。那些创业者本人很多都是专家，例如吴蕴初、范旭东、侯德榜，本人都是在实验室进进出出的。这才能真正使中国迈入近现代。当时也有一批"暴发户"，靠"炒地皮"（即今之房地产，不过那时土地私有，城市人口激增，土地越来越精贵，所以首先是买卖土地）和"买空卖空"（略相当于今之"炒股"），这部分人的确在短期内迅速致富，生活奢华，令人侧目，但是他们社会地位不高，不受尊敬。严肃的制造业、与之相辅相成的金融业和商业占主流地位，这才是国家发展的根本。

2.当时能产生相对独立的一批实业家，客观原因是遇到"三千年未遇之大变局"，中国的大门被冲开，从此走向世界，进入一个新时代。所以"开放"才能促"改革"。这是客观效果，与列强主观的野心不一定相符。正如古语说"多难兴邦"，"难"当然是坏事，造成"兴"，还是"衰"，端看自己如何应对。中国幸运的是还有这样一批有志之士，既继承了传统"士"的精神，又吸收外来先进文化，同时还具备实干才能，利用"多难"，成就了"兴邦"的事业。

3.在列强中，除了日、俄之外，其他国家对中国主要不是领土要求，而是经济牟利，并非一定诉诸武力。所以还有利用和博弈的余地。在这过程中，中国经济实际上发展起来了，情况已如前述。

特别需要一提的是日本的作用。甲午一战，中国朝野震动，客观上起了惊醒这个老大民族的作用。许多发奋图强，厉行改革之举都是在此之后开始的。其中之一，是中国赴日留学生陡增，这种开放的、勇于向对手学习的态度是健康的，代表了民族的朝气。当然也由于日本是最方便革命者流亡之地。前期，日本对中国起了传播西方思想文化的二传手作用。当时各种思潮，包括社会主义和马克思主义最早都是由日本留学生译介过来的。

另一方面甲午战争助长了日本政界的军国主义一派的势力，最后压倒了政界主张和平的一派，主导了日本国策。这一派觊觎中国地大物博已久，是处心积虑有领土野心的。日俄战争之后，日本占领东北，更加野心膨胀，终于大举进攻中国，因此这一仗是不可避免的。它造成中国的最大不幸，是切断了中国现代化道路，使中国再走弯路，历史改写，损失不可估量。

4.前面说外力削弱了中国政府，客观上有利于民营企业的发展，这是指**客观效果**，当然并不是说政府越弱越好。只是专制的、高压性的、与民争利、压制民间活动、破坏市场经济的力量，弱一点是好事，客观上为经济发展留出了空间。从北洋政府到北伐以后的国民党政府，不论名义上如何称呼，终究是专制制度，没有健全的法治。只是因为统治力还不够强，没有达到无孔不入的大一统，舆论没有全部归顺，执政者还有所忌惮。根据张公权的总结，1916年那一次银行家斗胆抗命之所以能够成功，其客观原因是："尊重私人企业之思想，尚凝结于一般旧式军阀脑筋之中，不敢肆意摈斥，通商口岸所培养之舆论尚足使军人政客频加尊重，不敢蔑视。及国民党取得政权，自知本身实力尚待养成，不得不利用社会已造就之人才，及具有基础之事业，巩固其地位。"这是中肯之论。

回顾中华民族百年来跟跟跄跄走向现代的道路上，曾有过这样一段经济发展的历史，这样一批人物。在当时积弱积贫的情况下，他们的成就只是初步的，例如产品可以国产，机器还必须依赖进口。今天在全球化的形势下，当然已今非昔比，任何一个国家不可能，也不必要一切都自己制造。不过经过多年来GDP飞速增长后，对关键产品的自主创新又提上了日程。什么是有关经济命脉的关键产业，什么样的制度和环境能出现真正的、有独立创造精神的人才，如果不采取历史虚无主义的话，前辈的心血和业绩，那一段历史的正反面经验，值得今人关注和深思。

（注：本文所涉及的人物如陈光甫、宋棐卿、卢作孚、范旭东、张謇等等，已有多种传记和研究的著作。一部分是我少时见闻的感受。另外傅国涌先生所著《民国商人》《大商人》二书提供了视角独到的综合性介绍，本文部分论述依据该书材料，特此致谢。）

(2018年)

外交家顾维钧的幸与不幸

——重读《顾维钧回忆录》有感

我在不同场合曾引用顾维钧的话：国家是不能玉碎的。此语来自《顾维钧回忆录》。这部自述较之一般回忆录都客观、冷静而翔实。大部分涉及民国时期的外交，是中国近代外交史的珍贵参考资料。多年前我曾撰长文略述本人阅读心得。现在着重介绍他关于外交的一些观点，兼及可能从事与列强进行重要谈判的中国代表应有的训练。这是他根据丰富的实践总结出来的，既有当时的针对性，对后世也有普遍意义。

外交工作原则：从《回忆录》分散的叙述中概括起来，有以下几点：

1)"必须非常敏锐，注意每一个细节，看看有否隐藏的含义，遇事决不能想当然，不能仅看表面。必须非常谨慎，仔细观察，小心从事，并永远瞻前顾后，有进有退。"

此话所针对的主要事例是，1919年凡尔赛会议期间，正当中国竭力要求对山东问题做出保留，明确表示如达不到一定程度的满意就不得不拒绝签字时，中国代表团却应会议秘书长的要求，先把代表的私人印章交了出去。要求代表交印章的理由是为了在最后仪式时节省时间，而交出印章的行动造成中国代表已决定签字的印象，当时的负责人却没有考虑到。

2）需要知己知彼。"必须估计对方及自身的实力"。"中国大多数军人，尤其是军阀，只想了解其对手及可能的敌人，而不知道本身的弱点，结果造成毫无根据的希望和野心"。换句话说，往往不自量力，在外交上提出过高的目标。

3）"在外交上不能使用"宁为玉碎，不为瓦全"的原则，因为国家是不能任其破碎的。"在外交上也不能指望百分之百的成功，如果你想达到百分之百的成功，而对方也这样要求，那就不可能有成功的外交，因为那就无法达成协议……'人民外交'总是以百分之百为口号，那是永远成功不了的，那样只能把谈判搞糟"。

4）"当办理重要交涉时，唯一影响你的考虑的应当是民族利益，而不是党派和政治利益，更不应考虑个人政治上的得失，否则，要末是牺牲民族利益实现政治野心，要末使谈判完全破裂。如果一个外交家有了政治考虑，他的外交就很危险了。"

3）、4）两点所针对的情况，一是北洋政府时期南方代表曾自行其是，单独与外国签约，更主要是当时的群众运动动辄以"人民外交"的名义对外交代表施压。顾说："由于离不开公众舆论和大众的支持，一个人很容易做一些讨好公众的事，而不是光考虑民族利益。如果是民族利益，那就是永恒的，不因时间、舆论或党派而改变"。"在中国，自从五四运动以来'人民外交'口号已经成为非常时髦的口号，群众组织起来大游行，或组成代表团对中国的代表们施加压力，常常造成灾难性的后果"。比较突出的例子是，1919年巴黎和会时，中国各种势力都拥到巴黎"观战"，以群众运动的方式，提出激进的要求，对中国代表团施压，干扰谈判工作。

关于"人民外交"，笔者一向认为应该慎言，不如代以"民间交往"比较确切。"外交"基本上是指国家间关系，此中错综复杂，纵横捭阖，专业性很强，而且谈判过程在没有结果前是不宜公布的。如果全民都参与，凭一些似是而非的信息，加上自己的一知半解的诠释，提出各种"见解"和口号，越是煽动性强越容易博得拥护，误导群众，形成压力。在顾维钧时代已经会"产生灾难性后果"，在自媒体的今天可能放大不知多少倍。当然不是说外交决策者应当独断专行，相反，正如顾维钧所提，必须"知己知彼"，也就是必须重视真实的资讯，依据客观情况而不是主观愿望，有足够的雅量，集思广益，做出判断。而外交从业者也如顾所说，应只以民族利益为重，不考虑个人政治上的得失，发言表态，考虑的是对外影响，而不是讨好国内。如果做不到据理力争，至少有对决策者全面汇报真实情况的勇气。

5）"在会议外交中，一个外交家必须时时注意会议讲坛，尤其是世界报刊所代表的舆论。因此老派人士躲避报纸和舆论是大错而特错。"顾比较了各国外交官的训练，认为英、法、荷兰等最好，美国略差，但正在努力发展并保留职业外交人员（按：现在美国与当年已不可同日而语），日本外交官受到严格的管理，必须在外务省和军部之间抗衡，有时过于小心谨慎，不过也正在从传统向现代的风格转变，在与各国交往上发挥更大的影响。

外交使节联名呼吁国内团结

不幸，当时的中国四分五裂，内部纷争不已，国力孱弱，领导涣散。在此情况下，外交受到国内处处掣肘。发生过驻外使节联名呼吁国内停止内争之奇事。

那是"九一八"事变后,国际调查团到中国东北调查,形成《李顿报告》,提交在日内瓦的"国联"讨论。中国外交代表颜惠庆、郭泰祺、顾维钧三人与会,同心协力,力争国际同情中国谴责日本。顾又发挥辩才,舌战日本代表松冈洋右,获得不少支持。然而当时国内形势虽然号称南京政府统一中国,实际四分五裂:四川刘湘和刘文辉叔侄内战,山东韩复榘与刘珍年军事对抗,北京有帝制复辟运动,还有"围剿"与"反围剿"的战争……等等。日本乘机大做文章说,**不知道中国政府在哪里,谁是领导,**使"将在外"处境尴尬。于是三位中国代表联名于1932年10月发回电报,呼吁国内各方停止内争,加强团结,否则他们在外虽据理争辩**"但恐徒恃空言,不易生效"**。紧接着,根据外交部建议,中国驻外使节又联名通电内战各方首领,呼吁停战息争。措辞更为强烈,其中有**"中国内哄不已,友我者叹息,忌我者讪笑"**,**"国将不国,更何外交之可言?我不自爱重,而欲求人援助,必不可能"**等语。

他们的外交活动确实有了积极的效果,最后结果相当有利于我国。但是东北抗日斗争节节败退,国土一片片沦丧。而他们收到的国内指示却叫他们予以否认,致使顾自己感到"台上说得天花乱坠,而台下发生的事实却完全相反",无法取信于人。

在这种情况下,颜、郭、顾三人联名辞职,说是"心余力绌,应付乏术",要求政府"另委贤能接充"。当然这一辞职是不会被批准的。几位代表只好继续"鞠躬尽瘁"。但是如他们辞呈中所提到的,日本已经看透中国政府**"勇于内战,无意对外"**,无所顾忌,卒至大举侵略。诚如顾所预言,**"历时十七个月之外交努力亦将完全付之**

流水"。仅此一例，可见当时内政对外交掣肘之一斑。当然绝不止此一例。

至于顾最后10年的驻美大使经历，中心任务就是争取美国援助国民党打内战。为此他以自己的外交长才，使出浑身解数，除到处演讲宣传外，还对美国各党各派各部门的内部分歧了若指掌，甚至为亲蒋国会议员起草发言稿，以及代国会议员提出援华法案中有关段落的措辞，等等，做到了任何外交官都做不到的事。

即便如此，蒋还没有给予充分信任，曾认为他争取美援不力，忽派孔祥熙为专门谈判美援的全权代表，以至于顾以一国不能有两个全权代表为由提出辞职（此事因美方不接受孔而作罢）；还有一段时期蒋下野，李宗仁"代总统"，而实权仍在蒋手中，使"大使"不知听命于谁，因此他常有"一国三公"之叹。他宵衣旰食，殚思极虑，客观上却是为党派政治服务，正好违背了自己提出的外交原则："唯一影响你的考虑的应当是民族利益，而不是党派和政治利益"。而且大势已去，他从代表全中国退缩到代表"偏安"一岛的政权。才自清明志自高，生于末世运偏消！

结论

唐德刚先生著作中说中国一共有两个半外交家，顾维钧算半个。窃意以为此说不公。顾维钧无论如何当得起一**个**外交家，而且是杰出的外交家。每一个人都有时代的局限性，处百年动荡的中国而涉足政界的知识分子，更难掌握自己的命运，顾维钧也不例外。顾维钧的职业生涯有他的幸与不幸。他本人的爱国心、学识和忠于职守都是没有疑义的。若论个人名位和际遇，他少年得志，起点很高，没有中国多数知识分子"怀才不遇"之叹。他前期服务的北洋政府，领导很弱，只顾内部争斗，在外交上对他倚重有加，干预较少，因此他反而比一般的外交官有更多的发言权、裁量权，发挥余地较大，应算得幸运。在漫长的岁月中，他既有经过艰苦努力，为中国争得权益的业绩，也有不得不经历的屈辱外交。他见证了民国初创到衰败的全过程，经历了多次"城头变幻大王旗"，还有两次世界大战。他面对无法抗拒的内外势力，与列强周旋，善于提出在当时客观条件下对中国最有利的方案，有时强硬，有时妥协，一般说来审时度势，进退有据。其特点是知己知彼，重实际而不凭意气，在内忧外患中保持清醒的头脑。另一方面，毕竟外交是内政的延续。顾维钧所处的是一个动荡不安，支离破碎的中国，大多数情况下事与愿违。他自己提出的原则并不能完全实施。以真正为国为民成就的事业计，他的才能和心计多半空抛。

外交官本来就位高而权不重，基本上是奉命行事。顾作为外交界几朝元老，凭的是自己的专业才能，而并未依附个人，很多次在重大事件中，勇于向上力陈己见，有自己的个性。在近代中国跟跟跄跄走向世界，由弱转强的过程中，高级外交官不知凡几，后来者所处世势、国势已今非昔比，但是像顾维钧那样不仅是执行者，尚能有自己的外交思想，在外交史上留下不可磨灭的带有顾氏印记的遗产者，应属凤毛麟角。

（2018年）

改革是民族兴衰所系，不是为应付或迎合外人

——兼论中国走向现代阻力何在

现代化与开放分不开

何谓现代？一般以工业化为分野。工业社会以前的农耕、狩猎、畜牧等等为"前现代"。工业化绝不止于产业革命由手工到机器生产，而包括与之相配的整套政治体制、社会结构、教育文化等各方面根本性的变革。

一个不争的事实：中国是文明古国，有悠久的、曾经光辉灿烂的文化，农耕文明悠久而成熟、精致，代表着一个高度。

另一个不争的事实：中国与以欧美为代表的西方相遇时，已经落后。从何时起落后？史学界有不同的看法，大体上从14-15世纪起，也就是欧洲已走出中世纪，而中国还在皇朝往复中停滞不前。曾经高度发达的古代文明正成为阻碍变革的沉重包袱。

因此，**现代化与开放分不开**，没有国门的打开不可能产生根本的变化。而这个开放，就是向欧美早发达的国家开放。180年前如此，40年前亦复如此。只有在中国的大门打开，面向当时先进的西方之后，现代化进程才得以开启。因此，一百多年来，每一轮的现代化改革都与开放分不开。

前人的功绩不可抹杀

首先，中国向着现代化方向的改革开放绝不止40年，应该至少是近180年，常听到的一个说法：中国用了30年走完西方300年的道路，这完全不符合客观事实，无视前人的努力和贡献，如果扣个帽子，应该算是"历史虚无主义"。

前期失去的机会

早期的西方传教士带来的是当时先进的科学技术，以天文、数学为主。

1）明末利玛窦——以徐光启为代表的先进人物，翻译几何原理。徐提出"无用之学是为大用"，实际就是科学精神。实际上除徐外，已有上百贵族入天主教。

2）跨明清两代汤若望——最重要贡献是改定流传至今的农历。因为那时哥白尼"日心说"已经确立，能据以准确算出日蚀、月蚀。汤若望命运跌宕，曾得顺治特殊恩宠，位极人臣，顺治对其几乎言听计从（连立康熙都是他的意见，因为康熙出过天花）；也曾为保守派所不容，成为阶下囚差点被凌迟处死。后来被赦免。

3）康熙对科学感兴趣，南怀仁等洋教士受重用。康熙思想比较开放。但是未能如彼得大帝，在实质上把科学用于生产，没有在实践中走出现代化的第一步。

4）乾隆时已经没有早期的学习精神，自以为达到盛世，实际上已经保守，故步自封。遂有马戛尔尼来华的礼仪之争。跪拜问题被后人夸大了，核心问题是乾隆认为中国什么都有，根本不需要贸易。但是实际上早有贸易，即广州十三行，出口丝茶，进口的是皇宫要的奢侈品，如钟表、珐琅器皿等等"奇技淫巧"，但不想进口当时欧洲的先进技术、机器。所以贸易不平衡，最后英国就卖鸦片。

鸦片战争之后

历史不能假设，如果以前这几次与西方的交往得以发展、延续，并且中国承认自己需要学习，就不必等炮舰来轰开大门。

从鸦片战争后一批士大夫开始睁眼看世界算起，至少已经走了近180年。在这期间一大批先行者做出的努力、牺牲和贡献，造成光辉而悲壮的历史，不容抹杀，值得敬畏。前人的成绩是今天继续前进的基础；而原来阻碍前进的因素也顽强地存在，仍然起着阻碍的作用。前人已经解决的、克服的，又不断回潮。中华民族的劣根性积重难返，现代化任重道远。

从教科书上学到的，就是从鸦片战争开始，打了一系列败仗，签订了一系列不平等条约。所以一部近代史就是帝国主义侵华史。这种概括十分片面，既是对前人的不公平，也不足以客观对待历史，认真吸取经验教训。姑且不论这些战争是否非打不可，哪些是可以避免的，以及当政者一连串的误国举措。只说客观上所有这些战争和不平等条约，对中国起的作用就是开放门户，刺激中国人从天朝上国的迷梦中觉醒，开始有民族国家意识，在不同程度上唤醒了一批知识精英，不但引进现代科技和先进的经营模式，促成了从无到有的初期改革和建树，而且开辟西学东渐之路，在这片古老的大地上吹进新风、开启民智，落实到行动上的洋务运动和走向宪政的努力。尽管那些努力未能取得预期的成功，其所起的奠基作用功不可没。

无可讳言，引领有限的改革的还是士大夫、知识精英。直到世纪之交庚子之乱，清皇朝已经腐朽昏聩到那样的程度，在朝中还有一批有眼光、有担当的高官，认识到中国面临三千年未有之大变局，戮力图变、图强。有拼死力谏的京官，有敢于"乱命不从"，保住大片国土免受蹂躏的封疆大吏。在野则新潮汹涌，出现一大批以天下为己任，为挽救民族危亡争取革新而奔走呼号的志士仁人。在这过程中不论朝野都出现了以命相搏的烈士。在外强逼迫、朝野合力之下，最高掌权者也终于接受变法、立宪。不过已经太晚，革命爆发。

辛亥革命以后

民国开始到1937年日本全面侵华，这段时期是中国全面开放大踏步走向现代化的时期。教育、实业、新闻、出版、文化、社会风气，乃至对外部世界的认知，都全面走向现代化。现在有所谓的"黄金十年"（1927-1937）之说，并不确切，这个过程远不是从1927年开始，而是更早，至少早十年。那是第一次欧战发生之后，列强暂时顾不上东方，也给了中国发展的空隙。

这二三十年中的口号是"XX救国"，如"实业救国"、"教育救国"等等。各方面精英人才辈出，奠定了中国各个领域自主自立、繁荣发达的现代化雏型。更宝贵的是思想活跃，当时世界各种思潮都进入中国，一度形成新的百家争鸣的局面。仅民族工业一项，在短短二十年中，日常生活必需的轻纺、日化以及食品工业实现国产化，去掉"洋"字（如"洋火"、"洋布"、"洋蜡"、"洋灰"等等），这是了不起的成就。可贵的是，这个成就不是靠人为的"抵制洋货"，而是靠以价廉物美的产品占领市场实现的。在社会结构上出现了新兴中产阶级。尽管百年积弱，中国在内忧外患中屡遭挫折，这二三十年对于为后世造福有深远的影响（详见本书《二十世纪上半叶的中国实业家》）。

二十世纪下半叶的大弯路

自力更生与闭关锁国

1951年对大学毕业生进行集训，本人听了一系列的各级首长的报告，其中有说中国还没有完全独立，因为有些东西还需要依赖进口。这说明当时的执政者认为只有一切自给自足才算完全独立。但是事实上又必须依靠国际。"前三十年"，也不可一概而论，初期并非有意闭关锁国，应该算半开放，对苏联东欧开放。他们已经进入工业化，所以苏联援助还是对当时中国有所贡献。"全面学习苏联"，既是意识形态，也是建设需要。其实苏联有许多科技是从西方传来，等于是二传手。所以1956年之前的经济发展的成绩与半开放分不开。那段时期"阶级斗争"时紧时松，经济建设一直在日程上，人民生活总的有所改善。

从1958年逐步走向完全闭关锁国

到1957年那个特殊的春夏之交之后，国内国际都以"阶级斗争为纲"，一浪高一浪，建设全面逆转，日益丧失理智，直到1966年"文革"达到高峰。对外"帝、修、反"一起反，达到彻底孤立。那是几千年皇权专制的传统与从外部引进的乌托邦极左思潮相结合的畸形产物。远景是世界大战或者世界革命。以世界领袖自居，不是引领现代化，而是宣扬贫穷落后，领导世界穷兄弟与发达世界（资与修）斗争。在"自力更生"口号下闭关锁国，完全脱离世界发展的潮流；在思想文化上"封、资、修"一概否定，"在一切领域实行专政"，文化形成沙漠，经济濒于崩溃，在国际上彻底孤立。

最近一轮改革开放

最近一轮改革开放从1978年算起。这是经历了一场人为的大浩劫之后的重建，称作"拨乱反正"，实际上是在一切领域回归常识、回归正常生活，恢复正常的人性、人伦。

1976—1978年是大转折。对外开放与国内改革同时进行，相辅相成。以后的三十多年中实现了经济腾飞，大面积脱贫成绩显著，其中挫折也是一代人心中之痛，不必详述。仅略述几点促成进步的亮点：

（一）对外战略

1.对时代的看法：一切对外政策和行动的基础就是决策者对我们处于什么时代的看法。简单化地说来，前后有两种截然不同的看法：

之前：延续列宁的理论：**"帝国主义走向全面灭亡；社会主义走向全面胜利的时代"**。只要帝国主义存在，战争就不可避免。帝国主义是资本主义的最后阶段，也就是再发生一次世界大战，资本主义就告灭亡，共产主义就实现了。这一理论在中国发展为："不是革命消灭战争就是战争引起革命——最后消灭资本主义"。二战后，特别是到1960年代，亚、非民族独立运动兴起，被纳入世界无产阶级革命，成为组成部分，所以中国对其给予大力支持。

之后：**逐步转变为"和平和发展的时代"。世界大战可以避免**

这样一个180度的变化不是一朝一夕达成的，在高层经过几年的时间才慢慢达成共识。要点是：承认第三次世界大战**不是**不可避免；资本主义社会**并不**在衰亡，西方国家并非以灭亡中国为目标，世界革命不会马上到来，两种制度可以和平共处，还可以共同繁荣。在这一认识的前提下，才能够集中精力发展经济，才能敞开大门，全方位地改善与发达国家的关系。这个效果我们已经看到了。

2.对谁开放? 对西方，主要是美国

以前并不是完全没有开放过，在"一边倒"，与苏联尚未反目之前，可算"半开放"。后来又划分"三个世界"，以不发达国家和革命组织为友。所以真正的开放，是对以美国为首的西方世界开放。

尼克松访华，中美解冻是毛泽东留下的遗产。没有这个开头，邓小平和其他领导人要改变可能阻力要大得多。毛与斯诺谈话在全国一直传达到基层，这个大逆转只有作为"最高指示"，在当时"理解也执行，不理解也执行"的气氛下才不会遇到抗拒。不过当时联美是为了反苏，有策略性质。并没有改变对战争的看法，还继续"深挖洞、广积粮"，只不过把最危险的战争来源由美国变为苏联，根据"集中对付一个敌人"的原则而有此决策，更重要是美国朝野已经在酝酿转变对华政策，是双向的。

"改开"以后对美开放是作为大战略, 不是策略, 坚定不移，并与国内改革紧密结合。证据之一：有一次清华一位教授在与共青团员的讲话中仍根据老调子，说对美是策略，反帝原则不变。邓小平借一次接见外宾之机，重申与美国的关系是大战略，说那位教授的讲话是"胡说八道"。事实上，与美国关系正常化，整个对外关系的一盘棋就活了。日本、加拿大以及其他与美关系密切的国家都争先恐后，先于美国与中国建交，联合国席位问题也先于尼克松访华而解决。

"反霸条款"的意义

现在一般人不太注意的是奠定中美关系的《上海公报》中的"反霸条款":

"任何一方都不应该在亚洲—太平洋地区谋求霸权,每一方都反对其他国家或国家集团建立这种霸权的努力"。其具体所指在美方是收缩战线,陆续减少在亚太地区的军事存在,例如停止越南战争、撤出在台湾海峡的第七舰队、减少在日本以及其他亚洲国家的军事基地(包括把冲绳归还日本);在中方则是停止输出革命,亦即不再支持东南亚国家的反政府武装斗争,也可以理解为没有在这一地区称霸的野心(此后中国也真的实行了)。"其他国家"显然主要是指苏联。这一条款非常重要。因为美国原来对华"围堵"政策的依据就是防止中共的革命蔓延到这一地区的其他国家。这样,一个造成两国敌对关系的关键性的现实因素就排除了。以后与美国的《建交公报》和关于售台武器的《八·一七公报》以及1978年与日本缔结的《和平友好条约》都重申了这一原则。

(二)解放思想:真理标准的讨论。

核心在取消**"两个凡是"**。也就是任何人的思想言论都不代表真理,都应以实践来衡量。"实践是检验真理的唯一标准",这个提法从哲学上讲是有缺陷的,但是在当时的特定条件下有重大意义。主要是反对个人崇拜,把人造的神从神坛上拉下来,还原为人。既是人,就可能犯错,不必言听计从,可以揭露、批判,可以违背他的话。这一思想解放在当时产生的实际效应,一是为一大批冤假错案平反,受迫害的幸存者得以恢复正常生活;二是以实践为标准,崇尚务实,打破了诸多阻碍经济改革的教条迷信。更重要是**在一定程**

度上恢复了说真话的权利，使人们从谎言中清醒过来。这里用了"在一定程度上"的限制词，因为这一权利始终没有完全恢复，以至于"真话不能全说，至少不说假话"成为名人名言。不论如何，在相当一段时期内，真话率大大提高，文字狱显著减少，有人比之于一次"再启蒙"。

其他如提倡尊重知识、为"臭老九"脱帽、恢复高考（取消本单位领导批准的规定）、开放自费留学，等等，不必赘述。

（三） 如何接受苏联解体的经验教训？

在苏联解体的关键时刻，中国决策者采取的态度不是"兔死狐悲"，而是与之切割开，提出的经验教训是：因为他们没有改革，没有让老百姓过好日子，所以我们更要坚定不移地继续做好自己的事，继续改革开放，改善人民生活。于是而有著名的"九二讲话"。对外关系强调不以意识形态和社会制度为转移。继续重申：不当头，永不称霸，韬光养晦。在当时的特定条件下，"不当头"的含义是在其他社会主义国家剧变之后，克制自以为引领"主义"、"舍我其谁"的冲动。这一明智的决策，使中国经受了考验，继续前进，而不是倒退。

当然还有开放市场经济，农业包产到户，农民进城务工，承认民营企业、利用国际市场，参与国际竞争、努力与国际接轨，参加WTO……这才有后来的GDP连续上升。这方面方家论述汗牛充栋，姑从略。本文只是粗略概述笔者体会的几点巨大成就的因素，在今天的形势下特别值得强调。

步履维艰, 阻力何在

180年来，无数仁人志士为中国的现代化前仆后继，但是似乎总是走不上康庄大道，往往进两步，退一步，或进一步退两步，甚至大倒退，走上歧途。在"崛起"的呼声高涨的今天，又遇到了难以逾越的险阻。上一节提到的几个亮点，似乎每一项都在反转。何以至此？

历史痼疾

自"睁眼看世界"以来，每一轮的变革遇到的挫折，有一以贯之的相同点，近二百年前如此，今天依然如此：

1.永远在"急起直追"之中。由于痛感落后差距之大，需要"迎头赶上"，急功近利成为惯性，把民间智慧"磨刀不误砍柴工"丢弃一旁，就是不肯下磨刀的功夫。行"拿来主义"，貌似捷径，称之为"后发优势"，实则为劣势，因为创造发明的艰苦探索不能由他人代劳，真正的"秘笈"并未学到手，结果每一个阶段都是夹生饭，而且永远在追赶之中。

2.未能以法治代替人治。重大改革措施依赖掌权者的意志和权威，通过政策、法令推行，而未能以立法固定下来。而况整个法治体系未能建立，即便有法也可以凭长官意志选择性执行。无论多"英明"的决策，免不了人亡政息，甚至前功尽弃。

3."体用"的情结挥之不去。改革到一定的程度就遇到"夷夏之辨"的坚硬内核，对"西化"的拒斥和恐惧油然而生。在士大夫而言是文化观念问题，在当政者而言更是特权利益问题。"拿来"器物或制造器物的技术（不等同于科学）非常顺利，而进一步触及现代文明的制度和思想文化，就百般阻挠。在这方面头脑清醒的先行者往往境遇不佳，甚至蒙上"叛徒"、"汉奸"的污名。从晚清的郭嵩焘等人到今天，都是如此。

4.现代化的最终目标是什么?是走向社会公正，普惠黎民百姓，包括物质和精神，包括人权和尊严，还是实现大国、强国梦?与外国交往重面子，还是重实惠?"宁与友邦，不予家奴"，一掷千金实现万邦来朝的"盛况"，对温饱尚未解决的小民有何意义?与此有关的，就是一切施政的目的是保民，还是保官、保权?这个问题不解决，改革就失去方向。

5.官民关系主次颠倒(民当然包括商)。这是最根本的。归根结底，谁是国家的主人?谁养活谁?实质上，从亿万富翁到升斗小民，都需要仰官府的鼻息。从晚清以来，不论名义上如何称呼，中国实行的终究是专制制度，没有健全的法治。只是有些时期内乱、外患，削弱了官府力量，使其客观上掌控力不够强，没有达到无孔不入的大一统，舆论没有全部归顺，执政者还有所忌惮，所以民间力量有一定的发展空间，一度思想活跃，文化多样化。

除了历史的痼疾之外，当前的新因素：

1) **曾经一度从理论到实践消灭私有制，倡导阶级斗争。**这是前所未有的。因此四十年前启动的一轮改革必须解决对私有资本合法性的承认问题，至今这个问题没有彻底解决；

2) **权力空前集中，**官府掌控能力空前强大而无孔不入；

3) **不受监督的权力得到空前强大的资本的支撑。**过去是穷极权，现在在全球化的背景下，前三十几年改革开放积累了空前丰富的财富，支撑了上一节第4点的虚骄的"强国梦"。

4）"体用"的旧瓶装新酒。 "中学为体，西学为用"的含义，最初是"取西人器数之学，以卫吾尧、舜、禹、汤、文、武、周、孔之道"（薛福成语）。现在"体"是什么？有好事之士正在致力于把两千年前祖宗之学与后来新认的祖宗，一位十九世纪的西方人的部分理论相结合，经过裁剪，任意诠释，迄今尚未见能令人信服的"体统"。

这些新旧病源四十年前的改革都未解决，留下倒退的隐患。当时为克服阻力，提出"不争论"、"黑猫白猫"、"摸着石头过河"，这一务实的取向对短期内扭转积弊，跨出第一步有其必要性，但是许多基本观念没有取得共识，在继续前进中没有进一步澄清思想。例如：

——私有财产问题、民营企业与国企的地位问题、对市场经济的认识，始终未有定论。官方"调子"时松时紧，忽而打压，忽而优渥有加，都带有权宜之计的性质。在私有产业受法律保护的诉求上，亿万资产的企业家与被城管粗暴驱赶的小贩在本质上是相同的，是同呼吸共命运的，只是大企业家在得意时意识不到这一点。

——思想界乐道的"真理标准"大讨论，事后证明也仅适用于一时，不久"两个凡是"就回潮，只不过主语随机变化，于今尤烈。说真话的权利又被收回。

——在大家记忆犹新，最易取得共识时，未能彻底否定"文革"。仍为尊者讳，特别是没有从制度上总结教训，以致这样一场祸及全民的浩劫，竟在一代人中被遮蔽，被努力忘却、淡化，甚至似曾相识的言论、思维方式又以某种契机卷土重来。

——在旧的信仰和阶级斗争为纲的价值体系崩塌以后，没有建立新的全民认同的价值体系，实践与理论严重脱节。饱受匮乏之苦的十几亿人追求丰裕生活的欲望和才能一旦释放出来，产生无比巨大的能量，创造了无比巨大的物质财富；而另一方面精神贫乏，导致拜金主义盛行、腐败丛生、特权横行。在社会矛盾尖锐化时，人们向往平等廉洁的"好时候"，却无新的精神资源、新的途径，只能凭记忆或传说的神话向后看。正如晚清以来屡次发生的现象：清醒的、符合常识的、道出真相的言论被封杀，人物被污名化。无数次历史实践已经证明为祸国殃民的，从义和团到"文革"式的反理性、反常识、反逻辑的思潮，竟然在21世纪的后工业化时代在民众中又有了市场；而相当一部分有话语权的精英则还没有摆脱"仰望明君"的情结——这是指有善良愿望的、希望社会进步的那部分，至于为一己私利而逢君之恶，不择手段的姑存不论。

——急功近利，不肯下功夫磨刀之苦果，已在近年多起轰动效应的事件中突显出来，不必赘言。

——更有甚者，对于前苏联，从原来当政者予以切割，向前看的态度，逆转到向后认同，捡起人家早已抛弃的旧鞋，珍惜起来，吸取的经验教训从"他们没有改革开放"转而为"党员党性不强"，由此出发，采取加强政治学习，在一切领域，包括私人企业加强党的领导，乃至对学校的三尺讲台也恢复思想专政，甚至鼓励学生告密。一觉退到改革前。

然而世界已经进入后工业化，或称数字经济时代，聪明的中国人也已"迎头赶上"，在某些方面的成就令世人瞩目。结果如一畸形的巨人，一只脚跨入后现代，一部分头还在前现代，形成巨大张力。更加雪上加霜的是，几十年所享受的、历史上最有利的国际环境和历史机遇有失去之虞。

所有这一切都呼唤根本性的变革。这是中华民族兴衰所系，是十几亿中国人福祉所在，而不是应付和迎合外部的压力。不过"祸兮福之所倚"，在内部动力不足，或阻力太大时，外部压力也许反过来起助力作用。大门已经自己打开，绝不是像180年前那样被炮舰轰开的。一代、两代的中国人是在睁眼看世界中成长，在与国际接轨中前进（不论是主动还是被动）的，不可能回到闭关锁国。如能认真继承先辈的宝贵遗产，吸取失败的教训，21世纪的中国人无论如何应该比19世纪在思想上有所长进，是所至祷。

（2018岁末）

1949年以来中国开放与发展的互动

从19世纪中叶算起，中国超过一个半世纪以来从农业社会进入工业社会的现代化与对外开放是分不开的，不论大门是被迫还是主动打开，经济建设的崎岖历程与对外关系的变化密切相关，这是为近代与现当代史实所证实的。《弃旧革新是民族性衰所系》一文已有概述，本文对1949年以后情况略作补充。

现在惯常的说法是，从"文革"结束（1976--1978）算起，前三十年是封闭的，后三十年是开放的。但实际上，前三十年也比较曲折，应该说1956年之前并不是完全封闭的，到1957年以后逐步走向封闭。

前三十年的实践

（一）1957年之前

"一边倒"：1949年新政权成立前夕，毛泽东公开宣布"一边倒"的外交国策，就是一边倒向苏联。当时的背景是，国际格局形成以美苏为首的两大阵营对峙，是谓"冷战"。为什么要急于提出"一边倒"呢？因为当时美国曾经有一部分人希望中国像南斯拉夫铁托那样脱离苏联阵营，采取中立的政策。而毛泽东生怕斯大林误解他要走铁托的道路，所以必须明确表态。当时中国的建设特别需要外援，否则无法进行工业化。在这种情况下要么得到西方的援助，要么得到苏联的援助。而西方的援助是摸不着的，而且作为共产党，在两个阵营之间，肯定不能选择美国，只能选择追随苏联。现在回头来看，在当时的形势下，对于新成立的中共政权有没有采取中立立场的可能，史家有不同看法。历史没有"假设"，根据本人对当时美苏态度的了解，留给中国选择的可能性甚小。

当时中国对外关系中有两条原则，一是"和平共处"，与大多数不同制度的国家和平共处，这也是列宁曾经提过的。另一条是以推动世界革命消灭资本主义为终极目标，"和平共处"是暂时的策略。不过在实践中当然不能轻易发动战争，只能和平共处，而世界革命的思想还是贯彻始终，后来日益占据主流，直到"文革"前夕达到高潮。

"一边倒"与国内经济发展的关系

追随苏联的结果，在经济建设上，客观地说是得到了相当的援助。众所周知，二战结束后苏联搬走了日本在中国东北留下的大批工业设施。中国新政权成立之初，缔结了《中苏友好条约》，苏联也出于自身利益的考虑，对华给予一定技术和装备的援助，所以中国在建立重工业的基础方面取得一定的成绩是和初期苏联的援助分不开的。但是总的说来，得不偿失。因为在制度上完全走苏联计划经济道路。文化教育都学苏联模式。原来中国的大学基本上是欧美制度，已经有了很长的历史，到1952年开始学习苏联，最重要的就是高度实用主义，也是为了加快工业建设的需要，进行大规模高等教育的院系调整。取消了通识教育，突出工科，压缩自然科学基础理论，基本消灭社会科学，削弱人文学科，并定于一种教条。全国都是如此。朝鲜战争期间，在大学中还掀起了"肃清帝国主义思想影响"运动,全面摈弃原来教科书中被认为是西方思想的内容,这一"改造"对中国教育产生了长远的负面影响,在当时建设中也无法吸收其他发达国家的先进经验。

此外,在外交政策上追随苏联,失去了在国际事务中的独立性,包括打了一场朝鲜战争,其后果一直延续至今,**在那个关键的历史关头,迫使中国丧失了原本尚存的灵活运作的空间,特别是经济发展进一步受限制。**

"围堵"与反围堵

朝鲜战争以后,美国对待中国的政策是孤立和遏制(isolation and containment),**这个遏制并不一定是遏制中国的发展,而是遏制中国革命向外蔓延,所以也翻译作"围堵"。**因为中国一方面是社会主义,同时也是全世界被压迫的民族争取独立的一面旗帜,所以在殖民地人民中有很高的威信。这些民族在独立斗争中得到中国的援助,独立以后建国走资本主义还是社会主义道路,是两边争夺的对象,中国的反帝历史对他们有吸引力。美国就是要防止中国革命的影响蔓延到周边国家。事实上,新独立的亚洲国家也有共产党,并且是受到中共支持的。

关于内政,新政权成立之初,**1949年通过的《共同纲领》中在经济上并未规定全面国有化,而是承认多种经济并存,对在华外资也予保留,允许其继续营业。尽管韩战之后,与西方国家处于全面对抗的态势,但是在1956年之前,领导思想在主观上还是努力要打破封锁走出去。**所以利用"民间组织"的名义,比如工会、青年和妇女组织都有国际部,参加一些民间的国际活动,战后在苏联的领导之下成立的所谓"保卫世界和平委员会",中国是重要骨干,积极参加各种国际会议,尽可能同西方国家的左派，或者是比较中立、不反共的人士建立关系。这个时期的重大外交活动如1954年与印度达成"和平共处五项原则"（潘查希拉）；1955年参加亚非会议，周恩来发表著名的"求同存异"的讲话；1956年参加日内瓦会议（朝鲜、越南停战），等等。

在经济上打破围堵，有两个国家很重要，其中一个是日本。当时日本政府与台湾是正式建交关系，可是日本民间普遍对北京有好感。有一批对华友好人士，原来就是反对日本军国主义的，后来竭力主张与北京建立关系。日本社会党分裂之前与日共结成统一战线，一度势力很强大。中方则曾有意以日本为打破封锁的突破口，所以很少提追究侵华责任之事。像以廖承志为首的一批"知日派"，与日本的民间来往非常多。中国提出"政经分开"的方针，在1950年代初，就已经开始和日本有不少贸易往来。

另外一个很重要的国家就是英国。1949-50年解放军席卷全中国时，特意留下香港，与英国达成微妙的默契，留下一个窗口，使香港成为一个特殊的地区，在特殊年代起了特殊的作用，也造成了香港的繁荣。因是之故，英国与中国建立"半外交关系"，双方互设代办处。英国工党政府不像美国那么反共，民间也有争取与中国开展经济关系的力量，开始是33家企业，后来增加到48家，联合起来同中国做生意。还有一些中立国家，比如瑞士、瑞典等没有参加北大西洋公约组织的国家，同中国也有外交关系。

那个时期中国同印度的关系特别好。尼赫鲁也有自己的野心，想成为发展中国家的领头人——既不和西方阵营，也不和东方阵营国家结盟，要成为在这两大阵营之间左右逢源的力量。南斯拉夫与后来独立的埃及都有这样的想法，1956年印、南、埃及三国曾在贝尔格拉德举行首脑会议倡导"不结盟运动", 一时形成一股势力, 而中国当时基本予以支持。

所以在1956年以前, 不论在理论上如何提法, 中国政府在实践中是争取打破封锁, 走出去打开一些关系的, 当时称之为建立民间国际统一战线。

对内则是毛泽东所谓"打扫干净屋子再请客"——政治运动不断, "镇反"(针对国民党残余势力)、"土改"(消灭地主阶级)、"肃反"(历史"反革命")、"三反""五反"(针对资本家), 从"反胡风""批判武训传"……开始, 转向文化知识界。不过在"反右"之前, 受经济建设需要的制约, 政策时宽时紧。1956年, 周恩来做知识分子政策的报告, 强调团结, 把大批的高级知识分子——教授级的, 以及院士级的——吸收入党, 是最后的宽松。

一般说来, 这是在1956、1957年以前的态势。

(二) 1957之后

从反帝到反修

这个时期的特点是中苏关系从"牢不可破"到反目成仇, 从反对外部封锁围堵到自我闭关锁国, 从不同制度和平共处到公开倡导世界革命, 做革命领袖。

转折发生在1957年。1956年赫鲁晓夫上台, 在苏共"二十大"做了秘密报告, 揭发斯大林的暴行, 而且开始提出反对个人迷信, 国内思想开始"解冻", 国际上提出"缓和紧张局势", 主要是与美国缓和关系。这引起整个东方阵营和共产主义运动的动荡。东欧发生了(波兰)波茨南事件和匈牙利事件, 都是反对本国独裁政权及其依附苏联的政策。在这一浪潮之下, 中共起初支持赫鲁晓夫反对个人迷信，因为久已对斯大林的颐指气使不满。实际上赫鲁晓夫有求于中共的支持，态度要平等得多。但是在匈牙利事件之后，中共领导就感到中国内部若是也出现类似的民主浪潮，就威胁到政权的根本，毛本人也担心党内反对个人迷信会危及自己的权威。这就是1957年"反右"运动的国际因素。

中共对苏联的提法逐步升级：右倾机会主义——半修正主义——修正主义——社会帝国主义——新沙皇。两党关系从高层内部争论到分歧全面公开化。1963年中共发表《国际共产主义总路线》（简称25条），外国有左派人士称之为"第二个《共产党宣言》"。随后连续发表九篇批判苏共的文章，每篇一个主题，统称《九评》。到1964年第八评发表以后，赫鲁晓夫下台了。于是第九评题目是《赫鲁晓夫的假共产主义和共产主义运动的经验教训》。中共的宣传称赫下台是只发了八评就把他骂倒了。第九评是发动文化大革命的理论基础。

分歧的要点无法详述，总的是认为苏联已放弃反帝和世界革命，苏共提出的"和平共处、和平过渡、和平竞赛"是"修正主义"路线，于是顺理成章地，领导世界革命的使命就落在中共身上了。1962年，鉴于国内经济十分困难，实际国力虚弱，中联部长王稼祥在多位高层领导人的默许下曾向中央提出对外工作的建议书，主要精神是：为了有利于争取时间渡过困难，在对外关系方面应该采取缓和的而非紧张的政策，不要四面树敌，不能笼统地说战争是不可避免的。在同苏联的关系上，要抓住团结和反分裂的旗帜，防止双方的斗争直线尖锐下去。不要只讲民族解放运动，不讲和平运动。同时提出在困难形势下中国对外援助应"实事求是，量力而行"。这一报告遭到毛痛批，概括为"三和一少路线"，而代之以"三斗一多"（即对帝国主义、修正主义、各国反动派要斗，要多援助民族解放运动）。就是在经济极端困难条件下，还是要反对"帝修反"，大力抗美援越，并援助亚非拉民族独立和反帝运动。从此再无人敢对这一路线提出异议。

还有一件大事是原子弹爆炸成功。中国指责美苏勾结反华的内容之一就是限制中国发展核武器。1963年美苏英三国达成《限制部分核爆炸条约》（该条约只禁止地上核试验，因为美苏已经完成这一阶段，以后只需要地下核试验），当时针对的就是有发展核武器意图的中国和法国。1964年，中国核武器爆炸成功。打破美苏核垄断，更加有底气与苏联分道扬镳。

1965年以林彪名义发表《人民战争胜利万岁》，将农村包围城市的人民战争的经验用到世界范围的革命，殖民地半殖民地人民相当于农村，发达的资本主义国家是城市，小标题是用"人民战争战胜美帝国主义及其走狗"。在这里，"苏修"被包括进"走狗"里面。以此为标志，中国向全世界指出革命道路。

对内不断向左

1957年"反右"以后，打击面进一步扩大，把民主党派、民族资产阶级和高级知识分子等所谓的"统战对象"大部分都打成了"敌对势力"。知识分子由"小资产阶级"变成"资产阶级"，成为异己力量。不问政治埋头专业也不被允许，继反右之后又有"拔白旗"运动，再打击一批，包括理工科的知识分子。

在经济建设上，毛泽东决心与苏联分开，走一条中国自己的建设道路，比苏联发展更快，提出所谓"超英赶美"。从1958年"大跃进"开始一路左下去，其结果，完全违反科学逻辑，违反常识，不顾实际情况，造成三年的大饥荒。在此过程中，高层并非没有异议，1959年庐山会议彭德怀万言书遭整肃，1962年"七千人大会"提出著名的"三分天灾，七分人祸"的说法，紧接着就发动"反右倾"运动，又整肃了一批党内干部。

客观上，经济始终是制约因素。一般规律，凡是经济特别困难的时候，政治上就宽松一点。1960年代初民不聊生濒于绝境，中央曾有过"充实、调整、巩固、提高"八字方针，实际上就是政策又往右摆了一摆。比如农村开始把大一统的公社变成以小队为基础的核算，对生产积极性有一些刺激，部分地区还有一些包产到户的做法，等等。这些个所谓往后退一步的做法立竿见影，所以1963年到1965年，经济又开始回升，人民的生活有明显好转。对知识分子的态度也是晴雨表，1962年陈毅做了一个给知识分子"脱帽"的报告——脱去"资产阶级"帽子，再次伸出"团结"之手，一时间知识分子如沐春风，奔走相告。但是好景不长，同年8月毛又提出"千万不要忘记阶级斗争"，要"日日讲月月讲年年讲"，斗争的弦又绷紧了，直到1966年发动文化大革命，达到登峰造极的地步。

以世界革命领导中心自居

此时的主流宣传声称"世界革命中心"已移到中国，"中国人民心中的红太阳"已成为"世界人民心中的红太阳"。又反修又反帝外加反对"一切反动派"，其结果陷于空前的自我孤立。有一个时期，亚洲一些反本国政府的革命组织在中国设代表处，享受外交使馆的待遇。欧洲的老殖民宗主国成为非洲独立运动斗争对象后，美苏乘机介入，于是许多独立组织分为亲美或亲苏派。原来只有两家争夺，后来中国也加入，变成了三家争夺。有些小组织照抄中共九大党章，到中国来要求援助。各国老牌共产党也随之分裂，主流还是奉莫斯科为正统，少部分人接受毛泽东思想，另外组党。在1960年代的左派运动中，欧、美、日都有一些所谓"毛派"小组织，受到中共支持，但基本上都不成气候。

由于认为"战争不可避免"，而且战争来源除美帝外，还多了一个苏修，所以整个建设方针围绕着备战，出现全民挖防空洞的奇观，大批工业建设和人才转移至内地，"文革"中经济建设更是受到大规模破坏。总之，对外政策与国内的经济发展，乃至文化思想，都有密切关系。在极端的年月，西方思想当然早已被否定，苏共及西方国家共产党提倡的"马克思主义"被批为"修正主义"，而中国的传统文化又被"一言以蔽之"为"地主文化"，于是只剩下一家"秦始皇加马克思"。现存的学校也需彻底改造，提出贫下中农办学校，把大批知识青年赶到农村学做农民。这一时期，正是整个外部世界思想、科技、经济有一个新的飞跃。中国几亿人却关起门来人为地制造"天下大乱"，结果可想而知。

改革开放新时代

对外开放

1976年"文革"结束以后，简称"改革开放"阶段开始。内容很丰富，简而言之是开放与改革互为因果。

从尼克松访华发表《上海公报》到中美建交相隔八年，但有了美国的带头，八年中一系列国家率先与中国建交。日本第一个抢先主动，其他如加拿大等国也陆续跟随。加上恢复联合国席位，整个对外关系就像一盘棋，全面活了。邓小平最初几年联美反苏的战略非常明确。有讽刺意味的是，当年对苏遏制政策之父、著名长电报作者乔治·凯南，过去一向被认为是"反苏反共"分子，而他于1980年访华，却因当时主张美国对中苏采取平衡政策，被中方认为对苏"绥靖"派而遭到冷遇。此时中方看好的是美国对苏强硬的右派，美方也正是主张联华反苏派主导对华关系。

1982-1985年开始提出"独立外交"，与苏联关系出现松动，条件是苏联撤出阿富汗、从中苏、中蒙边界撤退百万陈兵，停止支持越南侵略柬埔寨（这一政策美国也赞成，但支柬反越客观上帮助了布尔波特）。苏联逐步实行了这些条件，促成中苏关系正常化，导致1989年戈尔巴乔夫访华。但来非其时，不久两国都发生变化。

原来美国一直希望中苏分开，但是没想到中国真的和苏联分裂后，比苏联还左，反美更高调。美国决策圈内曾有联苏反华，还是联华反苏之争。由于苏联当时国力远比中国强，美国联华反苏派占上风。**尼克松说联苏反华对美国是自杀行为。从那时起，确定的方向是争取中国融入国际社会，**认为中国改革开放以后，走市场经济的道路，促成经济繁荣，人民生活改善，出现中产阶级，将有利于向民主化转型，故乐观其成。虽然在具体的问题上有各种曲折和摩擦，但是以美国为首的西方国家对中国总的政策走向是认为中国的现代化发展对他们、对世界和平都有利。

对内改革

对外开放与内部改革是互动的。"文革"结束后，"真理标准"大讨论促成思想解放、恢复高考、农村撤销人民公社、包产到户、从允许个体户到民营经济大发展、大批留学生出国……所有这些都是对前一阶段颠覆性的转折。经济上取得了举世瞩目的飞速发展。

另一方面政治上时松时紧，守住底线"四个坚持"，说是不再搞政治运动，实际上还是不断，如"清污"、"反自由化"……经济允许私有制，但是文化、宣传、媒体、出版方面以及言论始终不放开，只是在尺度上时松时紧。

1980年代末、1990年代初，国际上和中国都发生重大事件。西方国家曾一度对中国进行制裁。当时以邓小平为首的中国领导仍然坚持"外交关系不以社会制度和意识形态为转移"，在改革道路有向左逆转危险时，邓小平先提出"韬光养晦"等十六字方针、后又有"南巡讲话"，表明继续改革开放的决心。同时以优惠的条件吸引外资，让他们到中国来赚钱。这样，取得了美国国会中有力量的代表的支持。最终在克林顿任内通过最惠国待遇与人权问题"脱钩"，西方结束了对中国的制裁。这在当时被中方领导认为是外交上的重大胜利。我套用白居易一句诗"商人重利轻人权（别离）"，决不能指望依靠外人为支持中国人权而牺牲眼前利益。所以那个时期国内变故对外交影响不大，反过来，在比较宽松的国际环境下，经济建设也继续发展，直到加入WTO，开放与发展进一步相得益彰。

几十年的曲折历史证明，对外的开放、比较顺利的国际交流与内部的经济发展无疑是成正相关的。当在国际上孤立达到顶峰的时候，对内经济也濒临崩溃。

当前情况

那么现在呢？现在的情况还在变化中，不便妄议。简单说来，现在美国朝野有一个新的共识，就是他们原来对中国的期待是误判，中国并没有按他们的逻辑走。据他们观察所得：中国不但经济迅猛发展，军事也在大力加强，而政治思想的发展方向却是相反，甚至有对邓小平的改革路线逆转的趋势，对许多承诺并不准备遵守。这些情况国内外媒体报道、民间讨论已很多，不必详述。

《弃旧革新》一文中提到三项《公报》中的"反霸条款"，双方承诺在亚太地区不称霸，是几十年来保持良好关系的底线。而目前，中美互相都认为对方正在这个地区争霸。中国方面受惠于改革开放几十年经济建设的积累，自我感觉良好。2008年美国金融危机之后，中国国内的舆论出现方向性转折，开始对所谓"中国模式"有一种自豪感，似乎"风景这边独好"，西方没落，中国崛起。到2013年之后，这一趋势逐步明朗化。过去曾想做世界中心，革命领袖，但是实在太穷，力不从心。现在虽然不输出革命（相反，现在美国支持许多国家的革命派，中国支持当权派），却不承认普世价值，不再提"与国际接轨"，而是提出"中国道路"向世界提供另一种选择。以至于美国方面认为中国已放弃"韬光养晦"，对外野心勃勃，态势咄咄逼人，要与美国争夺"领导"地位。"9.11"以后，美国深陷西亚地区，现在腾出手来关注点逐步转向东亚，并提出了"印太"地区的概念以替代以前的"亚太"，把南太平洋也包括进来。其他西方国家在不同程度上也改变了以前的对华共识。另外，美国本身出现的种种乱局削弱了其软实力，其民主制度所暴露的缺陷降低了在世人心目中的威望，反过来加强了中国反改革的论据和势力，在文化、教育领域大力"反西化"，日常生活泛政治化，全方位地弘扬传统文化，把一切内部矛盾归之于"境外敌对势力"，凡此种种，似曾相识。

然而，经过几十年改革开放，中国人对生活的期待已今非昔比，意识形态和爱国口号不可能代替切实的民生与经济发展，重新关起门来显然不可能是政策选项。于是在政治思想内卷的同时，另一方面对外强调"反脱钩"、"合作共赢"。**这样似乎又回到百余年前的"体用"悖论——只要物质层面的技术、器物、资金,而把一切精神层面的东西拒之门外。过去的历史已证明此路不通,现在是否行得通?**方今世界进入后工业化的互联网时代,在这新的历史关头,中美交恶,国际环境恶化,显非幸事。以美中为主角的新冷战是否会发生?对两国以及世界会产生怎样的后果?本人一再强调,起决定性作用的还是各自本身的改革方向和成果,对中美都是如此。中国自己的应变决策给人民带来的祸福,美国以及西方发达国家自身的兴衰和变化,乃至全世界何去何从?都只能拭目以待。

（2018年讲话稿，2021年3月改定）

《资耀华文存》序

先父资耀华诞辰120周年之际，人民银行参事室主持，由金融出版社出版了他的遗作《资耀华文存》，是极为珍贵的纪念。

本书收集的文章发表日期始于1921年，终于1986年，绝大部分发表于上世纪20-30年代。先父早期留学日本，毕业于日本京都帝国大学经济部（1917-1926），回国后为上海商业储蓄银行创始人陈光甫先生延揽至该银行工作，又奉派至美国费城宾州大学沃顿商学院深造（1933-34），回国后被委派至天津开设分行，并任华北辖区负责人。鼎革之后任人民银行参事室主任，直至1996年去世。

作为他的后人，我第一次知道父亲有过这么多作品，其丰富与厚重远超出我的想象。题材包括经济与金融理论、世界大势、银行专业、金银货币、工商实业、国际贸易、关税、汇兑、对外国的实地考察，以及政策建议。此外还有早期学生时代写的随笔，有关妇女运动，乃至乐器介绍，等等。有从历史到全球的宏观论述，也有细到具体银行业务操作、员工选拔与待遇的微观研究。有数万字的长文，也有不到千字的短文。全稿捧读之下，深受教益，并感触良多。略述如下：

1）宏观的世界形势

上世纪20-30年代正是中国一方面时局动荡，国力贫弱，一方面现代化建设蓬勃发展之时。与西洋、东洋列强的关系既是抵抗强权，又需要交流、学习。许多文章显示作者的眼界开阔，对当时世界形势有敏锐的意识，并对中国的应对之道有深思熟虑的见解。那个时期正处于两次世界大战之间，作者对于一战后的凡尔赛格局有不少评论。例如，凡尔赛条约对德国的赔偿要求过于苛刻，埋下祸根，现在已是人们的共识，而他在1925年的文章中已经论及这个问题，并以数字表明，德国绝对无法还清这一赔偿，以后会有麻烦。并以很不以为然的口吻说，当时英国已经意识到这一点，有所松动，而法国十分顽固。

值得一提的是同年发表的另两篇文章，一篇题为《最近各国扩张军舰的恶耗》，列举英、法、美、日、意海军舰队增长的吨位数，指出一战的惨痛经历刚刚过去，他们就又蠢蠢欲动，开始扩军，将来一场战争还是避免不了，并且根据他的观察，预言下次战争将在太平洋打。结尾有这样一段话：

"我们可以想见将来的世界大战争必在太平洋，而直接作牺牲物者必为我国。我们还可不及早而谋抵御的方法吗？同胞曷其速起！"

另一篇题为《经济问题上之中外国际关系》的长文，实际上是讲列强对中国的经济侵略，文中详列数据说明英、日等国如何占尽中国便宜，为之痛心疾首。同时又提出自强之道。结尾说道：

"夫以我国天赋无限之富源，勤勉而耐苦之劳力，行见五十年之后世界金融之中心不在纽约与伦敦，而在我大好神州也。愿国人急起而图之！"

从1925年算起，五十年之后应是1970年代中期。如果没有后来的外战加内战以及发展的弯路，以当时的发展势头，加以作者提出的改革条件，应该不是空想。当然，历史没有"如果"。

作者当时还是没有毕业的大学生（大学最后一年），已经对世界大势有这样的关注和远见，而且对中国前途远景有这样的理想，也可见那个时代有志青年的胸怀。

2）对中国发展的深思，胸有蓝图

大量的文章是对中国现状的调研，特别是经济、金融方面的，同时针砭时弊，提出自己的建议和对策。有几篇长篇报告如"糖业"、"丝业"、"钱庄"、"商业"等等，都有实地调查的详细情况，以年代、数字、人名以及机构网点的地址说明问题。

作为留日的"海归"，他对日本当了解最深，对日本经济上对我之威胁时有流露。例如有一篇文章以翔实的数据，说明第一丝业大国美国进口生丝量最大，早期以中国为主，后来日本居上，其生丝对美出口已远远超过中国。关于日本取代中国在国际上丝业地位的问题，当时很多中国的爱国志士都有所关注。巧的是，我母亲童益君上的蚕丝专科学校就是一批"实业救国"的人士如史量才、冷御秋等开办的，旨在培养改良中国丝业的专业人才，从种植桑树、科学养蚕、改良缫丝技术等一系列程序做起，达到根本之改进，目标就是与日本争夺国际市场。母亲毕业后曾在上海从事丝业改良的机构工作，此时与我父亲已经订婚，他们对这个问题是否有过讨论，已不可考。

这些文章不仅是提供资料，而旨在说明存在的问题，指出中国对外国经济的劣势何在，大声疾呼要国人警惕自强。一种恨铁不成钢的心情跃然纸上。"我同胞其急起"之类的话屡见于篇末。这些呼吁不是泛泛的情绪发泄，而是建立在对国情扎实的调研的基础上。

3）理论研究

他在日本京都帝大上过马克思主义经济学家河上肇的课，对马克思的经济学接触比较早。集中收有一篇《马克思与亚当·斯密之比较》的论文，观点独特。认为马、斯二位的出发点、思维方式和研究对象都是共同的，只是所处时代不同，所以得出了不同的结论，若两人易代而处可能得出彼此相同的结论。对马克思与亚当·斯密这样评论，我还是初次见到，饶有兴味。还有一篇也发表于1920年代的文章，讨论社会主义是否适用于当时经济落后的中国，作者提出各种论证，结论是否定的。此文显然不是无的放矢，想必这个问题是在当时中国思想界争鸣的日程上，有一定的辩论对象。从这类文章可以看到当时中国思想界活跃的情景，而作者不论身在国外还是国内，是参与其中的。还有一点值得注意的是，文章发表的刊物名目繁多。当时有那么多形形色色的杂志为此类文章提供园地，也足见舆论场众声喧哗的景象。

4）国外考察独到的心得

作者留学日本近10年，1930年代初又在美国进修，在著名的宾州大学沃顿商学院读硕士课程。他奉陈光甫之命，只选有用的课程而不要学位（陈认为读学位需要浪费时间在一些不必要的课程和程序上），以取得时间上的最大效益，并在上课之余，对美国银行进行实地考察。他照办了，并选了当时美国有代表性的化学银行实习一段时间，根据实地考察发回调研报告。特别珍贵的是他在美国的两年适逢大萧条后期，见证了罗斯福"新政"的实施和经济复苏，写出了第一手报告和自己独到的评论。离美回国前他还赴欧考察，重点考察了英国的银行制度，有长篇论述做出美英银行制度优劣的比较。这些都是从专业的角度，有事例、有数据，有自己的分析。另外对美国、日本风土人情、国民性特点的观察，今天看来仍有精当之论。

5）关于银行、货币与汇兑的专业研究

这一组文章数量最多，分量也最重。这是作者的专长，是其所学，也是其所用，有理论、有实践。对于今日之研究者来说，应该最有价值。作者一生献身于银行业，胸中是有远大目标的。如前面提到，他从学生时代就期待50年后，中国成为世界金融中心，这是他的理想，但不是毫无根据。他的多篇文章都有对中国金融现状、货币制度以及各种做法的利弊的详细论述，并提出政策建议。我本人对这一领域完全外行，期待方家的关注和评论。

那个时期中国学子留日成风，今天我们熟悉的那一代名人差不多都有留日经历。其中多数都从事政治活动。像资耀华那样从高等学校（略相当于大学预科）开始，扎扎实实读了九年直到大学毕业的是少数，而且他选择的是当时日本两所顶级大学（东京与京都帝国大学）之一。1920-30年代的中国也是各种思潮百家争鸣的时代。从作者1926年以前还在学生时代的文章来看，他显然不是只埋头读书，而是密切关注国内外局势，对国内各种思潮的争鸣没有置身事外。除了前面提到的见解外，他还关注妇女独立和婚姻问题，有与友人讨论这个问题的长信，还翻译了日本作者关于妇女问题的文章。此外他曾经对音乐感兴趣，学过小提琴和曼陀琳。居然还有一篇详细介绍曼陀琳的文章，一如他务实的风格，详细分析此乐器的结构和弹奏指法，图文并茂（可惜复印难以清晰，图无法印出）。这些都从一个侧面表现出那个时代一名知识青年意气风发，兴趣广

泛的风貌。

作为从事学术研究的读者，我特别注意到作者严谨的学风。他的文章观点鲜明，有的还言词犀利，但都不是立场的表态，而是科学研究，言之有据，许多考察报告充满了数字和表格，理论性的文章和专业名词大多附原文，不少名词附英、法、德三种文字。还有一段马克思著作的引文，后面附大段的德文原文。这些都反映了作者经过严格的学术训练，有深厚的学术功底，同时也是他为人一贯的言行严谨的作风的体现。

文章发表的疏密时序也很说明问题。作者最多产的年代是1920年代初至1937年，共71篇，内容也最丰富。作为世纪同龄人，彼时正当年富力强，意气风发，精力充沛，以振兴中华为己任（"耀华"的名字就是他自己起的），同时也说明当时有容其直抒己见的环境和园地。1937年卢沟桥事变前夕，他有几篇在天津观察局势变化致总行的电文，之后就归于沉默。到抗战胜利之后，跳到1947年，他又开始发表讲话和文章，不少是对当时国民政府经济政策的批判。1949年以后，他拥护新中国，进入体制内，发表了一些拥护共同纲领、肯定新民主主义的讲话。1957年之后，复归于沉默。以后几十年基本上述而不作，埋头于主持编写《中国货币史资料》，这是他最后的文字贡献，还不肯以主编署名。改革开放以后，1980年代，又开始发言，表现对改革开放衷心欢迎。此时他年事已高，公开发表的文章不多，有几篇是在《文史资料》上发表的回忆过去的史料。但据参事室的序言看，资氏在内部对银行工作有许多积极建言，并得到实施。由此可以看出时代的变迁与作者的关系，同时也显示其为人的风骨和原则。有所为，有所不为，许多时候，沉默是金。

值得一提的是，有一篇文章题为《论中国不适宜实行社会主义》，发表于1923年，可能是争鸣之作，尽管审稿者认为文章内容言之成理，又有当时的时代背景，应该没有问题，但是因题目关系，斟酌之下，还是撤下了。熟悉当下国情者，当能理解。

这厚重的两册文集现在出版的意义：从专业角度，为研究中国经济史和金融史的学者提供宝贵的第一手资料；扩大而言，反映了中国现代化进程的一个侧面，是研究近代史的重要参考资料；作为个案典型，反映那个时代的"海归"精英如何理解和对待外部世界，以及如何以自己的智慧和知识追求救国图强之道，对于今天可能还有借鉴的价值；就作者个人而言，可以说是还原一个完整的资耀华。因为他后半生几乎完全沉默，家人、至亲好友都无从了解他内心所想，很少人知道他有这样丰富的内心世界。

最后，这些资料被挖掘出来，全赖本书编者沈建中先生的特殊兴趣和锲而不舍的努力。钩沉人物史料是他的业余爱好。他断断续续用了十年的业余时间，从浩如烟海的分散的旧报刊杂志中搜集到这些文章，其精神令我十分感动。原稿是繁体字竖排版复印件，原刊物格式各异，参差不齐，加以大量的外文、数字、表格，还有当代年轻人不熟悉的文风和遣字造句，给编辑和校对带来不小的挑战和加倍的工作量。责任编辑仲垣女士表现了高度的敬业精神和编辑素养，出版过程中还经历了艰难曲折和超常付出，都令我铭感于怀。

（2020年）

庚子年的忧思

历史惊人地相似。但是表现途径又大不一样，因为现在是互联网时代。

上一个庚子之难，其经过尽人皆知，不必赘言，只是对于"爱国"还是"祸国"的看法至今未能有共识。

正因为不能正确吸取历史教训，同样的剧本重演。马克思说第一次是悲剧，第二次是闹剧。可惜是闹剧，也还免不了是悲剧。当然"萧条异代不同时"，表现的方式、途径有所不同。但本质相似：反洋狂潮近年来已经出现过好几波，例如砸某国品牌的汽车，抵制某某商家等等；更重要是网络语言暴力。不意此次疫情中变本加厉。各种匪夷所思的谣言满天飞，核心是扶"华"灭洋。与前次的共同点是从反西方到反人性、反科学、反人类，以至于自己疮疤还没有好，就为他人的流血欢呼。一个外国政要的患病竟遭来几十万点赞，这需要怎样的嗜杀和残酷，丧尽人性？但只要是以"灭洋"的名义，就似占据了道义制高点。百多年前是以种族分界——非我族类；后来以阶级分，以"路线"分；现在祭起国家主义大旗，只要披着"爱国"的外衣，凡被列入"敌对势力"者就可不以人对待之，凡反对此类言行者就加上"汉奸"的帽子。

当然历史不可能完全重复。今昔相同的是：愚民演化为暴民，原来处于边缘，忽得朝廷青睐，竟然被召进京，乃有所恃而疯狂邀功。投机者闻风纷纷加入，以至于小群体膨胀成庞然大物，自以为有了立功受赏的机会，为所欲为，致京师大乱，流氓无赖狂欢，烧杀抢掠，法理荡然（现在表现在互联网上）。另一个相同点是，实际受害者洋人是少数，绝大多数是无辜同胞：被砸汽车致重残的是中国人；抵制某商家实际受害者是中国企业员工。如今网络暴民肆意中伤的真正目标也是同胞，于洋人无损，却足以使国家四面树敌。"上"则以为暴民可补官力之不足，或者行官方不便出面之事，对内排除异己，对外以壮声势，遂予以纵容。当年那位老佛爷是否真那么蠢，相信刀枪不入的鬼话？恐怕不至于。而是利（权）令智昏，主要是从戊戌变法之后她认为洋人企图以光绪取代她，所以保住自己的权位是第一考虑，而竭力主战的权贵也出于争权位的私利，不惜伪造文件使她相信这一点。同时"拳民"（失败后就成为"拳匪"）的力量被夸大，令统治者错以为这代表"民意"，"民气可用"。于是不惜赌上国运一搏。作为导火线的德国外交官遭杀害，是官兵奉命之举，还不能推给"拳匪"。此时谁持反对意见，就是勾结洋人反朝廷（实际被怀疑为反"后党"的"帝党"），就是"汉奸"。（这点颇为讽刺，尽管清皇朝是满人，却称异见者为"汉奸"）。结果自取其辱，自取其祸，在危机临头时，前倨而后恭，只能曲意求和。但无论统治者持何种姿态，受害者还是无辜黎民。那些冲锋陷阵的暴民，除少数贵戚外，其下场免不了遭始乱终弃。

所不同的是，过去的愚民暴民多为文盲，是真正的愚蠢；也还真有血性男儿自以为替天行道，以血肉之躯螳臂当车。现在则教育普及，多的是文章写手，躲在阴暗的角落里，匿名动动手指，不负责任，不计后果，只为有利可图，与奸商无异。一旦招祸，国家有事，立即作鸟兽散，绝不能指望其有所担当。也许他们的妻儿乃至本人目前就在所攻击的"敌国"。此风愈演愈烈，在"厉害国"的背景下，竟达到指名道姓散布某些国家要归顺中国的谣言，也就是把中国推向企图吞并他国的侵略者的地位，因此引起外交纠纷。虽然当局已加以制止，暂时应付过去，然而长期以来以"爱国"之名行祸国之实的大量言论所造成的影响不但难以消除，而且还在扩散，继续误导和煽动民众，有时还带有官方或半官方的痕迹，向国外发出错乱信号。要彻底扭转这种态势，取信于国际社会，靠极个别尚持常人之见，有基本文明修养的外交官努力修补，是杯水车薪。

当前危机与以前最大的不同是，招来之祸不是入侵，而是相反，是撤出，而且绝不止八国。过去是闭关锁国，外力逼迫打开大门；如今是大门早已打开，享受了多年开门的实惠，却可能被迫缩回门内。过去是要把洋人赶出去，现在是他们结伴离去，留也留不住。"量中华之物力，结与国之欢心"，靠四处撒钱买来的赞歌和"万方来朝"之假象，到物力不支时，旦夕之间就会变成四面楚歌。有一句非本人发明的话，很精辟："大趋势不是去全球化而是全球去中国化"。这才是我十四亿同胞真正的危机。

令人感叹的是，风雨飘摇的晚清，朝中尚有许景澄、袁昶等五大臣那样的头脑清醒、死谏之士（他们被诛杀的罪名主要是"妄议朝政"）。如今举目朝中，尚有谁敢犯颜"力谏"、"妄议"？转而求诸野？方今自媒体发达，技术上人人得以发声，然而道高一尺魔高一丈，真正忧国忧民、良知、理性的呼声早已被封杀殆尽，且动辄得咎，自不待言。而无知无耻、下流粗暴的谩骂，乃至侵犯人权、逾越法律、违反公开宣布的国策的各种谰言却畅行无阻，"导向"云乎哉！

关于外部条件，120年前的庚子之变，欧洲列强自己内外矛盾重重，无意对华恋战。日本尚未准备好。只有俄罗斯趁机派兵占领我东北，并提出苛刻条件，要求在《辛丑条约》外单独缔约，当时未能得逞，留下隐患。四年后日俄战争，日本取代俄国在我东北的势力，此是后话。美国则本着"利益均沾"的原则，也插上一脚，占了便宜。方其时，美国开始走出孤立主义，以崭新的姿态登上世界舞台，正处于上升时期，朝气蓬勃，尚有具备远见和胸怀的教育家和政治家，面对中国强烈的仇外情绪，开创了退还部分庚款资助中国办学、留学之举，目的是培养了解外部世界、具备现代知识的人才。在美国带头和中国外交官的努力争取下，英、法、日相继跟上，以某种方式退款助学。中国改朝换代，此事并未受影响，一直延续下来。这一举措符合美国的长远利益，更符合中国的长远利益。庚款留学生以及从清华学堂到清华大学的毕业生日后对中国现代化建设的贡献，怎样估量都不为过。

过了半个多世纪，时过境迁。40年前，中国打开新局面，与美国在平等的基础上重新建立关系，包括再掀留学潮。其他发达国家也相继跟上。自那以后，中国融入国际社会所获利益也无法估量，造成今日之繁荣。当然与中国打交道的国家也从中获利。

如今形势逆转，中方发生的情景，导致四处树敌，竟与百多年前的庚子年相似。然而美国已今非昔比，经过一个世纪的称霸世界后，自身矛盾重重，乱象丛生，也面临深刻危机，需要一场深层次的改革。此时已不见20世纪初那批有远见有胸怀的政治家，能提出利人利己的方案，化干戈为玉帛；也缺乏二战后前期所表现的慷慨和对世界的担当。只见政客们为党派私利而不顾大局，在席卷全球的严重疫情中，执政者进退失据。美国的纠错机制是否仍有效，自身调整需要多长时间，都难以逆料，但在此关键时刻，其现状和作为对中国不利是肯定的。

都说疫情过去后世界不会恢复旧貌，将有大变化。本来期待那个不分国界、危及全人类的病毒能促使人类意识到自己的脆弱和休戚与共，促进合作而不是进一步分裂，现在看来似乎相反。"全球去中国化"也许言重了，还有许多复杂的变数。但哪怕是一种趋势部分地实现，其过程也是灾难性的。关于大局，许多饱学之士已发表各种宏论。本人愚钝，只感到前途茫茫，唯一的直觉是不容乐观。

隔洋之事，非所能计。至于我国，只要义和团行动仍被肯定为"爱国"，一代代国人受此观念熏陶，我们就难以作为现代文明国家自立于世界各国之林，民族灾难尚未有尽期。

（2020年）

辑二

世界观察

德国法西斯的历史教训与启蒙的重要性

严格说来，法西斯主义源于意大利，德国希特勒应该是"纳粹"，但是现在一般人心目中对"法西斯"有一个约定俗成的观念，运用比较广泛，所以这里用法西斯。反"法西斯"战争胜利的历史渐行渐远，实际上它不见得离我们那么远。客观地、理性地了解其内涵、其倡导者发迹、掌权的过程，其深远的危害性和现实意义，对我们还是很有必要的。加深认识是为了提高警惕。

（一）希特勒其人

我们一般对希特勒的印象是脸谱化的，来自卓别林的《大独裁者》里那样一个丑角，或者苏联电影里的恶魔和狂人。如果真是这样一个心智不健全的疯子，他不可能掌握这么大的权力，成就那样的"业绩"，有这么大的影响。希特勒出生卑微，但是受过正常教育，并不是完全不学无术，他不愿继承小公务员父亲这样平凡乏味的生活，有一番雄心壮志。他从欧洲的历史里吸取了他所要吸取的经验教训。他经历过非常穷困潦倒的生活，很了解底层老百姓的需要，但决不认为自己是他们中间一分子。他认为自己是天生德意志民族的救世主。他工于心计，擅于利用时机，不择手段，敢于冒险。他有非常高超的演讲能力，在群众中的煽动性很大。应该承认，他有真诚的信仰，就是大日耳曼民族是世界上最优秀的人种，理应统治世界，这点他深信不疑。他最高的目标是复兴大统一的德国。

另一方面，在夺取权力的时候，他完全没有任何道德底线，公然背信弃义，以此战胜按常规办事的政敌。另外，他有高超的演讲能力，在群众集会时的讲话非常有煽动性，但是承诺并不准备兑现。

（二）纳粹思想的特点

我认真读了《我的奋斗》。从中提炼出几点他的主要思想。

1. 极端种族主义。认为不同的民族或种族就相当于猴子和老虎一样是不同的物种，在文明发展过程中优胜劣汰，最后剩下几个比较优秀的物种（人种），文明才能进步。日耳曼民族和犹太人就属于物种的两端，犹太这个物种理应被消灭。其他种族分优劣等级，优等的是统治者，劣等的为奴隶，做苦役。

2.完全轻视或抹杀个体。个体的生命是不重要的，他所谓的"民众""公众"，都是以集体为单位的。所以一切都是服从国家的需要。

3.厌弃议会民主。《我的奋斗》里面有很大篇幅批评议会的弊病。不过他不是要改善民主制度而是要代之以比一切专制制度更加专制、高度集权而残暴的统治制度，他宣称要促进文明的进步，结果是文明的倒退。

4.蔑视法治。他很讨厌法律，在未上台前，对那些法律可利用就利用，利用不了就跳过去。到掌权后，可以随时制定法律，最后他本人就是法律。从观念上，从根本上，不要法治，要一人独裁。

5.特别强调宣传的力量，明确主张欺骗群众。他认为德国之所以在"一战"中被打败，非战之过，是宣传之过。一方面是英、法等敌人的宣传；更重要是国内的"叛徒"（相当于今之国骂"汉奸"）瓦解士气的宣传——指战争后期德国国内主张停战、和谈的舆论。他一方面鼓吹日耳曼民族如何优秀，一方面极端蔑视德国普通人，明确说，德国人民是很好欺骗的，不能对他们讲逻辑、讲道理，那是说给知识分子听的。民众只需要非常简单的口号和结论，不断地重复，就可以打动人心，就可以煽动群众。

6. 动员民众不能用爱，而要用仇恨。 各种人群平时总是想着各自"自私的"的利益，是分散的，需要一个共同的敌人才能团结起来，把这个敌人视为自己一切不幸的根源，指向同一个目标，仇恨是最好的凝聚力。当然希特勒所树立的共同敌人就是犹太人，用这个把德国人团结起来，还很有效。

7.不相信国际和平。 从来不相信通过贸易、和平竞争，能够使德国繁荣起来，而是相信暴力和战争。他提出著名的"生存空间"的口号，赤裸裸地主张德国就应该走出去，占领别人的土地。殖民地已经被英、法这些国家瓜分完了，德国的生存空间被挤压，不过他不要向非洲扩张，因为非洲太落后了；他要欧洲的地盘，首先是斯拉夫民族的地方。在他看来，斯拉夫也是劣等民族，即使不全部种族灭绝，也要占领他们的地方，奴役这些人。所以他的主要目标是东扩，占领东欧、俄国，认为俄国人拥有这么大片土地是不公平的，德国人应该在那里多生孩子，把优秀的种族传播到那里去。可见他要打俄罗斯已经蓄谋已久，斯大林以为可以祸水西引纯属幻想。

概括说起来，**他所设想的框架就是：顶层一个被神化的，为万民所景仰的领袖，由两根柱子支撑：一是民粹主义，一是国家主义，都推向极致。民粹主义就是把底层百姓煽动起来，用仇恨对准一个敌人；国家主义为对内剥夺基本人权，对外发动战争的一切暴行提供"崇高"的借口。**

（三）希特勒上台和大权独揽的经过

那些反对民主制度的人最喜欢举的例子，就是希特勒是一人一票的民主选举选上去的。这是误区。纳粹之得势，的确是靠前面讲的煽动，曾取得大批群众拥护，但是希特勒的正式成为国家元首不是靠民主选举，而是在不断破坏民主制度的过程中，靠阴谋诡计一点点把权力夺过来的。

当时的历史背景是：德国在第一次世界大战一败涂地，被迫接受条件苛刻的《凡尔赛和约》，对战胜国进行高额赔偿、经济枯竭、马克贬值、民不聊生，而且民族感情上受了很大的屈辱，跟战前一段时期的繁荣昌盛呈鲜明对比。在那种情况下，以优秀的日尔曼民族要复兴为口号，一定能赢得广大人心，这是纳粹得势的基本条件。

建党

希特勒在1922年成立了"德国国家社会主义工人党"，这个党有25点纲领，主要就是贯彻上述希特勒的思想要点。党纲的条款措词后来有所改变，但是基本精神没变。党的名称中"工人"字样后来也取消了，剩下"国家社会主义"。关于这个名称的内涵，党内曾经有过分化。当初参加这个党的人，有不少是真心主张社会主义的。到了一定的时候，就发现希特勒并不相信社会主义，他相信的是国家主义。**要"国家"还是要"社会"，就发生了分歧，有一部分社会主义者就退出了，不少人被迫害致死。所以纳粹党的实质是国家主义，然后国家又变成一个党的国家，党成为一个人的党。号称把"国家"放在社会主义前面，实际上社会主义是虚，集权的国家主义是实。这个过程很值得深思。**

1923年，希特勒在慕尼黑组织了啤酒馆造反。他的"冲锋队"是失业工人、流氓、小偷、无业游民、对前途迷茫的失学青年组成的乌合之众，就是他的打手。他利用这群打手，在德国巴伐利亚邦长官卡尔在啤酒店做演讲的时候，他抓起来作为人质，要他公开声明同意纳粹的主张。但最后希特勒失败了，被抓去坐牢。他在狱中找人口授了《我的奋斗》一书，总结了经验教训，形成一整套思想，决定放弃武装暴动，靠在现有制度下博弈夺取政权。

出狱以后，希特勒威望更高，他就用纳粹党的口号到处去煽动群众，提出德意志民族统一和恢复领土；全面反对犹太人；保持纯粹人种的德意志国家；集权于一个党一个领袖；否定凡尔赛条约，不再付赔款利息等等，特别是提出要让大家有面包和工作，还有维护工人利益，打击财团。这些口号为纳粹党赢得了很多选票。他一方面表现出同情工人，反对财团，另一方面私下里跟非犹太人财团的老板去会谈，许诺了他们很多好处，所以他两边都讨好，财团给钱，工会有群众，逐渐壮大势力，纳粹党成为议会中的大党。

他还用各种谎言和威逼利诱达到他的目的，利用了各个党派之间的矛盾，玩弄议会规则，用各种手段把对手一个一个搞下去。"国会纵火案"栽赃共产党，这是大家都知道的。他又通过绑架、暗杀、打砸抢等等各种手段，造成国家危机状态，然后利用《宪法》的一个条款：危机时候可以解散国会重新改选。在短短几年中搞了四次这种花样，最后一次适逢兴登堡总统去世，他拉拢了兴登堡的儿子，隐瞒遗嘱，夺取了总统的位子，从此自封为"元首"。

与社民党和共产党的角逐

纳粹的最主要劲敌是社民党和共产党。他们原来力量很大，掌握大部分工会，在议会中居第一、第二，是如何败在希特勒手下的呢？

德国社会民主党成立于1875年，是第一个马克思主义政党。到俄国十月革命以后，拥护布尔什维克的左派分出去，于1918年正式成立德国共产党。希特勒最初反对的"马克思主义党"是社民党，他把他们和犹太人合二为一，作为他最痛恨的敌人。在《我的奋斗》里有很多地方社民党和共产党交替使用，这两个党对他说来是一回事。他经过长期观察得出的结论是，**这个党不是把工会作为维护雇员的权利和改善生活条件而斗争的手段，而是作为"党进行阶级斗争的工具"，以达到自己的政治目的**（按，这点没有错。因为共产党一向批判的"工团主义"、"经济主义"，就是只顾争取工人的经济利益而不想夺取政权）。他认为自己看穿了社民党的虚伪和蛊惑群众的伎俩，由此，他对群众心理有一段精彩的分析，概括起来就是：

> 广大群众的心理和女人一样，不会为抽象的说理所打动，而只能为强有力的、不容置疑的力量所折服。犹如女人在感情上渴求强有力的男人一样，人民群众宁愿被统治，而不要被恳求；接受不容置疑的说教使他们在精神上有安全感，给他们自由选择权反而使他们不知所措，而会感到被抛弃。他们不会以思想上受恐吓为耻，也不会意识到自由权利和人身受到侵犯。他们不会怀疑整个学说的谬误，而只为宣扬这一学说的那种专横的气势所慑服。

这就是希特勒总结的马克思主义政党争取群众成功的经验。**他决心以其人之道还治其人之身，"要用一种更加真实的理论来反对社会民主主义，为此进行一场最残酷的斗争在所不惜，只要用同样无情的手段强制推行，一定能取得最后胜利。"**

从理论上讲，共产党是国际主义者，祖国是资产阶级的祖国，根本不值得保卫。这是当时忠实的马克思主义者的立场。这与希特勒的极端民族主义，完全是两个极端。两相比较，当然民族主义的口号更能得人心。到1918年德国共产党正式成立之后，列宁又脱离了第二国际，成立第三国际，也就是彻底与社民党分道扬镳。德共换了几次领导，最后完全听命于莫斯科。社民党不认同布尔什维克的暴力革命和无产阶级专政；而斯大林提出中间派是最主要的敌人。根据这一论断，德国共产党的策略是先击败社民党，纳粹如果上台，就是资本主义末日，再发动群众打倒它，然后实现共产党领导下的无产阶级专政。所以希特勒的两大劲敌根本不可能联手对付他，而被他用各种阴谋、"阳谋"打垮了。

（四）纳粹统治内容

一旦大权在握，希特勒做了些什么呢？首先是通过《纽伦堡法》，正式剥夺犹太人的公民权，以后对他们迫害逐步升级，直到种族灭绝，这是德国纳粹的"特色"。以下讲几点有普遍性的：

一，**焚书坑儒，控制思想**。真的烧书——有名的"水晶之夜"，把过去许多优秀作品，主要是犹太作者的，但也包括其他自由主义的、启蒙思想的书籍，都从图书馆以及人家中搜出来烧掉，敢不交的，一经查出就治罪；"坑儒"就是就采取各种办法，清洗和改造整个知识分子队伍。他的"帝国宣传部"权力大无边，对出版、新闻严格管制，把本来存在的各种民间文化团体、行业协会等等全部由纳粹党掌控起来。特别是控制宗教，希特勒先撤换教区主教，用纳粹党的牧师传道，以后成立国家的教会委员会，把所有宗教统一起来。**以纳粹信仰取代宗教信仰，公然提出："真正的基督教信仰由党来代表，国家社会主义就是上帝的意志，元首是新启示的先驱"。《我的奋斗》取代了《圣经》的地位，摆放在教堂的祭台上，并且家家必备。**

二，**教育清洗，培训青年**。从小学中学开始党化教育，灌输一个信仰、一个党、一个领袖的思想。原来高校校长是教授委员会选的，现改由政府任命，对教授进行甄别改造，主管教育的头头自豪地说，在自己努力之下，学校不再是一个玩弄学术的机构，而是忠于元首的政事机构。在正规学校之外，成立各种特殊的青年培训学校和党校，强化思想训练，而且还要求体魄强健，进行斯巴达式的军事训练。从小学生开始，各种年龄段的青、少年都纳入到某种组织中。造成广大青少年"不知道别的，只知道这个新社会"。下一代的青年只听元首的，不听父母的。所以很多纳粹青年，六亲不认，对父母都可以告密。

第三，破坏法制。恣意改造、控制现有的法律系统，干预司法，但仍嫌法律程序碍手碍脚。于是在法外成立"秘密警察办公室"，其缩写就是人人谈虎色变的"盖世太保（GESTAPO）"，可以不经过任何法律手续抓人；又发明集中营，可以不经过审判把人无限期关起来，强制劳动，过非人的生活。

第四，控制和发展经济。任何统治没有财力的支撑是不行的。不过通常流传的说法，说德国全靠希特勒上台，克服了通货膨胀，扭转了经济形势，并不准确，有个时间上的差错。经济最坏的情况是在1918-1922年，从1922年以后就开始好转，原因是整个资本主义世界进入经济复苏和繁荣的阶段。德国作为欧洲的一部分，肯定是受益的。特别是美国开始给德国贷款和投资，这时西方国家也放松了赔偿的要求，所以到1929年大萧条之前，德国曾有一个经济恢复期，开始有了一点资本，工人的就业率也提高了，打下了一定的基础。然后到1929年，从美国开始的经济大萧条，席卷资本主义世界，德国也不能幸免。1922-1929年这段时期，是希特勒的蛰伏期，经济好转与他无关。但是1929年的经济恐慌却在政治上帮助了他，他利用这一形势获得大批工人和下层百姓的选票。与此同时，出于同样的原因，共产党也增加了选票。

纳粹德国最初的经济来源有两个，一是没收大批犹太人的财产，银行、企业，这笔财富是很可观的；二是非犹太人的财团的资助。纳粹用这些"原始积累"购置设备，发展工业，重点发展军事工业，逐步解决失业问题。搞铁饭碗，压低工人工资，工人一旦被雇佣，就永远不能再换工作，工会完全归入纳粹党的领导下，不能再搞请愿罢工之类。工人福利并未恢复到一战前，而是把工人的娱乐生活也统一起来，完全由组织安排划一的休假、旅游。经历过前一阶段艰难的工人一般也还满意，因为勉强温饱总比失业好。

第五，剥夺了地方自治权，地方官都由纳粹党指派（原来德国的各州是高度自治的），实现中央集权。

第六, 拉拢少壮派青年军官。老一代军人还有原来的传统和原则, 一般看不上他的作风。而年轻军官在和平时期要上升是比较慢的。希特勒的民族复兴的口号和战争计划正好满足他们的野心。争取军人的支持, 对他当然很重要。

1936年他办了一个奥运会, 对内把德国人的荣誉感调动起来, 对外欺骗国际, 造成他是要和平的假象。在这些都准备好了之后, 他就开始发动战争了。

(五) 法西斯专政的特点

现代法西斯统治与传统的皇权专制有不同的地方:

首先是是**高度政教合一**, 过去的皇帝不兼思想家, 康德对腓德烈大帝说你做你的皇帝, 我做我的哲学家, 二者互不干涉。中国没有统一的宗教, 老百姓求哪个神, 拜哪个佛, 皇帝不管; 欧洲走出中世纪, 经过了政教分离, 君主是不管人的灵魂的。信仰上帝的人把灵魂交给上帝, 但是上帝不可能介入到日常生活。而纳粹就是以元首的思想取代宗教信仰。纳粹的统治深入到每一个角落, 组织力量非常强, 个人从灵魂到日常生活都在组织之中, 这是法西斯统治的特点。即使在中世纪, 教皇、红衣主教的权力也还没有达到那个地步。

领袖之所以成为神, 靠的是有大众对他的膜拜, 如果没有人拜他, 他就不是神了。所以领袖神化, 需要完全丧失理性判断的群众, 达到疯狂的程度。因此, 需要推行**反智、反精英的民粹主义、群氓主义, 培养绝对的愚民, 不但在智力上, 而且在道德上抛弃和蔑视一切传统道德、行为规范、善恶是非标准。只要忠于元首, 政治正确, 其他一切伦理、亲情、友情、忠诚、信誉……都可背弃**。"谎言重复一千遍就是真理"。当然更不要仁爱、人道, 而代之以仇恨。凡是被指为敌人, 就可以施以任何非人的、残酷的手段。这种敌人是先验的, 与他的行为表现无关。人性中最卑鄙、自私、残忍的一面，可以在一个"崇高"的外衣下尽情发泄。

为实现一个人的集权，希特勒讨厌中间的官僚阶层，要民众直接效忠元首。 既然内阁各部不能取消，那么他就成立各种"办公室"，各种"小组"，只要一些办事人员，直接听命于元首。不但法律程序打乱，行政程序也打乱。他怕大权旁落，对高级官员都不信任，只信任身边亲信，而这个亲信的圈子越缩越小，最后他谁也不信任了（中国皇帝中朱元璋有点类似，他连宰相的职位都取消了，谁也不相信。最后只能依靠身边的太监办事。所以明朝宦官专权盛行）。

（六）与启蒙的关系

从希特勒夺取政权和最终完成法西斯专政的过程可以看出，道路很曲折，可谓费尽心机。**如果从1922年建党算起，到1934年他成为至高无上的"元首"，用了12年时间。他几次想用暴力夺权而没有这样做，这适足以说明德国原来的、即便不够完备的民主制度，还多少形成一道阻力。如果在一个本来没有民主法治的国家，不论是用暴动，还是用政变，都要简便得多，时间短得多。而他最后终于得逞，有各种复杂的因素，总的说来还是反对他的力量太软弱、分散，德国的民主制度不够成熟，中产阶层不够强大，最根本的是广大群众的蒙昧和盲从。一个国家主义、一个民粹主义足以蛊惑人心，是法西斯赖以生存的土壤。**

希特勒声称要振兴民族精神，号召德意志民族"挺起脊梁来"，但是他又剥夺了所有人的思想权利，要全民匍匐于他的脚下，等于把全民的脊梁都打断了。所以他得到的是相反的结果。优秀的德意志民族被他拖入了罪恶的深渊。

幸亏德国还有另外一个传统，除了强烈的民族主义这条线外，还有一条线是欧洲近代文明的主流：文艺复兴、宗教改革、启蒙运动的传统，还有康德的永久和平的思想，能使它战败以后，告别过去，获得新生。德国人反思比较彻底，全民都承担责任，所以能产生像勃兰特这样的政治家。加以二战以后，英美法战胜国对它采取了与一战后完全不同的政策，帮助德国恢复经济，接纳它重归欧洲（先西德，后是统一后的德国）。法、德有远见的政治家能够采取一系列的政策结束历史宿怨，一步步形成现在的欧盟，至今欧盟的骨干还是德国和法国。从政治上讲，德国最需要欧盟，它从此汇入欧洲的主流。所以它宁愿在经济上吃亏，补贴那些要破产的国家。

（七）反思文革

在理解了德国法西斯主义的来龙去脉之后，对"文革"就可以有较深的理解，有人把"文革"说成"大民主"，正如把希特勒掌权归之于民主制度一样，是颠倒是非。试行对比，"文革"许多因素都具备，几乎许多特点都可相对应：神化的领袖、失去理性的狂热的群众、盲目的信仰、任意加罪的敌人（血统论与种族主义异曲同工，把某一种或几种人定为敌人，由身份标签决定，与行为无关），砸烂国家机器，打乱社会秩序，各级行政长官都失去权威，以领袖的名义派联络员到各地各单位，全民都是一个领袖的"好学生"，消灭文化遗产，背离一切传统伦理道德，煽动仇恨，崇尚暴力。在这一切之外，还有强大的组织力量，深入到每一个角落，不留空隙，直到"灵魂深处闹革命"。有一点不同，是希特勒建立了"新秩序"，而"文革"没有建立起来，天下大乱没有达到"大治"，为后来形势扭转留下空间，是中国人的幸运。

总之，没有经过启蒙的民众，不用理性思考，没有法治观念，很容易被煽动，成为法西斯的基础。有的时候，那些饱学之士也不见得不犯糊涂。对全民来说，诉诸国家主义，打出爱国旗帜，是非常有效的，谁也不敢反对；对下层来说，民粹主义，劫富济贫，特别有号召力。因此国家主义和民粹主义，是足以祸国殃民危害国家长治久安的两大危险。

(2012年9月)

关于"冷战"史研究

——兼及"史识"与"史德"

何谓"冷战"？刚刚过去的那段历史还是史家研究的对象，其起因、过程、结束，以及对各方的得失利弊，还是众说纷纭。不论如何，大国之间形成这样的关系对无论处于哪一边的广大民众总是祸不是福。殷鉴不远，首先需要对这段历史做深入细致的研究。

"冷战"是国际关系史上一个特殊的阶段，意识形态与地缘政治重叠、交叉、错综复杂。这个阶段大约起于1946年，终于1991年，以美苏各自领导两大阵营确定全面对抗始，以一方内部发生剧变终。"冷战"一词是二战后一名美国驻欧记者首先提出的，当时主要是指欧洲的局势，因为在雅尔塔格局中两大阵营的主要分界线在欧洲。其含义是相对"热战"而言。即在历史上双方全面敌对到某种程度，就会爆发战争。但是由于超大规模杀伤性武器的出现，谁也不敢贸然发动战争，于是诉诸除热战以外的一切手段与对方争夺，既是争夺势力范围，又是两种制度、两条发展道路优劣之争。这是简单化的概括。实际过程和内容要复杂得多。谁先发动的，也是双方互相指责的话题。而其出人意外的终结，却是源于发生变化的一方的内部因素，笔者从不认同外因之说，已有过文章详述，这里不重复。

那段历史中一个很大的变数是中国。1949年中共全面胜利，中国大陆从处于美国一边转到苏联势力范围，使两边的力量对比发生重要变化，但不是决定性变化，因为"冷战"主要划线在欧洲；1960年代中苏交恶，又发生一次力量对比的变化。不过这一变化初期中国同时与美苏两大国为敌，而且批判苏联的理由是它反美不力。另外还有当时正在兴起的亚非民族独立运动和新兴国家成为双方，乃至三方争夺的对象。1970年代又一大转变，形成了中美联合反苏的态势。所幸在中国"帝、修、反"一起反，彻底自我孤立的年代，美苏之间争夺方酣，中国实力很弱，无论站在哪一边，实际上都不是打头阵的。尽管是短短几十年，这段曲折复杂的历程如万花筒一般，对于历史研究者无疑有极大的吸引力，可以从多个不同的角度探索，有无穷的奥秘。

许多事件都是当代的新闻，从报刊资料都可了解到。但是背后决策的考虑以及未公开的博弈，就凭分析和猜想了。但不能瞎猜，需要有根据，特别是公开的报道，在前苏联新闻控制下，也难以了解真相全貌。这里又涉及档案资料问题。

苏联解体后，档案馆一度忽然大开放，各国历史研究者都像淘金一样，争相往莫斯科跑。查阅档案是要付费的，"独联体"时代以及俄罗斯初期档案管理人员赖以发了一笔财。等俄罗斯站稳脚跟，整顿秩序时，档案馆又逐渐收拢，有严格限制了。在这场抢档案中，当然还是美国以其雄厚的人力和财力外加学术组织传统，仍然居"领导"地位。由麦克阿瑟基金会（与那位著名的麦帅同名，但不是一家）出资，在华盛顿的威尔逊国际学者中心创立"冷战史"项目，组织人到莫斯科档案馆大量查阅和复印档案，然后翻译成英文，分题目不定期地出冷战史资料汇编（都是原始档案的英译本），全世界研究者都可以购买，他们也向国际有关学者分送一部分。所以作为冷战的一方，研究的话语权又在美国了。不过不是以观点影响他人，而是提供档案资料，其取舍选择的角度和分类法当然由编纂者决定。

话说中国学者沈志华（他的传奇人生已经广为人知，不必详述，总之他在一桩冤案中一度被迫离开学术界，"下海"经商赚了一些钱，又不忘初心，回到历史研究界，其研究领域主要就是这段时期，对档案当然有历史学者特有的敏锐感），见此情景，颇为中国学者不平，就自掏腰包，跑到莫斯科去一起"抢"档案，也尽其所能复印了一批，当然以个人的力量与美国有组织的规模不能相比，但有中国学者自己的角度和选择。回来后，也组织人译成中文。本来打算公开出版成书，与广大中国学者分享，有点仗义行侠的味道。但是，在中国出版遇到很大阻力，中苏两家历史不可分，不言自明。对方可以公开的，这边却是绝密的。这使他一度十分沮丧。在竭力申诉、争取后，经过多年曲折的过程，得以出版部分内容。后来这些文件制成缩微胶卷，沈志华带着这批宝贵财富（我戏称之为"嫁妆"）应聘华东师大，主持一个专门为此成立的学术研究中心，设博士点，陆续选出多个专题，指导博士生利用这批资料写论文。如果暂时不能发表，至少可以留下一份资料，以待将来（又经过多名学者努力，2015年终于出版了较全的版本）。我对整个经过知之不详，在与沈的交往中大体了解一些，对这一善举由衷赞赏和钦佩。因此2013年他又成立"冷战史博士后论坛"，邀我在开幕式上讲话，我欣然应邀。以下是讲话内容。（2017年补记）

在华东师大冷战史博士后论坛开幕式上的讲话

目前研究这段历史的时机很有利：一则已经过去，有一定的距离可以客观冷静地审视；二则又过去不太远，不少当事人或者间接经历过的人还在，可以提供感性知识，补文献之不足，不至于隔靴搔痒。我没有像刚才两位发言人（按：都是美国人）那样有准备，能够做有系统的报告，只就自己做这方面工作的经验谈几点想法。

1.<u>档案资料的重要性</u>。历史必须言之有据，不能先入为主，或先有结论再找证据。我国史学的传统是重视档案资料，包括民间轶闻的。但是，当代中国的档案是最难得到的，所以沈志华老师的"抢档案"和为出版翻译资料所进行的努力确实难能可贵。参加这个项目的研究者也受益匪浅，诸位能在这里利用这些资料是很幸运的。

2.<u>研究档案要尊重客观事实</u>。钻进档案资料有时很枯燥，有时其乐无穷，结果并不一定可以预料，需要摆脱功利之心。一般应该是先发现资料，才形成观点，然后有了中心思想，成为大大小小的课题。但是现在的课题制是倒过来，先报一个容易通过的题目，再组织人、找材料。甚至于结论在先，找资料是为证明已有的结论。这种做法我一向认为有碍真正的学术研究。我们无法改变，但是意识到这一点，知道做学问的规律，还是可以有一定的主观能动性。

3.<u>历史细节很重要</u>，往往发现一则新的细节就足以颠覆原来流传很广的结论，但是细节的意义不是猎奇，不能脱离大的历史背景。对浩如烟海的资料如何取舍、判断，要靠对大的历史形势的把握。

以上是**史识**。

4.<u>关于"冷战"时期的历史</u>，到目前为止中外学者已经有过许多研究成果。后起的研究者要站在前人的肩膀上发现新的材料，或提出新的见解，或进一步深入发挥。如果只是重复前人早已说过的话就没有意思了。记得我的美国朋友孔润华（Warren Cohen）教授有一次跟我说，有一个关于1946年马歇尔调停国共内争的研讨会请他去，他不想去参加，他说"他们这些年轻人假装我们从来没有存在过，不断重复我们早已说过的话，作为自己的新发现"。他这话我有时也有同感。所以要真正做有意义的研究，而不是为了必须在什么刊物上发表文章用于评职称，就要有新的史料、新的见解。另外，运用前人的成果必须注明出处，给予尊重。包括别人辛辛苦苦搜集到的宝贵资料，你现成拿来，也必须注明转引自哪里，而不要假装是自己弄来的第一手材料。我就遇到过不止一次这种情况，我可以肯定他是转引自我的著作，因为他不可能弄到那个文件。所以注明"转引"也很重要，是对别人劳动的尊重。这是**史德**。

5.**不能只见国家不见人**。多年来，我深感国际研究着眼点通常在于国家利益。因此研究国际关系的人容易眼睛只看着各国政府的态度，政治人物的讲话、声明，各种力量的博弈，而缺少人文关怀，广大民众的生存状态和喜怒哀乐不大进入视野。我们需要有另一个维度，就是意识到，执政者、掌权者所宣称的国家利益不一定代表真正的、属于广大民众的国家利益。要开阔视野，不能眼睛只看着权贵、政要。

6.**要有对全人类的关怀**。研究国际关系史，找出规律，最终目的还是为世界和平。如果"冷战"是一个过渡阶段，可以发展到热战，也可以以和平的方式结束，或至少缓解。战争的根源是贪婪、权欲、错误的判断、利益集团自私的需要（例如军工集团裹挟政策，独裁者好大喜功等等），而制止战争的因素则是理智和责任心。所以冷战没有发展到热战，我们应该感谢当时有资格发动战争的双方决策者的理智和责任感。大约到上个世纪60年代时，美苏双方领导人以及世界上有识之士已经认识到核战争没有赢家，所以在最紧张的时刻，如古巴导弹危机，双方及边缘而返。现在冷战已经结束，但持久和平遥遥无期，人类的武器库比冷战期间又大大发展了，军备竞赛更加激烈，参与者越来越多，而看不到足以令人放心的掌握大权的政治家对人类的责任心。对此，研究者是无能为力的，但是每一个研究者的终极关怀是必须有的，不能单纯是为写论文、评职称、出名，更不能为此而趋炎附势，歪曲史实以迎合某种利益需要。这是最大的**史德**。

不仅仅是研究冷战史或历史，任何一门学问，都应该有终极关怀，否则没有意义。愿与大家共勉。

（2013年）

亲历从"牢不可破"到反目成仇

我从1950年代初到文革开始的十几年中,一直供职于"中国人民保卫世界和平委员会"(简称"和大"),亲历了世界和平运动内部的一些事,特别是中苏从亲密战友到主要敌人的过程,如今凭记忆记述下来,也是那段历史的吉光片羽。

苏联领导下的国际统战组织

"世界和平理事会"成立于1949年,是在"冷战"背景下苏联领导的国际统战组织,其建制俨然一个小联合国。理事会的主要成员是欧洲各国共产党及其"统战对象"。战后的世界潮流,大批西方知识精英左倾,法、意两国共产党力量最大,在本国议会是第一大党。所以当时以苏联为首的国际组织名流汇集,极一时之盛。

1949年10月2日,中华人民共和国成立的第二天,立即开会,宣告"中国人民保卫世界和平委员会"成立,足见其重视。主席是郭沫若,名誉主席有约里奥-居里,毛泽东和斯大林。这样的规格,后人很难想像。我在"和大"工作期间并不知道名誉主席之事,是后来看到资料才惊讶地发现的。名誉主席实际上从未出面过,所以鲜为人知。

这个组织以开会为业,最主要的活动就是举行各种规模、各种级别和各种名目的会议,会议的名称视形势需要在"裁军"、"缓和国际紧张局势"、"国际合作"等词汇中选择。平均一年不止一次会。时间、地点、议题、范围实际上都由苏联决定。矛头当然针对美国（概括为"帝国主义扩军备战政策"）。在苏联拥有原子弹之前，以要求禁止原子武器为主要内容。1954年苏联有了原子弹以后，则议题主要是视苏联与美国谈判斗争的需要，宣传苏联的具体方案。

中国除了配合苏联外，也有自己的意图：那时正式建交国不多，与西方国家来往主要靠民间的名义，因此也乐得顺水推舟，利用这一场合突破封锁，广交朋友，宣传新中国的成就、政策，维护自己在国际事务中的权益。所以中国政府对这一机构和活动十分重视，作为主要的对外活动窗口。

由于上述的大背景，"和运"离不开中苏关系，使我这个小人物得以从一个侧面亲历了中苏从"牢不可破"到"反目成仇"的全过程。不过限于当时的水平，对一些花絮可能比政治问题印象更深。

中苏蜜月期

苏共二十大之前，中国代表团参加"世和"会议都是一切听老大哥的。开会地点基本上在欧洲国家，在冷战背景下，"北约"国家肯定是进不去的，但为了宣传效果，尽量接近西方，所以中立国瑞典成为首选，去的最多。另外还有瑞士、东柏林等地。中国当时没有国际航班，出国都坐苏联飞机，无论到哪个国家，都先经过莫斯科。在"牢不可破"年代，中国代表团在苏联都得到高规格接待。有一次两次会议日期比较接近，且都在瑞典举行。为中国代表团省去来回折腾的麻烦，苏联邀请中国代表团在两次会议空隙期间到黑海边休闲胜地索契休息，先经过斯大林的故乡格鲁齐亚首府第比利斯，我有幸随团前往，得以欣赏黑海边的美丽风光。我从那时起一直以为索契属于格鲁吉亚，直到苏联解体，格鲁吉亚独立之后，因奥赛梯问题与俄罗斯发生争执，才发现索契不在格鲁吉亚而在俄罗斯管辖内。在黑海边休息期间，主人高规格、超热情接待，苏联人表现出特有的豪爽与好客，大宴、小宴不断，每宴必上伏特加，互相劝酒，夜夜笙歌，真如一家人。

在此之后，1955年5月赫尔辛基"世界和平力量大会"，可算是"蜜月"期的高潮。到会代表共1880人，来自85国，工作人员多达2000人，多数为会议东道国芬兰的年轻人，有许多学生。欧洲代表人数最多，拉美也来了不少人。中国实际代表约50人、工作人员17人，也是最大的一次显示国内统一战线的高潮，包括各民主党派、四大宗教和满、蒙、回、藏民族的领头人物，以及学界、文艺界知名人士，等等，阵容蔚为壮观。大会气氛异常热烈，通过什么决议我已全部忘记，只记得与芬兰学生联欢，学习他们的土风舞。还有会议结束时有一场各国艺术家上台表演的晚会，有美国黑人歌唱家罗伯逊的精彩演唱和聂鲁达本人朗诵他的诗，等等。罗伯逊在麦卡锡时期被吊销了护照，这是他恢复权利后第一次出国，受到热烈欢呼的情景十分感人。他的演唱实在精彩，那男低音深不可测。聂鲁达朗诵诗我虽然不懂西班牙文，但能感受到那激情奔放。

这是"蜜月期"的最高潮。以后1958年在斯德哥尔摩还开过这样性质的大会，但是已经时过境迁，欧洲经过波匈事件，中国经过反右，与会阵容和气氛就大不相同，所谓"统一战线"已是强弩之末。

充分体现"以苏联为首"

"世和"大政方针都来自克里姆林宫。每次大小会议无不与美苏外交中的某个回合有关，通过的主要决议内容都视当时苏联外交的需要，例如最重要的议题裁军与限制核武器，"世和"历次会议所通过的决议实际上就是历次美苏裁军谈判中苏联方案的翻版。其他如德国问题等，莫不如此。"小兄弟"们只有配合。中国是"老二"，每次会前，苏联先和中国"打招呼"，交代精神；规模大一点的会，会前先开社会主义国家代表团长会，然后苏联代表与各资本主义国家共产党人集会或个别谈话，亚洲代表由中国"分工"谈话。这样，骨干们"领会了精神"，"统一认识"，就保证苏联的意图能贯彻到决议中去，即使西方国家有个别人士不识相，有异议，也起不了什么作用。

那时的苏联代表从实质到形式确实是"老大"的气势。中国代表团领受的中央指示就是"一切听苏联领导，我们不熟悉"。除了政治含义外，也还有土包子初见世面，需要大哥带领的味道。从情况、国际惯例、礼仪，到介绍关系，都有所仰仗。后来中苏交恶之后，我曾听到一位领导愤愤然说，每次开会，中国代表团虽然带去准备好的发言稿，但是在没有听完爱伦堡讲话之前，不能定稿，必须根据苏联代表发言精神修改发言稿。有一次没有这样做，就遭到责难。

有一个例子充分说明这种关系：1951年10月，在维也纳召开"世和"理事会之前，苏联爱伦堡专程到北京传达苏方意图。他与郭沫若有一场谈话，要点是：1．即将在维也纳举行的理事会很重要，希望中国理事多出席。他对上次柏林会议中国出席人员多非理事本人而为"代"理事，表示不满（按，中国的理事名单多为有声望的民主人士，不负实际责任，所以实际与会者多为"代理事"）；2.要中国争取马来亚、越南、日本、缅甸等亚洲代表出席，最好与中国代表团一起去（按：这就意味着一切费用由中国负担）；3.要中国多宣传即将召开的莫斯科经济会议，并就此为《保卫和平》杂志写一篇文章，要在10月13日他（爱伦堡）本人回国之前写好以便带回去；4．增加中国的"世和"理事，并派人常驻书记处，现仅萧三一人兼，不够（按，随后中国即派李一氓常驻布拉格）；5．召开亚洲区域会议问题，知道中国有困难，但还是希望努力实现（按：后来1955年举行了"亚洲国家会议"）；6.《保卫和平》杂志中关于中国的文章多为外国朋友撰写，中国人自己的数量太少，而且用语不适合杂志的性质。

从以上谈话可以看出完全是老大哥训话，有批评、有告诫，还布置任务，限期完成。关于亚洲代表问题，就是一种分工的交代，以后亚洲"小兄弟"主要由中国负责，据我了解，不但要争取他们出席会议，传达精神，经费也基本由中国负担。当时中国在外汇不富裕的情况下，对每次"世和"会议都要负担相当的费用，外加常年缴纳的会费也不菲。

还曾听李一氓说过一件事：大约1954年，有一次"世和"刚开过会，苏联为配合它某次外交谈判，又要在近期举行会议。李婉转向苏联"和大"负责人考涅楚克说，要体谅有些亚洲代表路途很远，来一趟不容易，是否一次会可开得长一些，少开几次。考涅楚克说，下次在中国开，让欧洲代表也跑一跑，等于间接驳斥了李的会议太频繁之说。然后他从口袋里掏出苏共中央指示，往桌上一摆，说这是苏共中央的决定。这就没有讨论的余地了，李只能无言。那个时期，如果在"前线"的中国代表的表现令苏联老大哥不满，一纸诉状通过莫斯科就告到北京，等那位中国代表回国，可能已经有批评甚至处分在等着他了。

有时苏联政策出尔反尔，令中国以及追随它的欧洲左派人士非常被动。每次和平会议都分若干小组，提出一系列决议，最后在大会一一通过。"蜜月"期间，基本上都是一致通过，最多时有几十项决议。除了苏联特别需要的问题外，每个与会代表都带来本国或本组织的诉求，例如印度要求收回葡属飞地果阿、巴勒斯坦或约旦代表要求解决难民问题（当时的提法是"要求重返家园"）、1954年以前朝鲜、越南停战问题。随着非洲民族解放运动的兴起，陆续出现支持某个非洲民族正在进行的斗争的决议，经常列入议程的有呼吁释放肯尼亚塔（肯尼亚民族运动领袖，常年为英国囚禁）、反对南非种族隔离、南北罗德西亚（即今赞比亚和津巴布韦）以及其他黑非洲民族的解放斗争，等等。一般说来，中国代表只关心一些主要的决议案，防止其中有违背中国立场，损害中国利益的措辞，特别是朝鲜、越南和联合国问题。关于联合国，不但中国席位问题没有解决，还在朝鲜问题上曾有决议指中国为"侵略"，因此凡有人提出某个问题通过联合国解决，中国一律坚决反对，没有妥协余地。此类问题如有意见都私下找苏联人协商，事先取得一致。至于其他问题，就跟着举手了。

裂痕初现

实际上从苏共二十大，赫鲁晓夫揭露斯大林暴政的秘密报告开始，中苏分歧已难以调和，但是在表面上一直维持"兄弟团结"的形象，避免公开化。以当时国际共运的准则，把内部分歧公开化就是帮助帝国主义，是大逆不道的，所以直到已经公开分裂之后，仍然互相指责是对方首先把分歧公开化。初期，只在党内高级干部中逐级传达和"学习""中央精神"，即使在内部绝密文件中对苏联的称谓也是逐步升级的，由代号"右倾机会主义"、"半修正主义"、"修正主义"直至直接点名"苏共"。我那时只是处于最底层的一个小翻译，本来对这种党内绝密情况无缘与闻，但是由于工作的特殊性，却最早从青萍之末感受到这一将对整个世界产生深远影响的裂痕。

我第一次感到中苏某种不和谐是在1956年6月"世和"常委会巴黎会议上。此时是苏共20大召开、东欧发生波兹南（波兰）事件之后，匈牙利事件之前。这是一次小型会议，中国代表只有两人：胡愈之和李一氓。会议文件初稿一般是法国人起草，当然事先得到苏联人的同意。会上的主要争论问题有二：

一、主要文件草案中有一句话："国际局势缓和在国家内部生活造成了新的条件，允许了更多容忍和自由"，这当然是指赫鲁晓夫执政后苏联内部的"解冻"。中国代表坚决反对这一措辞，意大利代表坚持要，苏联爱伦堡同意，相持不下，最后由法国总书记出面，把"允许更多容忍和自由"改为"……创造了新的条件，它给各国人民打开了更多容忍和自由的道路"，勉强通过。意大利代表弃权。中国反对的理由是不该提到各国内政。以后我才理解，这句话实际上已经反映中共和苏共以及许多西方共产党在路线上的分歧：中共首先不认同苏联对美缓和政策，也不认同苏共二十大之后苏联内部的"解冻"；同时主张阶级斗争不可调和，反对资本主义国家有可能"和平过渡"到社会主义。因此既不承认资本主义国家内部有"容忍和自由"之说，更重要的是在自己国内不准备实行"容忍和自由"。一年之后，众所周知的那场"阳谋"是对这一立场最好的阐述。但是我相信1956年时李一氓绝不会料到一年后的国内形势，他只是坚守中共一般的原则立场。

二、阿尔及利亚问题。当时阿尔及利亚争取独立的武装斗争已经开始，法国出兵镇压。非洲代表迪亚洛（"非洲人大会"秘书长）说，如果完全不提阿尔及利亚，他回去无法向非洲人民交代。迪亚洛是温和派，并不主张武装斗争，但是作为非洲代表，他当然捍卫民族独立。他在措辞上一再妥协，仍得不到法国和苏联代表的同意。爱伦堡对他说：阿尔及利亚问题是法国内政（这正是法国政府的观点，也是当时法共的立场），要把它变成国际问题，尚有待非洲朋友的努力。迪亚洛一气之下，退出会场，再也没有回到"世和"。中国代表在会下支持非洲代表的立场，但那时中苏两党分歧尚未公开化，既然在"容忍与自由"问题上已与苏联在会上表示了不同意见，对这个问题不便再公开表态。

不久，发生了匈牙利事件。中苏关系处于微妙状态。一方面，要高举中苏团结的旗帜，"不给帝国主义钻空子"；另一方面在意识形态上，在对国际局势的看法上，以及各自的政策已经裂痕日深，不大可能弥合。苏联出兵匈牙利，引起国际一片反对声。左派内部发生分裂，不少西方共产党员退党，其中著名的如美共知名作家法斯特等。各国共产党的不同立场在"世和"内部也表现出来。法国人仍紧跟苏联，意大利和英国人表现一定的独立倾向，强调要照顾本国人民的情绪。尽管英共在本国力量很小，在"世和"内部还是有一定发言权。中国人在匈牙利问题上力挺苏联，唯恐苏联妥协倒退。于是在1956年至1957年的几次会议上，中国代表的争论对象主要是意大利代表，苏联代表反而成为和事佬。有一次意大利代表说，我们不能跟着苏联"亦步亦趋"，中国代表起而反击，说我们就是要跟苏联"亦步亦趋"。这一表态与后来中国批判苏联"老子党"、"指挥棒"的论点成鲜明对比，所以我印象深刻。

但是在50年代末到60年代初的一段时期内，中苏以及一些国家的共产党还做过一些促进和解的努力，所以有时表面上还勉强维持"团结"的假象，同时把公开分歧的责任推给对方。有一次廖承志与苏联人谈话，除了摆出不同观点外，最后还把国际共运比作一支交响乐队，可以有不同的音色和声部，但都在苏共指挥下，奏同一乐曲云云。在这段期间，中国在公开批判中把南斯拉夫和法共、意共作靶子，在"世和"内坚决抵制南斯拉夫代表参加。实际上谁都知道项庄舞剑，意在沛公。

1957年6月，科伦坡世和理事会是"世和"第一次在欧洲以外的国家开会。此时分歧实际上已经相当明显。会前苏联考涅楚克和两位法国常委专程来华，协调立场，除与"和大"领导晤谈外，还受到周恩来总理会见。中方坚持的原则是：和运不能不分是非、不问立场；不能怕提反殖民主义、帝国主义；不能只谈人性，造成在匈牙利问题上丧失立场，不能把苏、美，阿、以并提（这是在埃及收回苏伊士运河，以色列—阿拉伯战争之后，中国的立场是支持阿拉伯反对以色列），不能机械配合外交（当然是指苏联外交）。但是后来在科伦坡会议上争论最激烈的并不是这些问题，却是考涅楚克在北京没有提出的，"废除政治犯死刑"和"良心反战"问题。

苏方事先已与西方和平主义者达成默契，要在会上提出"废除政治犯死刑"的决议案。到会场之后才向中方亮出意图，廖承志、刘宁一坚决反对。考涅楚克又抬出苏共中央，说他来前已得到苏共中央同意。不过此一时，彼一时，这一招已经不灵，中方不再买账。廖、刘说自己就是中央委员，也能代表中共中央。随后决定双方都再请示各自中央，未得指示前暂不发言。莫斯科收到请示后，指示考，要他向中方道歉，并要他将此意见通知法国人，说服他们不提这个问题。考在科伦坡果然向中方道了歉，并要中国代表不要就此问题公开发言。但是会上还有欧洲代表坚持提出此问题，还有英国人提出支持"良心反战"问题（即反对义务兵役制，个人有权拒服兵役）。中国代表认为有必要表明立场，决定在一个小组上发言，大意谓：政治犯的范围很不明确，为什么不提现在正在为争取民族独立而斗争的、天天被屠杀的战士？统治者一向把革命者叫做"土匪"、"叛乱分子"，等等，不承认是政治犯，这种决议对他们起不了作用，但会束缚"人民政府"的手脚。因为我们的政府和人民是一致的，通过决议就要遵守。我们台湾尚未解放，美国还在干涉、破坏、派间谍、搞颠覆。我们尽量少用死刑，但有时不能不用……由于大部分时间讨论废除死刑问题，最后"良心反战"问题不了了之。

考涅楚克和法国人知道中国人要在小组发言，都很紧张，专门到这个小组来听，见中国人只正面表态，没有点名批评对立面，才放心。可以看出，此时苏联还需要中国的支持，相比之下，他们更加不愿分歧公开化。

那次会议期间，罗隆基很活跃健谈，自我感觉良好。会后中国代表团先由缅甸回昆明休整几天，做总结。罗隆基忽然接到通知，提前回北京，他与大家告别，还以为有重要任务，谁知从此厄运降身，直到凄惨离世。

在这以后，"世和"照常频繁地开会。中苏分歧随两党关系的曲折波动，在会上若隐若现，卒至完全决裂。

1958年7月斯德哥尔摩"裁军与国际合作大会"，与赫尔辛基大会相隔三年，气氛就没有那么和谐了。大会的主题是中东局势：前一年中东战争埃及收回苏伊士运河，1958年伊拉克出现左派政权，卡塞姆在共产党支持下上台，黎巴嫩局势动荡，中东局势有向对苏联有利的方向发展的可能。美国遂派军队干涉黎巴嫩，英国也派军队进驻约旦。因此在中东问题上，中苏立场基本一致。这样，在这次大会上没有出现分歧。大会一致通过了"关于中东局势的告世界各国人民书"，以及要求禁止核试验和裁军的呼吁书等。这大概是最后一次中苏还能表面上勉强维持一致的大会。

那次大会还有一个南斯拉夫代表的问题。当时中国"反修"以南斯拉夫为主要靶子，在一切国际场合予以抵制。此次南代表出现在会上，中国驻维也纳书记郑森禹因未能事先制止而受到国内来的领导批评，这实在是很冤枉的，因为此事苏联不会先与中方通气，即使知道了也无力制止。记得郑森禹曾对廖承志公表示为了顾全大局，不在代表团内公开辩解，但是对批评不能接受。会上，南斯拉夫代表受到中国代表的迎头痛批。

国际方面，匈牙利事件虽然中苏保持一致，却是"和运"内部实质性分歧的焦点。西方人士，包括一部分共产党员，普遍对处死纳吉想不通。原来英国哲学家罗素是大会支持委员会成员，本已决定参会，因匈牙利处决纳吉，致函"世和"总书记维尼耶，宣布退出大会支持委员会，并撤销对"世和"的支持，因为它只谴责西方国家，不谴责共产党国家，要求斯德哥尔摩大会通过决议谴责处死纳吉是背信弃义，否则不能认为"世和"是公正的组织。

中苏主要分歧问题：

在和运中中苏主要分歧问题如下：

——争取和平与支持民族独立运动的侧重点：苏方强调前者，中方强调后者；

——和平力量主要依靠对象：苏方重视西方和平力量包括和平主义者；中方重视亚非拉民族解放运动，包括武装斗争力量；当时在欧美国家中反对核武器、防止核战争的舆论高涨，出现各种组织，苏联基本上把它们作为应该团结争取的力量，因而在文件决议中考虑这部分人的接受限度，中国认为不能为迁就他们而降低反帝调门。

——反对核武器和争取裁军：苏联强调核武器本身的危险性和危害性，强调核战争无赢家，强调放射物污染大气层，反对地上核试验；中国反对渲染"核恐怖"，强调反对民族压迫，认为没有核战争，被压迫人民也正在天天死亡。关于核武器，主张全面禁止，销毁一切现存武器，不能只禁止地上核试验；关于裁军，中国反对笼统谈裁军，应重点要求"武装到牙齿"的美国裁军，被压迫民族不但不能裁军还应加强武装；

——苏联强调缓和国际紧张局势，中国强调高举反对美帝旗帜，甚至认为苏联与美国"缓和"不利于被压迫人民的斗争。中国坚持要点明战争根源是美帝国主义而不是大规模杀伤性武器。归根结底，这些分歧都反映出当时中苏两党意识形态和路线的论战。后来毛泽东在国内以王稼祥为对象，批判"三和一少"（和平共处、和平过渡、和平竞赛、少支持民族独立运动）"右倾机会主义"路线，到"文革"中升级为"三降一灭"（投降帝国主义、投降修正主义、投降反动派和消灭民族解放运动），"修正主义路线"。从实质上讲，苏联自赫鲁晓夫上台后，对内否定斯大林，实行"解冻"，对外争取与美国"缓和"，这些都与毛泽东在国内一浪高一浪的阶级斗争和在国际上坚决反美，支持世界革命的取向背道而驰。

1959年在莫斯科和斯德哥尔摩分别开了两次会议。中苏表面上勉强求同存异。莫斯科会议期间赫鲁晓夫接见了全体代表，并在回答苏丹代表的问题中肯定了民族独立运动也是和平力量，当时亚非代表颇受鼓舞，但是赫鲁晓夫的表态并不能消除中苏在这个问题上的实际分歧，以后日益尖锐化直至公开对立。

争论激化到公开反目

中国十周年国庆

1959年十周年国庆是一件大事，"世和"代表团应邀参加观礼，并访问各地。代表团规格很高，以主席贝尔纳为首（贝尔纳是英国物理学家，也是诺贝尔奖获得者，居里去世后接任"世和"主席），成员包括苏联吉洪诺夫等五位各国籍的副主席。国内接待规格也很高。"世和"代表团本来是来"祝寿"的，但是在当时情况下，免不了有一场争论：从外地回京后，贝尔纳与郭、廖、刘有一次严肃的谈话，由我做翻译。争论的题目主要是"世和"内部分歧。贝指责中方不合作，双方都说和运要跟上形势发展。不过贝指的是在西方国家应扩大团结面，改变"和运"是共产党把持的形象；中方则指的是要跟上蓬勃发展的民族独立斗争的形势，批评"世和"支持不够，不承认它们是重要的和平力量。另外还有对反核武器运动等一系列问题的看法。加拿大文幼章在代表团离去后单独留了较长时间，到10月底与廖承志还有一次长谈。当时文幼章的处境比较为难，他和中共的渊源很深，从抗战在四川时就支持学生运动，在中共内有许多朋友，但是他在"世和"得听苏联的，而且他本人的观点也比较接近苏联和西欧代表。他曾表示，中国朋友把他看成不友好，使他很伤心。

后来才知道，那一年变化的根源就是苏联对中印边界分歧偏向印度的立场、赫鲁晓夫访华的讲话以及与毛泽东关于"联合舰队"等问题的谈话，此事现在已经众所周知，不必赘言。中苏关系骤冷，反映在"世和"，就是中国无限期推迟派人去维也纳书记处，苏方来催问则不置可否，也不说一定不去。这样拖到1965年底，忽然上面决定，这个阵地还是要占领的，至少可以是一个触角，了解一些外面的情况。于是又派了李寿葆（上海基督教青年会负责人）为书记，和一名中层干部，英、法文翻译各一名，共四人到维也纳。他们只呆了不到一年，文革开始后，于1966年下半年陆续调回，从此与"世和"基本断绝关系。

中国代表团公开退场和"死尸运动"之由来

1961年12月，世和理事会斯德哥尔摩会议期间，出现了戏剧性的场面：在正式会议之外有一场亚非拉代表的非正式集会。苏联代表，也是当时的苏联常驻书记切克瓦采，在会上发表讲话，针对有人指责苏联不反帝，辩解说苏联建立了第一个社会主义国家本身，就是反对帝国主义，接着讲了一段话，大意为：和运与民族独立运动不可分，裁军有助于民族独立，因为帝国主义就是凭武力统治人民。战争是可怕的，如果发生核战争，引起亿万人死亡，这样还有谁的民族独立？只有亿万死尸！不希望是死尸的民族独立。话音刚落，中国代表团在廖承志带领下全体起身扔下耳机，大踏步退出会场，表示抗议。以后的小组会议上剑拔弩张，朱子奇与苏联代表几乎发生肢体冲突。最后通过决议时，中国代表投反对票后退场。与中国人采取共同行动的有几内亚和日本代表。

与此有关，我还干了一件傻事：那次会议我在翻译箱内做同声传译。苏联代表这段话是我译出的（从法文转译），我觉得把他的话说成是污蔑民族独立运动为"死尸运动"似乎有失原意，害怕我的翻译造成误解。出于职业的责任心，会后专门找到廖、刘二位领导重复一遍那段话的全文，说明前面有一段推理，怕我译得不完整，或他们没有听清楚。结果廖像哄小孩一样向我扮了一个鬼脸，刘挥挥手，意思不必啰嗦了。这使我感到自己完全是书生气十足，而且十分幼稚。问题绝不在于这段话原意的逻辑如何，而是当时"斗"的方针已定，就是要抓个由头做文章。从此，中共给苏共扣上"污蔑民族独立运动为'死尸运动'"的帽子，而且后来写入《九评苏共中央的公开信》中的《五评》中，载入了史册。

为反对而反对

在此之前，虽然争论不断，有时为决议中的几个字争到半夜，但最后还是基本上一致通过。从那次起，中国开始投反对票。就是为反对而反对，不能表现出一致。有的决议措辞其实与中国立场并无不同，但为了不让它一致通过，努力提高反帝调门。有时就是争一项决议里出现几次"美帝"字样，现在看来有点像小孩子吵架。当时双方却都十分认真。记得有一次在日本开会，起草小组为一项决议中的"美帝"字样，争了一个通宵。别国代表都撑不住了，只剩下中、苏两家。欧洲工作人员（文秘、翻译等）都不奉陪，早已回去睡觉了。只有中国、苏联和日本的工作人员在坚持。中、苏是当然的，领导不休息，焉能擅离岗位。日本工作人员的敬业精神给我以深刻印象，不仅表现在陪我们开通宵上，而是在各个方面的认真、严谨，一丝不苟，与欧洲人（尽管是共产党员）的维护休息权成对比。中苏代表对文件措辞锱铢必较，主要不是真的认为那些话语有多大作用，而是为的向国内交账——如果文件口径不符合各自"中央"指示，代表回去就要挨批评。这里，中国比苏联主动些，因为不合己意可以投反对票，而苏联则必须保证其意图得到贯彻。所以有个别情况下苏方对局面失控，会上以多数通过违背莫斯科旨意的决议，他们竟在其所控制的文印处偷换文稿，使大会最后正式印发供公开发表的文本与大家举手通过的不符。以至于有几次会，决议通过后，我们还曾奉命到文印打字室去"志愿帮助"校对文本，保证其不被篡改。越到后来，中方越不重视"世和"，似乎只求其"不做坏事"，而不求其发挥积极作用；而苏联还是很重视，所以会议决议常常在《真理报》上全文发表。有的决议未能按苏方意图通过，在《真理报》上关键处还是改成苏联的原稿。可见其主要作用是对内宣传。

1962-1965年之间中苏关系可以说是波浪式地恶化，在这期间"世和"又举行过多次会议。中苏关系当时的状况反映到会议上，时而和缓，时而激化。中苏代表在会外有多次会谈，各自陈述立场，都指责对方破坏团结。此时美国在越南的战争不断升级，支持越南人民抗美斗争成为历次会议中心议题，越南代表（包括南、北越）在会上的重要性也日益突出，每次越南代表发言都全场倾听，有时还起立鼓掌。只有在这个问题上分歧最少，西方和平主义者也都反对美国侵越战争。中苏两家都要争取越南"小兄弟"，而后者其实只关心自己的事，拿到满意的决议就满足了。"两大之间难为小"，对中苏分歧，他们只求息事宁人。实际上在国际共运内，胡志明就是扮演和事佬的角色。

批判"三和一少"路线

1962年莫斯科"普遍裁军与和平世界大会"又是一次转折。在此之前，5月间在瑞典举行筹备会，到那时为止，中苏之间似乎还有妥协的期望，所以才派郑森禹与杨朔参加。会外考涅楚克与郑、杨有一次长谈。我担任翻译兼记录（中介语言为法文）。那次谈话双方都坦率地摆出了分歧，不过气氛还比较缓和，表示了团结的愿望。到7月在莫斯科开会，中方代表团明显人数比往常减少，规格也降低，郭、廖、刘都没有去，团长是茅盾，实际负责人是王力（即后来在文革中有名的"王、关、戚"之一）和区棠亮，他们两人分别是中联部某局的局长。另外还有金仲华、朱子奇等。茅盾的发言稿是王力写的，在会上照念而已。此次中国代表团虽然与苏联有争论，表明了态度，但是没有投反对票。阿尔巴尼亚代表团态度最激烈，投了反对票。照例，代表团出国以前，参会方针一定是上面批准的，发言调子也是在国内基本定的。不料代表团一回国，就遭到了批评：对苏联太软，斗争不力，还不如"小兄弟"（即阿尔巴尼亚，好像他们已向中方告了状）。紧接着开过几次总结会，王力、区棠亮做检讨（茅盾名义上是团长，但大家都知道他不负政治责任）。他们似乎没有心理准备，感到委屈，区棠亮曾几度要辩解，被刘宁一制止。我还听一位"和大"的领导说，毛主席说：什么"和平共处"？就是"和平地"消灭帝国主义！

后来我逐渐明白，那正好与毛又一次发动的政治斗争有关。1962年"七千人大会"之后，提出了"调整、充实、巩固、提高"方针以恢复元气。据此，王稼祥作为中联部部长、书记处书记，与伍修权等部分党委成员于2月份向中央提出对外工作的建议书，主要精神是：为有利于争取时间渡过困难，在对外关系方面应该采取缓和的而非紧张的政策，不要四面树敌，不能笼统地说战争是不可避免的。在同苏联的关系上，要抓住团结和反分裂的旗帜，防止双方的斗争直线尖锐下去。不要只讲民族解放运动，不讲和平运动。中国对外援助应"实事求是，量力而行"。这就是以后被称为"三和一少"的路线。此信写给周恩来、陈毅、邓小平，并未遭到反驳。参加莫斯科大会代表团的政治负责人王力和区棠亮就是秉承这一精神行事的。而同为中联部领导的康生是主张"三斗一多"的。"七千人大会"毛泽东一直在酝酿反击，从1962年中开始发动批判对内对外的一系列"风"，如"黑暗风"（对经济局势估计太悲观）、"单干风"（三自一包）、"投降风"（对民主党派），等等，在国际上就把王稼祥提出的主张概括为"三和一少"（"三"指"帝、修、反"，"一"指民族独立运动），而赞成"三斗一多"。从此在国内外阶级斗争的弦日益绷紧，提出"天天讲，月月讲……"，对外则发表"八评"、"九评"，与苏共以及其他欧洲共产党展开公开争论。

反映到和平运动，如果中国还派代表参加会议的话，那就是为了利用其讲坛宣传自己的主张，揭露"修正主义"，争取第三世界的群众。当时亚非国家一些代表，特别是非洲未独立国家的民族运动人士，出席会议的经费只能依靠中国或苏联的援助，甚至他们在国内进行斗争的经费也是如此。在中苏对立的情况下，他们依违于两大之间，或两头为难，或两头得利。私下都表示感谢和支持中国"兄弟"高举民族独立大旗的立场，在会上表决时又举手支持苏联提出的决议。有人还向中方打招呼，说是需要苏联援助，是不得已的。一位中国代表曾叹气说："和运的门儿向南开，有理无钱莫进来"。中国在上世纪60年代初的财力当然比不过苏联。与此同时，中国逐步把重点放在"亚非团结运动"，直到"文革"开始以后完全退出此类国际活动。

撇开国际干革命

大约在1966年文革初期，传达过一个毛泽东讲话（在什么场合的讲话，完全忘了），与他否定17年各个领域的成绩一样，完全否定过去这些国际会议，说是"完全没用"，"通过好的决议和坏的决议都没有用"。我当时听了挺伤心，十几年为之焚膏继晷都白干了。再一想，毛说的也没错，这些堆积如山的决议案的确是毫无用处，争得不可开交的一个词、一句话，谁还记得？想起来都觉得可笑。不过多年以后，在从事国际政治研究中想起这段经历，觉得对我个人也不算完全浪费——提供了一个"见世面"的机会。有些事当时不理解，待有了新的认识之后，却提供了赖以思考的难得的独家史料，也是一种收获。

我体会那时毛对国际问题的主要思想是支持世界革命，强调武装斗争，已经对什么和平谈判、和平会议等等不耐烦了。还提出要成立"革命的联合国"之说。就是完全把现有的由"帝、修、反把持"的联合国撇在一边，由革命力量组成自己的联合国与之对抗。所谓"革命力量"包括：响应中国"反修"而从各国共产党中分裂出来的左派、新成立的认同毛泽东思想的小党派、亚非拉亲中共的民族解放组织，和少数已经独立的亲华的第三世界国家。在那前后，我还听过一次康生在中联部讲话的传达，说当时与中联部有联系的"坚持马克思主义"的共产党（亦即所谓"毛派"）已经有52个云。不言而喻，这个"革命联合国"如果组成，当然是以中共为核心。不过此说我只听到过一次，以后未见再提起。事实上，那些小组织很少有成气候的。

后记：美国方面的反应

我在写这篇回忆时，偶然在网上发现一份1950年美国国会"非美活动委员会"针对这一"和平运动"的长篇报告，引起我强烈的兴趣。原来我们后来自己都认为"没有用"的这个"和平运动"，美国政府却曾给予如此的重视和关注，称它为"对美国有严重威胁的苏联一项战略性的阴谋"！今天在冷战结束之后，特别是中国已经全方位开放的形势下，回顾当年"两大阵营"之间那种敌对、封闭和互相猜疑的程度，别是一番滋味，感到双方的思维方式其实非常相似，都把对方视为假想敌，夸大其威胁，国家之间的猜忌祸延本国平民。时过境迁，国际格局虽然有很大变化，而这种思维方式似乎很难有根本转变。

美国国会的那份《报告》篇幅极长，印出来近三百页，从内容看，美国政府确曾花费许多人力、物力对"和运"进行追踪调查，不放过每一个细节，其行文带有美国特有的繁琐作风。题目本身画龙点睛："**关于共产党'和平'攻势——一场旨在解除美国武装并击败美国的运动——的报告**"。这就是美国为"和运"的定性。《报告》的日期是1951年4月，所以不包括此后的情况，也就是还处于中苏友谊"牢不可破"，社会主义阵营"团结一致"的时期。从种种迹象来看，美国这种看法大约保持到1956年左右，赫鲁晓夫上台，美苏关系缓和，而此时中苏分歧也逐步公开了。

这种对骂是否起到了瓦解对方民意和士气的作用呢？我看未必，

也许效果适得其反。外敌（无论是真的还是假想的）攻击适足以促进一个民族的凝聚力，甚至有助于执政者赖以巩固政权。如果一国统治者不能像原来那样统治下去——例如苏联的解体——绝不是被"敌人"骂垮的，而是内部诸多因素造成，最主要是广大人民的切身感受。在信息极度封闭的情况下，统治者的谎言能在一定的时期起作用。一旦公众知道真相，哪怕是部分的真相，作为专制统治基础的神话就会破灭。正因为如此，1956年以后"冷战"双方攻守之势开始易位。大批左倾的西方知识分子从失望到幻灭，有的退出，有的转到反面。就是还留在"和运"内部的，对苏联也不那么言听计从了，因此苏共领导也意识到要改变策略和语调，更加强调要团结西方中立的和平主义人士，而毛泽东此时正日甚一日地强调阶级斗争，中苏分歧于焉不可调和。

（2014年）

欧盟进程与法德化解宿怨的启示

——在复旦大学中德论坛上的讲话

我对欧洲没有深入研究，只是在研究国际关系中对对欧洲历史发展有一个粗浅的理解。需要说明的是，陈乐民的《战后西欧国际关系》一书中有专门的章节对欧洲观念形成的历史和欧盟的建立过程有详细叙述，我从中得到很多启发。

人类的文明的发展本来就是轮流转的。无可否认，至少在近代500年间，欧洲在推动文明进步中处于领先地位（包括物质和思想文化两方面），同时提供正反两方面的经验教训。近代以来，每一种前沿的思想，各种可称为"主义"的，足以对世界发生影响的思想、理论，不管是好的还是坏的，包括法西斯主义，都是从欧洲来的。当然大部分还是推动文明前进的。这是一个不可否认的事实。

另外，无数次战争，包括两次世界大战发源于欧洲，这也是不争的事实。

现在只就民族国家和欧洲联合问题谈欧洲的贡献和启示。

1）欧洲一体的观念和民族国家的现实同时形成

民族国家本身就是从欧洲开始。作为整体的"欧洲"观念从中世纪开始形成，与此同时，民族国家也开始形成。经过很多战争，在现实中逐步建立。有了民族国家，欧洲的轮廓才清晰起来，"欧洲观念"的政治内涵才凸显出来。18、19世纪是民族国家形成、成熟的过程，这两方面既相互依存，又相互矛盾。文化的内在一致和政治上的分裂成鲜明对比。一方面各国之间战争不断，一方面欧洲人的文化认同日益加深。

从18世纪起，欧洲著名的思想家几乎都周游列国，在大陆足迹直达俄罗斯，又通过航海认识欧陆以外的世界，与此同时，进一步加强欧洲意识。到19世纪，任何一个思想家同时既属于其本国，又属于欧洲。例如一个法国知识分子，一方面是属于法国的，同时又是属于欧洲的。因此欧洲一体化的思想和文化的根源由来已久，并不是从第二次世界大战以后才开始的。

2）经济发展水平与哲学思想发达程度不必成正比

德国18-19世纪经济落后于英、法、意等国，但是哲学思想发达。我们现在提到某个国家发展到哪个阶段，就以GDP多少来衡量。但是实际上思想的进步水平和贡献不一定和经济发展同步。从长远看，欧洲的历史正是思想与经济轮番前进，互相推动。如黑格尔所说，世界历史不是一部按年代顺序的大事记，而是各个时期占统治地位的"精神"（思想、理念）记录，所以历史是"精神的形态"，而不是以生产总量为历史的节点。从研究人类文明史来讲，这是应该特别重视的一个角度，不能以经济发展为唯一的尺度，而况即便从经济角度来看，单纯的GDP总量也不一定反映其发展水平。

另一方面，民族主义——日耳曼民族至上的思想早在黑格尔那里也已形成。黑格尔看不起中国，以他的标准，我们这个老大帝国当时是处于"幼年"期，整个东亚在他眼里就处于幼年时期。

3) 社会改良的思想起于欧洲

工业革命起源于欧洲，19世纪中叶，欧洲各国工业突飞猛进，在创造经济空前繁荣的同时，也令两极分化、贫富悬殊急剧尖锐化。由于文艺复兴以来，"人本主义"、"天赋人权"，"人生而平等"的思想已经深入人心，这种不平等现象就更加难以忍受。所以出现各种改良乃至革命的思想，从圣西门、傅立叶到马克思都出自欧洲。而德国俾斯麦政府是开创以政府为主导的福利政策的先驱。另外英国在社会改良的实践方面也处于领先地位。所以，欧洲人，特别是弱势群体和有历史感的知识分子，一遇到社会不公的问题，就表现出某种社会主义的倾向性，这点与美国是大不相同的。与美国相比较，欧洲人更重视平等，而美国人更重视自由竞争。不过，美国20世纪初的进步主义运动，从而出现的社会改良和福利制度也是受欧洲的影响。

4) 欧洲联盟的实现

<u>法德消除宿怨是关键</u>

欧洲一体化是欧洲人长期的梦想，不过真正开始实现是在二战以后，也是和永久和平的理想联系起来的。欧盟建立的整个过程非常曲折复杂，有关各国都有各自的想法，每一步都牵涉到有关各方的利益，这里不详述。我主要讲从中得到的启示。特别要提的一点，就是"煤钢联营"。

第二次世界大战以后，如何对待法德的关系？如何对待德国和其他的欧洲国家的关系？这里面有国家主权、领土归属的问题，还有实际经济利益问题，如何解决这个问题？这些都需要远见和智慧。于是有"煤钢联营"这个创意的出现。被认为欧洲联盟之父的法国舒曼、让·莫内，德国阿登纳，这些非常有远见的政治家，对把欧洲联合的想法落到实处起了决定性的作用。他们不是整天向后看，念念不忘世仇，而是向前看，在新的形势中怎样做符合双方最大的利益。

法德长期冲突的焦点是富产铁矿的阿尔萨斯-洛林，加上鲁尔煤矿，足以建立强大的军火工业。所以这个地方的归属成为长期的争端。法德之间每一次战争这块地就落入胜利一方，各方都认为应属于自己。如何不再打仗而解决这个争端？于是产生了"煤钢联营"这个主意。最早启动者是1950年法国外交部长舒曼（Robert Schuman），所以也称"舒曼计划"，具体起草人是著名企业家、政治活动家让·莫奈（Jean Monnet），很快得到德国总理阿登纳的赞同。这是走出僵局的第一步，然后一步步走向欧盟。"舒曼计划"的目的很明确，就是"搬掉法德敌对的一个主要根源"。舒曼在煤钢联营开幕式上说，如果法国和联邦德国的工业联合在一种"超国家组织"里，"曾在几个世纪中流血对抗的两个民族"就可以"根绝"在欧洲的一个主要的"隐患"。舒曼给阿登纳的亲笔信明确说明煤钢联营是打消相互对对方重整军备的疑虑（因为军备离不开钢铁）。阿登纳认为，舒曼计划是"法国及其外交部长舒曼针对德国和欧洲问题所采取的一项宽宏大量的步骤"，"为今后消除法德之间的一切争端创造了一个真正的前提"。阿登纳从中还看到更进一步的意义：联合起来的欧洲建立一个第三种力量，为了维护和平，它可以在天平上投入自己的砝码。

我们一向认为当然是应该加害者，发动战争的这一方首先认错，这是不成问题的。它应该得到惩罚，受害方应该要求它赔偿，并且改造产生军国主义的制度根源，不能让它重新在军事上恶性膨胀。这些都理所当然。最近一次的二战当然是德国对整个欧洲乃至世界伤害最深的。战后德国的政治家能正确对待历史，彻底与过去的错误决裂，得到了全世界的认可。

但是要和解、要向前看的话，这一方面是不够的。我们常赞扬德国肯认错，殊不知欧洲其他国家，特别是法国的政治家的远见和胸怀，创造了像煤钢联营那样的大家共赢的机制，消除了历史争端，放弃"受害者"复仇心，也是非常重要的因素。欧洲和解的症结在德国和法国两个有宿怨的国家。几次战争各有胜负，互相都造成过伤害，互相都是各自民众爱国主义的对头。如果都抱着复仇的心理，冤冤相报永无了局，仇恨都要传代，就要在民族国家之间不断演出罗密欧、朱丽叶的悲剧。历史毕竟是要向前进的，特别是在全球化快速发展的时代，人类的共同利害越来越超越国界，更需要有世界眼光。欧洲能实现联合，受害国法、英为主的欧洲政治家的智慧和胸怀也是不可抹杀的重要因素。而且，这不是少数政治家的共识就足够的，还要说服各自国内广大的人民，还牵涉到不同的文化因素。所以这件事能做成，是相当了不起的。

欧洲联盟的最主要的意义在于在这个范围内彻底结束了以战争解决利益冲突的历史，而且基本上实现大国小国平等的原则。这是联合国宪章规定而在世界范围内尚未能实现的。

理想代替不了实际利益

欧洲联合艰难曲折走到今天这一步，既有历史文化渊源，又有现实主权国家利益。在国际关系中，各国都从自己的国家利益出发，各有打算，而且大国都想占据主导地位，这是不言而喻的。上面的叙述大大简化了谈判过程，实际情况要艰难复杂得多，其中免不了互相指责，寸步必争。但最终还是找到了利益汇合点。关键在于对国家利益的界定，是狭隘的，还是长远的。一个重要因素是深受两次大战之苦的人民再也不想打仗，各国政治家们达成共识的大前提是谋求永久和平，其他的都是次要的，最重要的事情是以后千万不要再打仗了。在此前提下考虑坚持和妥协的内容。

当然光有远大的理想目标是不够的。实施起来，必须找到可以见得到的各方共赢的方案。"煤钢联营"这个创意就是对大家都有利。除法德外，英国是产煤国，炼钢需要煤，它可以出售煤，它在二战中与德国战斗最激烈，却能看准时机，首先自愿参加煤钢联营。荷兰、比利时、卢森堡根据自己的利益也参加进来，形成最初的"小欧洲"。因为这一联合符合六国的利益，实践中六国在经济上都受了益。五年后，钢的出口贸易额增加57%，钢产量增加65%，促进了采煤工业的现代化，保证了煤炭、矿石的可靠供应。

这样，一下子把几个国家的利益都拴在一起了，大家都往前看。这是走出僵局的第一步，然后一步步扩大走向现在的欧盟。每前进一步都要克服很多困难和矛盾。今天仍然问题多多，不断出现各种矛盾。不过无论如何不会用战争解决问题。一开始欧洲几位伟大的政治家有这样的远见卓识，想出这么一个方案，是有重大历史意义的。

还有一个就是美国的因素。刚才格鲁纳教授引了美国杜勒斯的话："欧洲如果不联合就灭亡"——说明欧洲联盟是美国非常支持的。因为当时还有共同对付苏联的目标。

5) 对中国的启示

对于亚洲有什么启发呢？当然大家很快地就会想到中日关系。其实曾经有过这样的机会，在上世纪70年代中日刚刚建交的时候，日本道歉是见诸文件的。那个时候在两国人民之间，情绪并不那么对立。中国还有过21世纪中日友好协会。中国领导人还曾对有争议的领土问题（不仅与日本一家）提出过"搁置争议，共同开发"的政策建议。

当然，亚洲的情况与欧洲不尽相同。首先，整个欧洲有共同的文化基础和共同的价值观，概括起来就是科学、民主、自由、平等。这个大家都承认的，而且源远流长。还有制度基本上相同，尽管具体形式有所不同。另外，在二次大战以后，恶性膨胀的民族主义、种族主义，直到纳粹的种族灭绝，随着法西斯被打败而彻底破产。就像一个脓包给捅破了。大家都有了共识，包括德国人在内，在全体人民观念中的是非不容置疑。但是在亚洲还不完全是这样。日本当政者对于它这一段历史的认知，总是犹犹豫豫。比如纳粹屠杀犹太人无论在德国或国际社会，不能公然否认或为之辩护（极少数极端分子除外），但是提到"南京大屠杀"，日本或其他人会说那是跟纳粹不一样的，屠杀犹太人叫种族灭绝（genocide），而南京大屠杀属于战争暴行（atrocities），好像罪就轻一点似的。加害的一方面还没有完成彻底的，像纳粹完全破产这样的反思，这与欧洲的情况不一样。

美国的因素在亚洲和欧洲也不同。战后初期美国的政策曾经是彻底铲除日本军国主义势力，当时麦克阿瑟代表盟国占领日本，在他主持下通过和平宪法并建立了日本现在的民主制度。但是1948年底中国共产党快要胜利的时候，由于冷战的关系，美国在战略上有个大转弯，变联华制日为联日反华了。所以对于铲除日本军国主义残余就止步了。美国当然不会希望亚洲国家联合起来。这也是不可忽视的一个因素。

东亚各国也没有达到欧洲国家那种认同感，因此找到对共同利益的共识需要克服的障碍多得多。不过过去中国领导人曾提出过的"搁置争议，共同开发"的建议，与欧洲煤钢联营的思路是异曲同工的。最主要的是对永久和平这个大前提有共识，无论如何，避免用战争解决冲突，就能发挥智慧找到互利共赢的方案，实现永久和平。这个大方向是值得为之付出心血、智慧，努力探索的。

（2015年）

162

后记

这篇讲话发表时欧盟已经遇到许多问题，但是还没有现在那么严重。现在欧洲各个国家发展不平衡，差距日益扩大，富国与穷国因负担不均而矛盾凸显；福利国家财政负担已经尾大不掉，在欧盟范围内协调时，各国老百姓都争取就高不就低，更加使各国财政不堪重负；大量难民涌入，如果摒之门外，有违欧洲人所信奉的人道主义原则，放手接纳，其造成的严重社会问题是有目共睹的。东欧国家当初急切要求加入，现在历史遗留的经济与政治问题引起种种矛盾。在这一切之上，还有英国脱欧。当初英国以丘吉尔为代表是倡导欧洲一体化的先驱，英国也是小欧洲的创始成员，到如今竟发展到英国脱欧，至今后遗症尚未解决。另外，欧洲这块土地和平了，却不能自外于战火不断、与欧洲价值观完全不同的外部世界，等等……所有这些都是当初创立欧盟的政治家们没有料到的。关于欧盟的成败利钝，前途如何，众说纷纭。只能有赖于欧洲人民和政治家的智慧。无论如何，这是一个伟大的尝试，提供了丰富的经验教训。至少在两次世界大战发源地提供了反思历史教训的范例，创造出来了这样一个和平解决争端的模式，对世界是很大的贡献，单凭这一点就功不可没。

（2018年又识）

中美关系今昔*

(一)简单的历史回顾

相对而言，近代以来，与中国打交道的列强中，美国对中国的损害较小，而中国从对美关系中获利较多。当然，在力量对比悬殊的情况下，这一关系也不可能在实质上完全平等。现在举几个历史节点说明两国之间正负两方面的关系。

<u>中国皇后号</u>，1784年。这是美国派到中国的第一艘商船，距美国独立只有8年。从此开始中美贸易。尽管贸易额有限，但是发展很快，不久美国就超过法国、荷兰、葡萄牙等国，成为仅次于英国的对华贸易第二大国。直到中英鸦片战争前的几十年中，中美贸易基本上是平等互利的。根据当时中国人的记载，美国商人比其他列强更遵守中国法规，态度也较和善，受到中国人欢迎。中国从中收获大量黄金白银。

<u>望厦条约</u>，1844年。鸦片战争以后，美国追随英国，逼迫清廷签订《望厦条约》，这是中美之间签订的第一个不平等条约。其实质就是英国得到的利益，美国也要享受，例如通商口岸等等，其中最重要的不平等条款就是"领事裁判权"。延续到"门户开放"政策，美国一直沿用这种模式，就是列强在华得到的特权，它也要分享，也就是"利益均沾"原则，有人概括为"me too"政策。这一原则贯穿于美国对华的政策。

* 这是2013年出版的《美国十讲》最后一讲。后略加修改，情况截至2016年，所以不包括以后的变化。

蒲安臣条约，1868年。这是中外关系史上独特的、很有意思的事。蒲安臣（Anson Burlingame）原是美国林肯总统派往中国的公使。当时中国在美国已经有大量侨民，包括华工，有许多事务需要交涉处理，美国一再敦促中国派出驻美领事，但是清廷还是天朝大国思想，认为"皇帝抚有万民"，顾不上区区在海外的几个"游民"，实际上也缺乏人才和经验，用俗话来说就是对和外国打交道感到"怵头"。但是有此实际需要，特别是蒲安臣一力劝说，清朝见蒲安臣态度开明，对华友善，就干脆决定任命他为中国的钦差大臣，率领中国官员出使各国，首先是美国。这样的事在外交史上是绝无仅有的，在这点上清廷特别开明。蒲安臣欣然接受，美国政府也没意见。他果然不负使命，在美国发表演说，宣传中国的文化和中国爱好和平，倡导平等对待中国，又代表中国与美国政府谈判，维护中国的合法权益，于1868年签订了《中美续约》，史称《蒲安臣条约》。这是在鸦片战争之后，中国与外国签订的第一个**平等条约**。内容规定的相互之间的权利义务都是对等的。最重要的是为中国在海外保护侨民提供了法律依据。当然这一条约也符合美国利益。

排华法，1882年。前面的《蒲安臣条约》签订的时候，大批华工到美国，造铁路等等，做出了很大的贡献，美国当时正需要劳动力，所以对中国保护劳工权益的条款没有异议。不过华工都生活在底层，在白人至上的气氛中受了不少歧视，法律也保护不了。后来，美国大批解放了的黑奴成为自由劳工，也是做最底层的苦力，就发生劳动力过剩，与华人争饭碗，加以美国经济发生危机，失业率提高，就开始排斥移民。它不排斥欧洲移民，主要排斥亚洲移民，这里面也带有一定的种族色彩，而华人首当其冲。《排华法》通过之前，冲击、迫害华人的事已经层出不穷，有了这一法律，就更加变本加厉，形成大规模排华浪潮。那个时期的报刊也大力丑化华人。这件事成为中美外交中一个严重问题，虽经中国多方抗议和交涉，美国不但不收回，国会还多次通过决议延长这一法律的有效期。直到1905年引起中国大规模抵制美货的抗议运动，引起美国政府注意，西奥多·罗斯福总统就这件事发表讲话。他一方面仍然肯定限制中国"苦力"入境是必须的，另一方面又说要对中国商人、留学生以及官员等友好对待。实际上，美国移民法的一贯精神就是视本国需要区别对待，欢迎人才和财富（所谓"投资移民"），对于劳工则根据国内经济发展和需求情况时松时紧。只是在那一段历史时期，中国大批移民都是劳工，问题显得特别突出。

<u>八国联军与庚款办学</u>。八国联军侵华事件是昏庸的慈禧皇朝进退失据造成的后果，并不是必然要发生的。联军进入中国，其实攻陷北京时一共不到三万人（人数说法不一，一说只有一万六、七千人），中国就那么不争气，这点人都打不过，"天朝"竟然放弃首都逃跑，叫做"御驾西狩"。这段历史众所周知，不必多讲。只讲美国，参加八国联军出了2100人，大概美国真正参加过侵略中国的，就这一次。美国当时的政策就是怕被落下，怕亚洲这块肥肉被其它国家抢去，所以也得派人进去，不然就没它份，还是"me too"政策的延续。八国联军退兵后，《辛丑条约》的赔款，美国分到了百分之七。然后它按照它自己算出来的损失——比如教堂被烧、美侨被杀、赔偿家属等等——结算以后，觉得赔偿太多了，用不了这么多钱，还富裕一千多万两银子，就决议把这笔银子退给中国办学。这里面也有当时中国外交官的争取和交涉的功劳。主要是当时美国的决策者有感于中国人的仇洋情绪强烈，认为培养了解外国的中国知识分子，有助于化解仇恨，促进和平交往，对美国长远有利。这一举动也带动了英、法和日本，后来也退回部分庚款办学。例如清末民初"官费"留学日本的部分经费来源就是日本退回的庚款。中法大学是法国退还庚款办的。庚款办清华的留美学生后来对中国现代化的巨大贡献，大家都知道，不必多讲。

<u>门户开放原则</u>，1899年，美国提出"门户开放"政策，这是美国关

注美洲以外事务的开始。这项政策主要对象是东亚，特别是中国。其核心原则是两条，一是利益均沾，一是保持中国主权完整，就是说不能让各国把中国给瓜分了。那时的清皇朝已经摧枯拉朽，非常软弱，无力自保。比如西南是法国的势力范围，江浙一带是英国的势力范围，东北是俄罗斯的。美国是后来者，要求大家一起做生意，所谓"门户开放"，主要不是针对中国的，因为中国门户已经开放了；主要是针对其他列强，要他们不能把自己的势力范围视为禁脔，对别的国家关门。最主要是针对俄罗斯。那时还没发生日俄战争，我国东北是沙俄的地盘，美国反对它独吞东北。**门户开放政策，当然是从美国的利益出发，同时客观上维护了中国的主权完整。**那时清朝自己是没有什么抵抗力量的。

20世纪80年代，我国学术界开始思想解放，有过一场对"门户开放"的看法的辩论。因为传统的标准说法一直说这是美帝国主义参与其他列强一道对中国的"割地狂潮"。而有些学者认为相反，这在客观上遏制了列强对中国的瓜分。这是指"客观上"，至于它是为了自己的利益，那是当然的，不言而喻的。没有国家的对外政策不是为了自己的利益的。不能用"好心"或"坏心"来衡量一个国家的对外政策。每一个国家在国际上的政策都是根据它自己的国家利益制定的，一切国家概莫能外。在国际关系中如果有哪个国家的政策是完全无私的，不考虑本国利益的，要末是在说谎，要末这个政府根本不合格。如果违反了公认的国际准则损人利己，甚至发动战争，那当然应该受到谴责。所以谈到美国与中国的关系，主要看客观上对中国的影响。有时对它最有利的恰巧客观上对我们也有利。

威尔逊总统与巴黎和会。1919年，巴黎凡尔赛会议上，在青岛问题上，美国威尔逊总统一反其宣扬的公平、正义原则，为了争取日本加入"国联"，偏袒了日本的无理要求。这件事对于本来对美国有好感的广大中国人，特别是知识精英，是一大打击。刚好此时发生俄国十月革命，列宁宣布要归还沙俄根据对华不平等条约侵占的土地（实际上当时那些土地不在布尔什维克管辖范围，后来苏联也从来无意兑现），于是中国的大批精英、爱国先驱，像陈独秀、李大钊等人向左转，以俄为师，孙中山也采取联俄政策，对美国的失望是重要原因。后来，1921年华盛顿会议上，经过中国外交官的力争，美国态度有所转变，青岛归还中国的问题得以解决，尽管是有条件的。从研究这段历史的美国学者的角度看，这件事在中美关系史上似乎只是一个小曲折，**而从中国人的角度，这件事对中国关键时刻的历史走向，却影响深远。**

抗日战争，日本全面侵华战争爆发后，前期美国保守中立。第一次世界大战以后，美国通过了一个《中立法》，主要是说世界上其他国家之间发生冲突或战争，美国不介入，保持中立。所以在中国抗日战争的前期美国采取了中立的态度，而且实际上略有利于日本，因为它还卖战略物资给日本。后来经过中国一再争取，在不违反《中立法》的前提下，对日本采取了一些手段，例如不向日本出口某些战略物资。1941年珍珠港事变以后，美国和中国就全面共同抗日了。特别在抗日战争后期，美国起了很大作用。很多人认为，假设日本没有打美国，没有袭击珍珠港，美国就没有理由参战，最多也只能在经济上有限地支援中国。不过在珍珠港事变之前，1941年7月，陈纳德就以退伍军人的身份组织"飞虎队"，作为志愿者支援中国。在那之前中国空军极弱，大家都知道日本对重庆的大轰炸，意图摧毁中国全民的抗战意志，中国人除了跑防空洞之外，别无他法。所以美国"飞虎队"的出现，是雪中送炭。到美国正式向日本宣战之后，"飞虎队"就由非正式转为正式的军队，为中国培养了空军战士，最重要的是开辟了经过喜马拉雅山驼峰的运输线，打破了对中国物资运输的封锁。美国的空军也在中国牺牲了不少。现在南京还有一个空军烈士纪念碑，这是很特殊的一个纪念碑，把当时所有牺牲的空军战士的名字都写在上面了，有很多美国人的名字。1943

年在抗日最艰苦的时候，宋美龄到美国做巡回演说，宣传中国的抗日战争，这次的效果很好，引起广大美国人同情中国抗日，提升了中国的国际地位，也加强了美国的援华力度。所以对于中国抗日战争，特别是后期，应该说美国起了非常重要的作用，而且当时不论共产党还是国民党，与美国的关系都是很好的。

废除不平等条约。1943年，美国为争取和鼓励中国抗日，带头废除了自鸦片战争以来与中国签订的所有不平等条约。所以抗战胜利以后像上海、天津、武汉这些城市就没有租界了，原来的外国路名都改成中国名字。与此同时，顺理成章地取消了"领事裁判权"（或称"治外法权"）。在这点上，美国是起了带头作用的，当然也是当时国民政府外交的努力的一大成就。美国提出之后，英国也就同意，至于其它的国家如德、意、日是战败国，当然更没有理由保持特权。所以**战后的中国至少在法理上，一扫晚清以来的屈辱，成为国际社会中平等的一员。**

联合国与中、美。二战后成立联合国的最初设想和蓝图，就是罗斯福提出的。每次大战之后，人们总是希望以后能避免战争，保持永久和平，所以要有一个国际机制。《联合国宪章》草案的制定过程是罗斯福先根据1941年与英国共同签署的《大西洋宪章》的原则，并吸取一战后"国联"失败的教训，提出一些原则，让国务院有关官员写出草案，先同邱吉尔商定，然后再把斯大林请过来，三家一起确定，于1944年在华盛顿的敦巴顿橡树园举行会议，发表《华盛顿联合国家宣言》，然后再请中国驻美大使顾维钧签署。事实上，中国当时发言权很少。美英苏三家激烈地讨价还价，开了一个月会，当时苏联以和日本还有互不侵犯条约为由，不愿公开与中国一同开会，以免引起日本的疑虑。顾维钧只能等在会场外，由美国人向他透露会议的情况，还不许他向国内汇报。直到最后三天顾维钧才进入会场，苏联退出。中国代表除了提些无关大局的"补充建议"外，只能在人家已经议定的文件上签字。次日，其他

22个反法西斯阵线的参战国代表再签署。从这一程序可以看出战后国际社会的主导国家已经十分明显，就是美、英、苏三家，英国实际上力不从心，所以就是美苏两家。但是后来联合国的发起国有中、法，同时这五国也是安理会常任理事国的成员。法国是丘吉尔力主包括进来，而中国原来英苏都不同意，是罗斯福力排众议坚决拉进来的。

也是在美国的坚持下，参加1945年旧金山联合国成立大会的中国代表团要包括共产党在内的各党派和无党派代表，以体现中国是一个全面统一抗战的国家。蒋介石只好同意，所以董必武作为共产党的代表参加了中国代表团，并与其他代表一道在联合国宪章上签字。

因此，中国作为联合国的发起国和五个常任理事国之一，是美国力争的结果。另一方面，在雅尔塔会议上，美、英迁就苏联，背着中国同意损害中国主权的条件，包括外蒙古独立，也是众所周知的。

<u>文化教育</u>。我个人认为中国自从向西方学习以来，不管是英国也好、法国也好、美国也好，对中国的现代化起了很大作用的。早期是欧洲国家的文化先进来，而自二十世纪以来，美国的影响最大。

我们谈到同一个外国的关系，往往把民间与政府混为一谈。实际民间的活动有时可能与政府的政策相吻合，而常常是独立于政府的。例如美国私人、教会以及公益基金会对中国的教育、文化、医疗等各方面的现代化的积极贡献，同美国政府关系不大，这点在我国实际上还没有得到充分的、公平的肯定。特别是教育，一方面是美国民间在中国办学，一方面是大批中国留学生带回来的无形资产，对中国起到积极作用。中国从小学、中学到大学，以及许多学科的建立，无不得益于来自美国的资助。如第六讲所提到的，在中国抗战最艰苦的时候，洛克菲勒基金会还有一个抢救中国优秀知识分子的项目。这里又涉及动机问题。前面讲到，政府的对外政策是从利益出发，但是民间的活动不一定是利益驱动，特别是公益组织本身就是以"公益"为宗旨，也可以说是利他的。

美国民间就有这个传统。

还有一种误解，以为过去洋人在中国办的学校都是非常洋化的，教出来的学生都比较洋，不懂中国文化。事实并非如此，它的学制完全是按照国民政府教育部门制定的，很多教会学校的中文课古文很多，传统文化的内容并不亚于中国学校。燕京大学的国文系就很强。因此不能说中国的传统文化断了，是因为西方的教育制度进来的原因，这不符合事实。我们这代人，都是在民国政府教育下出来的，许多名牌学校从中学到大学，都是洋人创办的，但这里的中国文化和古典文学，教的都是很多的，比1949年以后要多得多。所以**我认为如果说到美国或其它国家在文化教育方面，中国只有受到好处，并没有因此受到很大的损失，这是一个看法**。

(二)二战以后及冷战时期

国共内战

二战结束后的初期，美国在亚洲的战略是以中国为最重要的盟友，共同防止日本军国主义东山再起。因此在国共内争中，美国希望避免开战。它的如意算盘是压国民党进行民主改革，吸收共产党代表参加联合政府，并寄希望于主张民主自由的中间势力，所以有马歇尔调停。这是美国一厢情愿，因为它自己是谈出来的国家。而中国的传统是打出来的政权。当时对立的国共双方都握有重兵，一面抢和平的旗帜，实际上都准备武力解决问题。不论表面喊什么口号，骨子里都不认同民主自由。至于手无寸铁的中间民主势力，能起的独立作用是很小的。这些，美国决策者都难以充分了解。所以它的调停注定要失败。马歇尔来华前期受到共产党的欢迎，蒋介石勉强接受；后期，共产党认为他日益偏祖国民党，对他进行公开批评，而国民党也认为美国逼它实现民主是不了解中国国情，对他实质的支持不够。所以马歇尔调停两头不讨好，以失败告终，他前脚走，后脚中国内战就全面爆发。此时美国就片面支持国民党，出枪出钱。为什么呢？因为那时美苏争夺的"冷战"已经开始，"两大阵营"开始形成。就是说如果中国共产党胜利，就会改变雅尔塔格局，苏联的势力范围会大大扩大。当然还有意识形态的原因，美国多数人本身是反共的，那时罗斯福已经去世了，是杜鲁门执政。尽管他并不喜欢蒋介石，也不看好国民党，但是为了反苏反共，必须支持国民党。所以对于中共而言，美国起的作用就是延长了中国的内战。如果没有美援，大概国民党会更早垮台。而从国民党的角度，美国援助实在有限，半心半意，到后期的"脱身政策"等于抛弃了他们。国民党到台湾之后，逐渐站住脚，美国又出于冷战的需要，继续给予支持和援助，并签订了"共同防御条约"。但是美国的政策界限是，不支持它"反攻大陆"，同时防止中共武力统一台湾。第七舰队进驻台湾海峡就是起这个隔离作用。这种局面一直维持到中美建交。

对日政策的转变

在眼看中共即将取得胜利，中国大陆政权易手不可避免之时，美国对日政策有了很大的转变。原来是扶华制日，现在倒过来，扶日制华。这一转变发生在1948年下半年，经过一段时期酝酿，于1948年12月正式形成战略性的政策文件，明确扶植日本以遏制即将在中共统治下的中国。随之而来，对日本的政策措施也相应调整，从压制右派，改为压制左派。放松了铲除日本军国主义残余势力的措施，有的曾经为侵华战争出力的大财团反而成为美国的依靠对象。朝鲜战争之后，随着冷战的升级，美国更与日本结成军事同盟。这一转变，留下很多后遗症，对日本对侵华战争的反思，以及日后的中日关系都留下了对中国不利的影响。

朝鲜战争与对华孤立和遏制政策

中华人民共和国成立之后，即使在毛泽东1949年宣布"一边倒"的外交政策后，美国一部分人还在观望和犹豫，希望还能在中苏之间插进楔子，中国能相对独立。美国国内对华政策争论很激烈，而主张承认中国新政权的一派也还有一定的发言权。杜鲁门于1950年1月发表声明表示台湾问题与美国无关，也就是说，中共如果打台湾，美国不介入。这也是为以后的灵活性留有余地。但是朝鲜战争爆发，美国先以联合国名义参战，紧接着中国出兵，实际上成为中美之间的战争，就完全没有商量的余地了。之后，美国伙同西欧盟国对中国采取遏制和孤立政策，经济上封锁禁运，在美国领导下成立"巴黎统筹委员会"，确定禁止向中国出口的战略物资的名单。一直到1970年代初，尼克松决定改变对华政策，才开始放宽，不过直到现在，欧美国家对中国的武器禁运还没有完全取消。

中美关系敌对了二十年。但是实际上，这二十年中并非一味敌对。双方在宣传上打口水战，实际上谁也不准备真的再武力相向。1955年开始中美大使级谈判，尽管达不成协议，只要还在谈，就是一种缓冲，打不起来。现在有些人不了解情况，想当然认为毛主席是对帝国主义强硬的，现在的政府软弱。实际上，毛虽然说了许多大话，在实际行动上对美国还是非常谨慎的。1958年炮打金门时，还有指示，绝对不要打美国军舰。美国飞机多少次擦边而过，有时已经构成侵犯领空，中国方面只是发出抗议，抗议了一百多次，也没有采取行动打下来。说明毛泽东当时对外还有现实感。到后期，"帝修反"一起反，把自己完全孤立起来，寄希望于"世界革命"，那是荒唐岁月的荒唐事。不过美国自1960年代之后一直在酝酿转变对华政策，也做出了一些姿态。在中方，毛泽东突然做出打开对美关系的决策，导致乒乓外交、尼克松访华，中美关系又进入新阶段。

（三）解冻以后

从尼克松访华，到中美建交这一段的历史大家最熟悉，各种著作、文章、媒体谈得最多，这里就不多讲了。

在这之后的这些年，是属于一种既有摩擦、又有交往，实际上是关系越来越紧密的过程。中美正式建交正好与中国的改革开放相吻合。按照道理讲，中美之间应该没有根本的利害冲突。这个不断摩擦、磨合的过程中，若从战略趋势上看，粗略可以分为三个阶段，差不多一个十年为一个阶段。

1.第一阶段，双方走到一起的最大战略因素是对"苏联威胁"的共识。中国改革、开放、稳定、现代化需要美国；美国认为一个稳定的、朝着改革方向发展、对美友好的中国符合美国利益。在处理国际共同关心的问题和热点问题上合作多于对抗。不论在台湾问题以及其他具体问题上发生怎样的摩擦，最大的前提是，中国力量还很弱，中美贸易是中方逆差。所以美国对中国没有戒心。意识形态和制度当然存在分歧，但是美国认为中国的改革正向着它所期待的方向前进。相对于苏联、东欧而言，中国要开放得多，民主改革似乎希望更大。

2.1989年以后，形势突变。苏联威胁不复存在，天安门风波使中国政府成为国际谴责对象，人权问题成为中美关系中长期的焦点。取消"最惠国待遇"问题，连续好几年留在国会的议程上。中国方面又把"和平演变"问题突出出来，把美国看作是对现政权的威胁。但是双方决策者实际上还致力于阻止关系的逆转。邓小平九二讲话发出了信号，由于经济的继续开放，而且对外资给予优惠待遇，双方在经济利益上又有了共同点。我套用白居易的诗句，说美国"商人重利轻人权"，在有生意可做，有利可图的情况下，人权问题淡出，1994年克林顿政府决定人权问题与最惠国待遇问题脱钩，第二任内实现了两国首脑互访，可称之为"第二次关系正常化"。

3.进入21世纪，又出现了新问题。美国现在既担心中国经济市场化逆转，又担心中国实力强大。也就是说，中国加快发展的步伐不一定被美国认为总是符合美国的利益，而要加以防范。中美贸易中国持续出超，一直是美国政界做文章的题目，从而引申出人民币汇率问题等等。特别是2008年西方出现经济危机，看起来中国经济一枝独秀。而中国的主流舆论也多所吹嘘，似乎将同美国并驾齐驱，甚至要取而代之——指超级大国地位。特别是现在网络发达，在网上的极端国家主义情绪表现得比较强烈。这样，更加引起国际上的疑虑。美国加强对中国的防范。这是近两年来出现的新问题，今后也将如此。所谓"中国威胁论"，在相当一部分人中有市场。军事冲突可能不会发生，但是军事因素进入两国矛盾之中，是自中美建交以来的新情况。冷战结束以后一段时期，美国陷于中东，顾不上中国。最近以来情况有所改变。奥巴马政府开始重视东亚，对西太平洋加强军事存在，尽管一再声明说不是针对中国，事实上当然最主要的对象就是中国。现在中国与周边国家的海上岛屿领土之争又凸显出来，那些国家都要拉美国作后盾，美国也顺水推舟，不论在外交辞令上如何说法，实际上主要还是防范中国。不过到一定程度为止，也不会走得太远。它不会真的愿意看到这个地区发生军事冲突。这种形势比较微妙，今后一段时期大约不会有根本性的好转。

一种畸形的新关系

中美之间又有一个前所未有的新的关系：既相互防范，又相互依赖，而且这两个方面都在加深。在"依赖"方面，除了看得见的经济关系外，**中国对美国还有一种隐性的畸形依赖，就是不可遏制的、急剧增长的向美国移民潮**。与早期的苦力和后来的留学生不同，现在是以权贵、富豪家属和各类精英为主，与此同时流入美国的中国财富不计其数。另一方面，中国官方却保持对美国思想文化的警惕和敌视，主流宣传不断否认人类共同的普世价值，"和平演变"、"阴谋论"的宣传丝毫不减，军方也不时发出强硬的言论，**这种宣传同权贵、富豪、名流带头用脚投票的现实成鲜明对比。**美国方面也对这种形势抱有复杂的心态，时不时地出现所谓"技术间谍"的指控，还有对正常的商业投资、并购等横加压制，等等。但是从实质上讲，这种形势更有利于美国，因为人员、财富是实在的，而口头上对价值观的说法是空的，而且后者主要针对的是国内的中国人。这样一种畸形的状态将导向怎样的实质关系，还须观察。

我认为对中美关系而言，**今后决定性的因素是各自内部的发展，**现在各自都面临困难和拐点，当然是在不同发展阶段。如何过好这一关，对两国关系起重要的影响。**在应付内部矛盾的过程中，双方都很容易把对方作为替罪羊，制造舆论，毒害空气，从而形成恶性循环，这是需要警惕的。**

(四)中国人如何自处？

既然已经开放，跟世界有这么多的交往了，中国人首先应该采取冷静、客观、理性的态度，不管对哪个国家，对外部世界，都该采取这样的态度。

中国人多少年来常常以某个国家与我的关系，来决定对它的判断，关系好就多看优点，关系坏就看它一无是处。这有碍于我们真正了解外部世界，和学习别人的长处，扬长避短。有一种说法：鸦片战争以来中国的仁人志士都向西方学习，但是发现老师怎么总是打学生呢，就不向西方学习了，于是以俄为师。这种说法在事实上、逻辑上都有问题。事实上俄国这位老师也不见得不打学生，而且还没有做出好榜样。我觉得老师打不打学生，是他的事，他越打你越应该想想，他到底长处在哪，我为什么打不过他。更应该设法学过来。何况他如果批评你，不一定就是要打倒你。林则徐还提出过"师夷长技以制夷"，至少他还有这样的见识。武侠小说里也有，看到别人有绝招，就千方百计要学过来。不能说由于它的态度敌对就不学了。这一点日本就做得很好。日本是最能够向别的国家学习的，所以才能够在如此不利的条件下发展起来。美国是得天独厚的，日本的自然条件正好相反，但它能够通过向别人学习长处来改变自己的命运。所以我觉得首先就是要冷静客观地对待一个国家，对待外国，而不是感情用事。

另外，中国人长期以来有一种情节：五千年辉煌，一百五十年屈辱。老是想当年我们多了不起，而从鸦片战争以来我们又如何受外来压迫。过了这么多年，依然把一切问题归咎于外国，排外被认为是爱国，主斗就是英雄，主和就是卖国。现在中国国力开始强大了，GDP总量都超过日本了，实际上人均收入只有日本的十分之一，但是觉得自己很了不起，有一种虚骄之气。自省的、理性的声音经常遭到骂声一片，动不动就给扣"汉奸"的帽子。这种态度恰恰是弱者的表现，有害于我们自立自强。**把自己所有的缺点，就是我们发生的坏事情和国内的问题，都怪在外国人身上，这是一种很没出息的表现。**

看国际、看国外，如不好的就别学，好的就老老实实学习，也就是说取其精华，去其糟粕，这才是正确的态度。把外国都骂倒，然后再骂倒国内主张理性对待外国的人，貌似爱国，其实是祸国。动摇不了霸权主义一根毫毛，只有祸害自己。所以我特别强调，中国人，尤其是觉得自己强大起来了之后，就更加要注意克服虚骄之气和狭隘的国家主义。我们的主流媒体很喜欢夸耀国力，或有选择的、断章取义地转载外国人吹捧中国的话，误导公众。中国过去的仁人志士都是有很深的忧患意识。而现在改革开放以后的起来的一代人，忧患意识比较少，对实际国情缺乏了解，这是很危险的，但是这不能怪年轻人。

还有一个对历史发展的看法，我们不是提倡"以人为本"吗？衡量一个国家是否进步、是否值得学习，主要还是看它的普通百姓过得怎么样，而不是看它在外边多么耀武扬威。例如英国本来是"日不落的帝国"，后来殖民地都独立了，它的经济力量也不再是世界第一，于是就变成"二等国家"。但对英国百姓来说，毫发无损，还是过得很好，人民的福利有增无减，作为文明国家，还是属于世界先列。那些原殖民地独立以后，和英国关系还是很不错的。包括加拿大、澳大利亚和一些非洲国家，英国还可以和他们交往，帮助他们发展。有的国家还不愿意脱离英联邦。又比如荷兰，它曾经是海上霸权国家，后来不行了，不再称霸。但是荷兰人是最自由最幸福的人民之一，包括在平等和福利方面是走在前沿的。而且它总是在很多问题和观念上领先。比如说安乐死，荷兰是第一个通过安乐死法律的国家。说明它的国民教养和道德水平已经达到可以这么做的程度，而它就是个小国。中国已经是一个大国了，有这么多的人口，这么大的幅员，用不着争取做大国。但是怎么使13亿中国人过"有尊严"的生活，享受充足的公民权利，还是我们需要大力奋斗的目标。根据这个标准，中国在国际上能排得上名次吗？从实际综合国力上来讲，特别是精神资源上，在可持续发展上，中国是远远落在后面的。不管是比美国还是比其它的中等国家，都还差得很远，要做的事情很多。大力歌颂"盛世"，给人虚幻的印象，无助于我们自己埋头苦干努力解决自己的问题。

（首发于2013年，修订于2016年）

科技创新与人类祸福

圣雄甘地曾说：有七样东西可以毁灭我们：**"没有人性的科学"** 即其中之一。由于他远离工业化社会的生活方式，一般人对他这话不予重视，甚至可以认为是反科学、反现代化的取向。

实际上，科学的发展是不是一定造福人类，这个问题在发达国家提出是相当早的。20世纪初，工业化达到高潮的时候，一些有识之士已经发现科技的发达、物质的丰富，不一定给人类带来幸福。第一次世界大战的破坏证明了这一点。20年代后期美、欧各发达国家日益尖锐的社会矛盾，以及1929年开始的、几乎使整个资本主义制度垮台的经济大萧条，进一步说明这个问题。高度发达的生产力、丰富的物质力量并不一定造福人类，反而产生许多新问题。在这一背景下，西方研究这些问题的社会科学开始蓬勃发展，主要是经济、社会和政治学。

英国的科学家阿尔弗雷德·尤因（Alfred Ewing）是19-20世纪跨世纪人物（1855-1935），在他的晚年提出了这个问题。他是一个非常了不起的物理学家、数学家，同时也是机械工程师，有多种重要发明，比如涡轮蒸汽机就是其中之一。他在第一次世界大战中研究破译密码，成功破译了德国的潜艇信息，把美国拉入了这次世界大战……他是热忱的科学倡导者，认为科学的定义就是不断拓宽人类知识的边界。每拓宽一个边界就照亮一个领域，使人类从黑暗中走出来。他甚至在宗教集会上对着很多教徒讲，只有宗教没有科学，这个世界还是会停留在无知的黑暗之中。但是就是这位科学巨人在晚年说了一句话，经常被引用：**"人类在还没有能够掌控自己之前就先掌控了自然，先具备了掌控自然的能力。这个事情将要引起不可预测的后患"**。他看到了人类已经能呼风唤雨，可以有改造自然，甚至"征服"自然的强大力量，可是人控制不了自己，不知道如何运用科技成果。自然科学突飞猛进，而社会的适应能力远远落后于这一发展，使人类面临空前凶险的命运。培根说：知识是力量，但是这个力量拿来做什么？不一定就去做好事。如何运用这个力量，取决于人自己内心追求什么。

我最初看到有关这个问题的讨论是在意想不到的文献上，是洛克斐勒基金会的年度会长总结——他们每年发一个年度工作报告，开头都有一篇"会长总结"。我惊讶地发现，这些大基金会的"会长总结"气度恢弘，有点像总统国情咨文，而且水平和眼界超过某些总统。他们都是先从整个世界、全人类的现状出发，确定其发展需要，然后再决定下一年工作重点。1930年代初的一份"会长总结"中就引了上述科学家尤因的话，着重提出这个问题。起因也是与大萧条有关——物资极大丰富并不一定造福广大民众。因此，基金会开始把以资助医学和自然科学为重点的传统，转向同时资助社会科学和社会改良的项目，而且出手很大，对这一时期社会科学的发展做出了重要贡献。

第二次世界大战的破坏力和法西斯主义得以横行于一时，特别是原子弹的出现，引起了更大的震撼。原子裂变是一项纯科学发明，可以用于和平，也可以制造武器。二战中纳粹德国和美国谁先研制成功原子弹将决定反法西斯战争的胜负，从而决定世界文明的走向，所以如爱因斯坦等一批科学家曾支持曼哈顿计划，认为自己的贡献是有利于人类的。但是在两颗原子弹牛刀小试之后，表现出的空前巨大的、长远的破坏力震惊世界。于是有关的科学家们进行反思，拷问良心，为此很纠结。1945-1946年洛克菲勒基金会的"会长总结"也反省了原子弹的问题，因为参加此项研制的那些大科学家，在学术研究关键时刻都得到过基金会的资助，尽管当时资助某项科研时做梦也不会想到其成果会成为发明原子弹的因素之一，这使得本来宗旨是"造福全人类"的基金会非常困惑。提出这个反省的当然不止他们一家，科学发展与人类的祸福的关系这个问题提上了日程。能不能够给科学划一个界限，过了这个界限就不许再继续发展？在实践中很难行得通，科学有自己发展的规律。而且由谁来划定界限？这又有回到以专制造成蒙昧的危险。

他们讨论的结论是科学本身没有责任。谁有责任呢？就是利用科学成果的人。所以要发展社会科学和人文科学，要把人和社会制度作为研究和改善的对象。一方面使人能够提高觉悟，加强自律；同时要有一种机制，迫使那些掌握权力的政治家们，以人的福祉为目标而利用科学成果，追求以和平手段解决问题而不诉诸战争，等等，这样才能够使得科学成果造福人类而不是造祸人类。他们的报告中充满了这样的话：**"我们可支配的物质力量和我们能加以善用的能力之间严重失衡"。"我们的政治机构基本上还是植根于18世纪的，而我们技术的突飞猛进却是20世纪的现象"。"我们的社会正在日益危险地倾斜，智力发展的不平衡日益严重，已不容忽视"。"我们科技的水平已经达到二十世纪，我们的国际关系和国家制度还只停留在十八世纪、十九世纪。"**

那么，人文、社会科学的发展能否与自然科学并驾齐驱？因为科学的发展转化为生产力，变成工业产品是非常快的，而且越来越快。可是人类的伦理观念、社会制度的改变是很慢的，而且并不像自然科学那样沿着一条规律发展，各派理论争论一百年，也许才稍微有一点进步，总是赶不上科技和物质文明的发展。每一个时期都有理想主义者大声疾呼，但是理想敌不过现实利益的力量。一项新发明出来之后不可抗拒地一定要用于生产。从市场规律来讲，有需求就有供应，使人的生活日益方便，这本来是好事。但是另外一个规律是激烈的竞争推动生产必须日新月异，于是为了生产而制造需求。最明显的是人们本不需要的光怪陆离的奢侈品日新月异。还有一个最明显的例子，我们日常使用的电脑、ipad、手机word版本等等，刚一用顺手，就出现新花样，迫使你不断更新，其实并不一定需要，而且带来诸多不便和浪费。这还是小焉者。更重要的是浪费资源和破坏环境。治理环境当然也靠科技的发展，但是治污技术的发展速度远远跟不上新产品制造过程中的污染速度。至今垃圾回收和转化问题跟不上大量垃圾的祸害就是证明。

国家权力介入科技发展，问题就更大。最重要的表现是**军备竞赛**。现在我们已经进入了全球化时代，人类休戚与共的领域日益扩展，但是掌握国家权力的人所考虑的问题还是狭隘的国家利益，军备竞赛是推动科学发展的一个很大的力量。一个环境污染，一个军备竞赛是科技发展最大的负面影响。诚然，现在人类已经意识到环境问题，每年都举行有关的国际会议。但是会上各国根据自身的狭隘利益，争论很大，难以达成一致，更难付诸实施。从局外人来看，似乎争论的是各国的继续污染权，也就是力争少承担、或延缓承担减少污染的义务。这就是狭隘的、短视的国家利益超过对人类的责任感。但是哪一个执政者能冒降低自己国家的发展速度、暂时削弱竞争力的风险，带头切实采取强有力的环保措施呢？单就一国内的"国家利益"来讲，也是以短期的、少数人的利益换取全民的长期利益更容易实行。

军备竞赛是人类一大恶性肿瘤。据说文艺复兴时代的达·芬奇已经发明了制造潜水艇的原理，只因为他对人类理性的不信任，自己把图纸付之一炬。后来的军事科学家就没有他的独立性和自制力了。二战以后大国之间不知有过多少轮裁军谈判，达成无数个限制军备的协议，结果我们看到的是武器不断更新，当初投在长崎和广岛的两颗原子弹比起后来层出不穷的新型武器，已经微不足道了。艾森豪威尔离职时的名言"军工复合体正在左右美国的政治"被一再引用，同时也不断地为事实所证实。岂独美国为然！上世纪60年代美苏两大国的决策者已经意识到核战争将无赢家，正是这种清醒的认识才使双方保持多年"冷战"而没有发展成"热战"。但是与此同时，各自仍然不断研制日新月异的武器装备。核大国达成的核不扩散协议被一再突破。不管是核还是其他高效杀伤力的武器，如何保证永远控制在头脑清醒的人的手里？负责任的领导人背后都有广大民众的身家性命，使他们必须谨慎从事，可那些亡命之徒呢？还有谁能保证不再出现希特勒那样的疯狂的国家主义者呢？

1968年底，美国麻省理工学院（MIT）各自然科学学科的师生联合发表了一项声明，提出：**"当前科技知识的滥用是人类的生存的一大威胁"**，号召MIT和全国的科学家和工程技术人员团结起来反对美国政府的危险的政策，争取"更加负责任地利用科学知识"。具体内容包括：以批判的态度审议政府在科技领域的政策；设法把科学研究项目的申请重点从军事技术转向解决环境和社会问题；把科学家和工程师组织起来，使他们关于科技为人道的目标服务的要求能体现到政策中。根据这一声明，他们于1969年建立了"关心科学工作者联盟"，发起了"科学为人民"的运动。这个运动最开始主要是针对美国在越南使用化学武器和发展洲际导弹，大背景是当时高涨的反越战、反核武器、反环境污染的群众运动。"科学为人民"运动与此方向是一致的，采取的方式是在多次"美国科学促进协会"的年会上发表他们的意见，指责体制内的美国科学家过度依赖政府，为政府的需要服务，而丧失独立性，违背了科学的良心。在这种会上往往有政府官员作为嘉宾讲话，他们多次受到"科学为人民"的成员打断、当面指责，有时被迫中途退场。这个运动大体上活跃于1970-80年间。后来内部出现分歧，或因对激进的方式、或因对问题的重点，有不同意见；还有深入下去涉及对整个资本主义制度的改造问题，等等，分歧更大。随着越战停止，形势变化，这个运动也逐渐消亡。不过就环境方面而言，汇总为"可持续发展"的命题，成为世界共同关心的问题。而科技用于军备不但没有得到遏制，反而愈演愈烈。

随后，美英等国又出现新型的公益模式。与上一轮运动的反体制性质不同，这一轮是政商学精英为主导，出于深切的对现有社会的危机感，提出以改革资本主义为目标的方案。其他方面姑且不论，这里只谈与本文主题有关的，其中一个原则就是提倡"负责任的投资"，也就是在开始投资一项产业时，不仅要考虑利润前景，首先要考虑社会效果是否有益于民众的福祉。在以创新为口号，加速度发展的数字经济时代，当然涉及新的科技发明用于何处的问题。他们列入"不负责任的"投资有烟草、高度污染环境而得不到有效处理的产业，以及杀人武器生产，等等。我曾问过这类公益组织的一位负责人，这种努力有希望遏制军工发展吗？他坦率承认前两项可以有进展，就是军工需求太大，目前还没有办法。总之，人类过早掌握了毁灭的手段，而教育、智慧、良知、创造性的思想都跟不上，二者竞赛，谁个领先，现在还看不出有利的答案。

这些老问题还未解决，又出现新问题——人工智能。几年前我听过美国专栏作家弗里德曼（Thomas Friedman）的一个演讲，他说我们好像坐在一辆加速的火车上越跑越快，可是我们并不知道前面的目的地是什么，这很恐怖。最近，上海一位科普作家江晓原发表一篇文章："为什么人工智能必将威胁我们的文明？"提出的问题更加严重。撇开他提出的更长远的人类生存的根本问题不谈，最现实的近期威胁，一是大批失业、二是失控的军事化。（详见《文汇学人》2016年7月29日）。前者很好理解，大量的工作，包括一部分脑力劳动都能由机器代替，所淘汰的人力与工业化时期是无可比拟的。关于军事化，过去对于发动战争的制约力量是"我方"也要付出牺牲，因此需要计算力量对比是否值得。如果有一方人工智能军事化遥遥领先，完全用机器代替，己方可以达到零伤亡，战争的诱惑力更难遏制，后果难以设想。

至于克隆人、从试管婴儿发展到脱离母体的孕育胚胎……种种过去匪夷所思现在可望实现的"新发明"，不知伊于胡底，对整个人伦观念可能发生颠覆性后果。若干年后，人将不人，这些，人类都准备好了吗？

这些考虑不是杞人忧天，也不是危言耸听，而是百年来有识之士的忧虑的延伸：人文思考、人掌控自己的能力赶不上科技创新的能力。对社会的弊病不可能发明一种像盘尼西林这样的特效药，也不可能制造出什么精神原子弹来对付足以毁灭人类的各种武器，非理性的权力野心和利益诱惑与飞速发展的高科技相结合，将把人类引向何方？思想先驱和仁人志士的奔走呼号能与之相匹敌吗？

（2016年9月）

壮志未酬奥巴马（上）

　　奥巴马于2008年就任，可以说是受命于危难之际。美国内部正值严重的经济危机，外部，除了传统的一般地缘政治问题外，主要是从9.11以来，因小布什政府应对不当，特别是攻打伊拉克，打开中东潘多拉盒子，让美国骑虎难下。还有相当长期以来日益加深的贫富悬殊和老的种族问题加新的移民问题，这些都不是他造成的，但是他接手了这一个摊子。作为美国有史以来第一任黑人总统，那些弱势群体又对他抱有特殊的期待。他与布什父子、克林顿夫妇不同，完全起于平民，没有任何权势背景，竞选经费也主要靠"众筹"，而较少大资产的捐助。应该说是反映比较真实的民意的。当时美国人心思变，奥巴马以"变革"（change）的口号赢得人心。但是他这个总统似乎做得特别辛苦，尽管得到了连任两届，所有的主张都举步维艰。现在他的任期结束了，而且是交到了一个政见处处与他相对立的人手中。最讽刺的是，他是有史以来第一个黑人当选总统，举世瞩目，普遍认为是美国反种族歧视一大成绩，有里程碑意义。而他的继任，却是肆无忌惮地宣扬种族歧视，而且以此竞选而当选。如何看待奥巴马这8年的成败，是耐人寻味的课题。尽管研究美国是我本业，但是隔着太平洋观火，自己感到很难看清，说什么都难免有"站着说话不腰疼"之嫌。不过别人家事，还可以姑"妄议"之。

　　首先需要从他上台伊始说起。为此翻检了一下电脑文件夹，忽然发现一篇英文稿，是我2009年在一次国际研讨会上的发言，题为："对奥巴马治下的美国几点想法"。讲过后就束之高阁，没有想过要正式发表，自己已经忘了，如今重读似乎还算切题，先译出如下，作为本文的上篇。

奥巴马是顺着"变革"的大潮上台的。从某种意义上说，这是美国政治钟摆的常规，据我观察，二战后美国大约每隔十年左右，钟摆来回摆一次，一方面反映民意，一方面也是政策向一个方向走到一定程度后需要调整。现在美国人民已经厌倦于小布什政府的新保守主义政策及其带来的后果，所以是该向另一方向摆动的时候了，从美国的角度来说，这个方向称作"左"。除此之外，还赶上了严重的金融危机。所以人心思变是很自然的。

那么这一变革能走多远？毫无疑问，奥巴马在政治哲学上与小布什的新保守主义是迥然不同的。在国内，他更关注弱势群体、强调社会福利、环境保护，等等；对外，绝不是"单边主义"（事实上，小布什后期迫于形势，也在悄悄淡化他的单边主义）。奥巴马总的政治倾向，包括他的医改方案自然会与某些强有力的既得利益集团相冲突。加之，政府为应对金融危机而采取的措施肯定会遇到大公司的抗拒。在这种情况下，他所主张的变革能推行多远？

作为旁观者，隔太平洋遥望，我感到他处境比较困难：为了企盼变革而选他的人可能会失望，认为他不够强硬，与既得利益妥协太多；特别是，正因为他是黑人，他要强调代表全民，反倒不可能太强调维护黑人权益，也可能会令黑人不满。来自右边的反对派当然会责备他过于左倾，已经在给他扣"社会主义"的帽子，以便吓退美国民众。

颇具讽刺意义的是，美国右派指责奥巴马为"社会主义"，而中国左派，包括一些主流媒体也把奥巴马某些救市的措施称作"国有化"，认为这说明美国也承认社会主义优于"新自由主义"，从而说明"华盛顿共识"败于"北京共识"（何谓"北京共识"，本人始终没闹清楚）。这种说法的逻辑是：政府干预＝国有化＝社会主义。在中国的语境中，这就证明中国的体制优于美国。于是，奥巴马的"变革"成为了中国某些反对市场经济的人主张倒退到改革开放以前的借口。结果美国右派与中国反改革的左派殊途同归了。多有趣！

当然这是天大的误会。事实上现在已经不存在完全没有政府干预的纯粹"放任自流（laissez-faire）"的经济。美国从20世纪初开始大幅度改革，从老罗斯福到小罗斯福，所有政府适当干预的改革都是为了促进更加公平的竞争，从而建立更加健康的市场经济，同时推动社会保障，以缩小贫富差距。这种改革的本意恰好是改善和加强资本主义制度以抗拒正在兴起的社会主义思潮。奥巴马现在主张的变革就是继承这一传统，属于同一方向。

有些论者喜欢把奥巴马与小罗斯福相比较。不是绝对没有可比处，但是奥巴马的不利条件要多得多。首先，美国公众的心态不同。小罗斯福上台时承"进步主义"运动的余泽，凯恩斯主义刚刚兴起，被接受为治疗完全依赖"看不见的手"的自由经济的一剂良药；美国的有组织的工人还是一支推动改革的力量而不像今天已成为保守的力量；美国人民当时社会保障很少，还没有尝到福利政策的甜头，所以小罗斯福提出"无匮乏之虞"的口号受到万众欢呼，有限的福利措施能收到立竿见影的效果；加之当时的危机使公众一片恐慌，心甘情愿地多让渡一部分权力给政府以便拯救局势。这些都是小罗斯福的有利条件（至于"新政"的成败一直有争议，此处不论）。而这些条件奥巴马都没有。即便在他的支持者中间也没有那样完全一致的共识；而他的对手却强大得多；当前金融危机尽管严重，也还没有到引起恐慌的地步；美国人民已经习惯于享受各种社会福利，现在不是"匮乏之虞"的问题，而是如何改善的问题，不同群体有不同的诉求，眼光要挑剔得多。换句话说，奥巴马的服务对象比小罗斯福的对象要难伺候。再者，他接手的财政是高额赤字加高额债务，操作的余地有限。

再看国际领域，二战以后，历届美国总统都强调"美国领导世界"，这点，奥巴马不可能例外。所谓"领导"，可以有不同的含义。对很多美国以外的人来说，一般解释为"霸权主义"，甚至"帝国主义"。多年前，我曾经发明过"良性领导"与"恶性领导"之别。"领导"一词本身是中性的。它可以描述一个客观事实：在历史发展的某个阶段，某个国家，或某几个国家比其他国家都强大，处于发展前沿，不可避免地在国际事务，乃至全球发展中起主导作用，可称"引导世界新潮流"。如果一个"领导"国家，或超级大国，以它的先进科技、巨大的财富和优越的综合国力对世界向着进步的方向发展做出积极贡献，以某种方式帮助发展中国家发展；在成功解决政治、社会问题以及人际关系方面展示其制度的先进，做出榜样，这就是我所谓的"良性领导"。例如美国在反法西斯战争、创建联合国、战后援助许多国家的重建等方面所起到的作用，等等，更不用说，二十世纪大多数科技创新都在美国产生，这些都可算"良性领导"。

我认为美国最严重的"恶性领导"在于军备竞赛领域，以及战后发动的某些不必要、无正当理由的战争，小布什政府的伊拉克战争就是其中之一。冷战结束后，曾有一个短暂的时期，美国不少人谈论"和平红利"，当时美国有机会把它的资源从军火库转向在国内提高人民福利，在国外促进建设性的国际合作，造福其他国家。不幸的是，另一种称作"新保守主义"的思潮占了上风。这一思潮的倡导者宣称，现在对美国说来是千载难逢的机会，永久保持美国唯一超级大国的地位，不允许任何力量挑战这一地位——不论是实际存在的还是想象中的。根据这一执政理念造成的一连串后果，大家都看到了。

现在要看奥巴马总统准备在这种"领导"方面做出什么改变。即便他想要改，能做到多少，还有待观察。有一点，他关于清洁能源的野心勃勃的计划举世瞩目，如果当前的政府真的能把它的人力物力用于这一新的大战略，它就能创建一种新经济，领导美国走出金融泡沫，实现在新的水平上的繁荣。美国凭借它的技术准备、综合实力以及善于将科技发明转化为生产力的优越机制，应该有机会在这方面取得成功，从而再次在国际上起到"良性领导"作用。当然国内外都还会有许多利益冲突，但是总的方向是造福人类的。问题在于他能做到多少？

最后，必须谈到中美关系。我不必强调在全球化的背景下，两国的互相依赖日益加深的事实。大致说来，我认为在这方面与历届美国政府相比不会有太多变化，两国利益的汇合与冲突仍旧。刚才洪博培大使说中美关系是超越党派政治的，我很赞赏这句话。举一个我亲历的例子：1972年紧接着尼克松总统历史性的访问之后，两个非常重要的代表团——参众两院的党团领袖——来华访问。参议院是曼斯菲尔德和斯科特，众议院是博格斯和福特。这一举动就是为了显示，不论两党在其他问题上有什么分歧，尼克松的对华政策是得到两党共同支持的。我有幸全程陪同这两个团的访华之行。原则上，美国对华政策应该是超越党派的，但是事实上中国问题常常是美国国内党派斗争的受害者，特别是在竞选的年代，双方都争相表示对中国"强硬"。过去主要是台湾问题，现在由于两岸关系缓和，这个问题在美国政治中淡化，而经济问题突出。

一个负面的现象是保护主义在美国有上升趋势，而且是有选择性的，中国首当其冲。没有一个政治家会公开说：我就是提倡保护主义，但是在奥巴马政府中似乎保护主义有抬头的迹象。其一般原因可能是由于美国当前的经济困难，而特殊原因还与他的权力基础有关。当前美国决定提高中国轮胎的关税就是一个例子。谁都看得出来，这一决定主要是基于美国国内政治的考虑，而不是美国在国际贸易中的经济利益。奥巴马急需某一利益集团支持他的医改方案，所以作此决定。从长远来看，显然这对中美双方都不利。保护主义违反美国对自由贸易的基本信仰，同时也是逆全球化的潮流而行。这一举措既短视，又表现了美国的不自信。过去，美国改良派的政府曾经致力于减少保护主义的进口关税以推动国内贸易的自由竞争，以便遏制垄断经济控制市场。如果我没有记错的话，威尔逊政府就曾通过有关这方面的重要法案。结果是美国产业水平得到很大提升，广大美国人民得利于降低成本和物价。随后，胡佛政府又提高了关税以保护某些美国产业，结果加剧了经济萧条，使美国和全世界都受害。历史学家和经济学家都了解这一教训。当前的保护主义倾向如果得不到遏制就会触发贸易报复的恶性循环，不仅涉及中美两国，而且会牵涉到许多国家，其后果绝对是负面的。这也属于我所谓的美国的"恶性领导"。不过我相信，并且愿意希望世界各国有关领导有足够的明智，努力避免出现这样的情景。

说了这么多，我意识到现在对未来做出判断还为时过早。欢迎批评。

有人问对美国软实力如何看，回答如下：

我认为美国的软实力表现在以下几个方面：1）作为民主国家的榜样；2）对全世界人才的吸引力（自从上世纪80年代保罗·肯尼迪的《大国兴衰》一书出版后，"美国衰落论"就是热门话题，我当时提出的观点：在人才自由流动的今天，只要全世界优秀人才的首选流动方向是美国，美国就不会衰落）；3）培植创造力和鼓励创新的制度，同时提供从实验室到大规模生产的最短途径；4）自我纠错机制——其中最重要的部分是在言论和出版自由基础上的强有力的公众监督和批判。

但是，随着时间的推移，所有上述美国软实力的因素都会受到，或已经受到腐蚀。今天，华尔街的贪婪形象和无原则的两党斗争可能取代了民主榜样；对国际规则和民主制度的双重或多重标准，包括臭名昭著的关塔那摩虐囚事件，使美国对人权的倡导显得伪善；高度商业化的媒体往往把市场利润的考虑置于真相和正义之上，从而削弱监督的力量。总之，我所理解的软实力是一种无形的、无声的影响。至于说硬实力，美国在全世界还是遥遥领先。但是如果它不适当地挥舞它的硬实力大棒，就可能妨害它的软实力。

也许美国需要再一次类似百年前"进步主义运动"那样的改革。但是美国是否还具备那样的强有力的驱动力，我不知道。

（2009年）

补记：以上是在奥巴马上台之初的看法。由于是国际场合，有些部分主要是对美国人说的。如有朋友所说，我用中文写作时批评中国，用英文时批评美国。对奥巴马面临的问题不敢自诩为先见之明，今天至少还有印证的价值。下一篇再谈8年后的回顾。

壮志未酬奥巴马 （下）

受命于危难之际

奥巴马上任于美国处于严重的经济危机之时。他的就职演说用相当大的篇幅历数面临的问题和困难，呼吁美国人打起精神，恢复信心，发扬美国的光荣传统、重温核心价值观，克服分歧，团结起来，重振家业。当然，历届总统的就职演说总免不了说一些鼓气的漂亮话，但是奥巴马的演说中这部分篇幅特别大，辞藻特别华丽、调子特别高，几乎像是出征前的战斗动员，甚至引用了乔治·华盛顿在独立战争最危难时刻的一句话："让后世知道……在一个只有希望和美德才能成活的严冬……此城此国曾惊起迎战共同的危险。"这正说明他对美国处境内外交困、形势的严峻，特别是民气涣散，信心低落，是充分意识到的。另一方面，他也背负着选民渴求变革的期望。再加上有史以来第一位非洲裔总统的角色，有一种历史使命感，带有某种理想主义，这个特点可能是一把双刃剑，使其目标过于宏伟，成也萧何，败也萧何。

从竞选到就职演说，他提出了一系列的施政目标，涉及经济、教育、科技、医疗等各个方面，除了应对当前危机的临时措施外，总的方向是扩大对弱势群体的关注，使经济增长能惠及更多群众，缩小贫富差距，还有环保和新能源。其中最重要的，打上奥巴马标记的是医保改革。对外，则提出加强国际合作，也就是一反小布什的"单边主义", 重视与盟国的关系, 不再单枪匹马作战。同时继续帮助穷国, 尽国际主义义务。诺奖经济学家克鲁格曼专门为文表示拥护, 称之为"新新政", 也说明从某种意义上, 它确实是继承了进步主义和罗斯福的"新政"的传统。在美国各种有争议的问题上, 他可以定位为民主党偏左的自由派。

未竟之业

在一位美国总统卸任之际对他的政绩做出评价, 为时太早。特别是当前的美国空前分裂。询诸美国人, 人言言殊。据一项调查: 不同团体对奥巴马的评价分野很鲜明: 有关民权、环保、主张自由选择等组织对他评价很高, 有的民权组织给他打满分, 甚至有人认为奥巴马可以作为美国最伟大的总统之一载入史册。而保守派及其组织对他评价很低, 有的极端保守组织给他打零分。

奥巴马自己及其拥护者肯定的政绩, 大体有以下几点:

1) 扭转危机, 经济开始复苏、增加就业, 把失业率自2009年的两位数字降至2016年初的5%以下。新增千万以上就业岗位。

2) 联邦财政赤字大幅缩减, 2015年赤字比2009年减少70%。主要是由于就业人数增加, 新增税源, 从而增加财政收入。政府支出的年升率只有3.3%, 达到艾森豪威尔政府以来的新低。为95%的纳税人减税, 只有年收入40万美元以上的人增税。

3) 大幅度提升能耗效率标准, 减少石油进口, 达到石油的出口大于进口。大力发展清洁能源。在国际上促成治理温室效应的《巴黎协定》。

4) 通过《平价医疗法》, 扩大医保覆盖率, 受惠者达2千万人。

5）教育改革，其主要效果之一是减少了大学生还贷压力。

6）结束伊拉克战争，从阿富汗撤出部分军队，美国在国外的战斗人员降到12年来最低。击毙本·拉登。达成与伊朗的核协议，打开与古巴关系。

看起来成绩斐然。但是从反对者方面来说，以上每一条都可质疑。首先，数字虽然来自权威机构，其中也包括像福布斯那种保守派杂志，但是多数都是政府自己发布的，有夸大成绩之嫌。关于失业率的计算法就有问题，有许多人根本无望就业，不在登记之列，还有半就业的也计算在内，等等。更主要的是与实际应该受益者的切身感觉不相符。关于经济复苏，反对者认为太缓慢，甚至认为美国仍未完全走出危机阴影，或说是市场自然的规律，不能算作政府政绩。对于花大笔钱拯救通用汽车公司之举争议最大。财政方面，赤字固然减少，但是国债大大增加，等于把危机推到后代。（按：关于负债增加这一点，拥护者很少触及，或辩解微弱，看来是一大后患）。在总的执政理念上，反对者对奥巴马政府最大的批评，还是政府干预过度。尽管奥巴马一再表明他是资本主义拥护者，在即将下台前发表的总结性长文中还说："资本主义一直是世界繁荣迄今最大的推动力和机遇所在"，其拥护者也特别强调就业的增加都是在私营部门，政府实际上是在裁员、减少开支。但是反对者还是认为他的政策就是"政府接管"，不断给他扣"社会主义"的帽子。争议最尖锐的还是他的医改方案。

关于医改

奥巴马念兹在兹的是医疗改革，他考虑此事非自竞选总统始，改革方案酝酿已久。他上任伊始急不能待地推出的第一项重大法案就是医改法。这是最复杂、最吃力不讨好的事情，牵涉到方方面面的利益。谁都抱怨美国医疗制度不合理，但是一提到改革，每一种人都有理由对某一变动不满意。克林顿总统也曾提出过一个改革方案，而且内举不避亲，任命希拉里主持此事。那时还是财政赤字减少，经济最繁荣的时候，结果以失败告终。

许多观察者都不理解奥巴马为什么急急忙忙提出这件事，认为不策略。一般说来应该先易后难，先做成几件比较容易通过的事，有了"政绩"，建立了威望，在国会多争取一些支持，然后再提出，不是更好？何况又在经济危机中，提出一项需要政府花钱（至少开始短期内需要）的事，阻力更大。医保问题有那么紧迫吗？这些难道奥巴马没有考虑过？他本人没有解答过这一疑问。可以解释的是：首先美国医保制度的弊病众所周知，在所有发达的民主国家中，美国医保的覆盖面是最小的。固然60年代约翰逊政府通过了"医疗照顾"和"医疗援助"法案，大大改善老人和穷人的医疗条件，但是比之其他发达国家，仍然是水平较低的，甚至不如中国的台湾地区——台湾基本上已经做到全民医保。奥巴马自己有从事社区工作的经历，对这点感触很深，改革这一不合理的制度，成为他一种心结。这个理由是可以理解的。

回顾20世纪初，美国论生产力已经超过英国，处于领先地位，而且美国一向以社会更平等，民主制度优于欧洲自诩，但是西奥多·罗斯福总统访问一次欧洲，美国的劳工状况受到欧洲人的批评，他发现在"人道主义的行进队伍中美国竟落在排尾"，深感羞愧，为此下决心冲破层层阻力，推动一系列改善劳工生活生产条件、维护劳工权利的改革。现在奥巴马对医改有急迫感，应该也是相同的心情。另外，当时国会两院是民主党占多数，他可能认为这是推动国会通过的有利条件，未始不失为一种策略考虑。在他大力推动下，确实于2010年国会改选之前通过了《平价医疗法》，（直译当作《保护病人及付得起的医疗法》），或者干脆就叫做《奥巴马医保》。

但是他显然低估了反对意见之强烈。关于医改的争论旷日持久，耗费了他第一任的大量精力和政治资本。据知情者称，由于在国会遇到共和党议员一致的强力反对，成为一桩党派斗争之事，实质内容无人认真考虑，奥巴马本人也不关心其细节，交给议长佩洛西去处理，目标就是好歹必须通过。结果在各种利益集团和游说集团讨价还价之下，法案一再修改、妥协，变成一个大杂烩，文本有上千页，极为繁琐，而且有些条款自相矛盾，无法执行。拥护者与反对者没有人从头读完过。最后等于占多数席位的民主党凭"党性"通过，而共和党则无一人投赞成票。这本身就不能算成功。2010年议会部分改选，民主党失去众议院的多数。2012年大选，奥巴马虽然获得连任，到2014年议会改选，民主党两院都失去了多数。所以方案虽然通过，激烈的争议始终不断。付诸实施，就涉及预算拨款，阻力更大，举步维艰。刚一开始实施，就因技术准备不足，发生服务器宕机，落下笑柄。全部成效尚未显现出来，奥巴马就要下台了。

支持者把这一法案说得美妙无比：使没有保险的人数下降到人口的10%，惠及千万人以上（人数计算从1200万到1800万不等），从长远看，可为美国人节省数十亿医疗费用。使原来到2016年就面临枯竭的（老年人）医保信托基金延长到2030年；大幅减缓医保成本增加的幅度，为老年公民节约几十亿的处方药费；要求保险公司至少花掉80%的投保收入，等等。

果真如此，应该为民主党赢得选票，然而情况相反。如果2012年效果还没有显现出来的话，6年之后如何呢？似乎对此法不满之声从未停息。这份法案既然没有几个美国人真能卒读，至今美国人没有共识，笔者作为旁观的外人，绝对不会不自量力，也没有耐心来研究这一方案对美国各种人的得失利弊。只能存而不论。

医保方案后面还附有一份更加激进的教育改革方案——"教育和解法"，包括一项增加上千亿学生贷款的计划。根据这项计划，大学生还贷的沉重负担减轻了，却转嫁到了政府身上，也就是纳税人的身上。共和党议员攻击这两个法案为"政府接管，裁减就业的法案"，不是没有根据的。

这里的问题还是涉及中产阶层。事实上，欧洲福利国家也有这个弊病。高额累进税对于那些教育程度最高、对社会贡献最大的中产阶层最不公平。《奥巴马医保》刚好使美国中间阶层增加负担，其中也包括中小企业，因为他们必须为员工投保的费用增加了——尽管据说这都是暂时的。对于本来就付得起高额保费的富人，增减都无所谓。即便如奥巴马自己所说，总体的设计是最终大家都受益，但是远水救不了近火。可以说，如果大多数选民确实都从这一医改中明显得到好处的话，6年后的总统大选可能是另一个结果。应该承认，这次选举固然有希拉里本人的因素，也未始不是对奥巴马政府某种失望的表现。

环保与能源

奥巴马另一施政重点是提倡环保，推动新能源和可再生能源的生产，减少大气温室效应。

环境保护在美国实际上在20世纪初的进步主义运动中已经提上日程，那时还没有污染问题，而主要是湿地、森林保护，反对风景区无节制的商业开发。到1960年代群众运动高涨时，治理污染、可持续发展开始成为一切改良派的主张，但是不断受到资本利益的阻挠，逐渐成为共和党与民主党对垒的一个题目。奥巴马的政治理念显然是与进步主义一脉相承的，环保是他一贯的主张，在他上台之前就发表过许多讲话，为节能减排大声疾呼。提出让美国变最大的石油进口国为新能源的出口国，为制止气候变暖做出贡献，从而在美国本土增加"绿色就业岗位"。在任参议员期间他曾投票支持若干有关节约能耗以及促进可再生与清洁能源生产的提案，上台伊始就与拜登一同提出一项宏伟的发展新能源的规划。

推动环保、清洁能源当然是既有利于美国，也有利于全人类的好事。而且美国以其实力理应在这方面起带头作用。不过与医疗改革一样，宏伟计划是一回事，落实起来又是一回事。在其任期前两年，与推动医改法一样，趁着民主党在议会占多数，2009年6月就通过了《美国复兴与再投资法》，由能源部长朱棣文宣布，声称这一法案不但能减少污染，还能为千家万户节约开支，增加就业岗位，为美国经济繁荣奠定强有力的基础，并明确提出，21世纪的竞争是能耗效率的竞争，而美国应该起带头作用。这又是一项包罗万象的长期的计划，连节能建筑的标准、节能灯的生产和推广等等，都包括在内，提出了一连串计划数字。

政府方面宣布已经取得的成绩有：完成对烟草的管制；汽车、空调等能耗的效率有显著提高；往常逐年增加的能耗已转为开始下降，而且清洁能源的比例逐步上升；进口石油大幅减少。这些成绩是实在的。不过反对者认为，其中很重要的因素是新的开采页岩油的粉碎技术的发明，与奥巴马的政绩无关。

能源计划的大部分要几年、甚至几十年以后方见成效，例如大幅减少碳排放的达标期限是2025年，还要经过四届总统。这也是美国本国政治分歧、阻力很大的问题，这些都有赖于其继任是否坚持同一方向的努力。奥巴马曾在一次讲话中提到一位他的选民，106岁的非洲裔老太太，说他不知道这位老人的儿女们如果活到她的年纪，会看到美国有怎样的变化，说明我们促成了哪些进步。也就是说，奥巴马充分意识到他所致力于的"变革"要很久以后才能见到成效。

在国际上推动实现了关于减少温室效应的《巴黎气候协定》是一项

值得肯定的成就。气候问题更是长期计划，在美国本身就阻力很大，落实前途难以乐观。

获诺贝尔和平奖的尴尬

在国际方面，奥巴马是在美国深陷伊拉克和阿富汗，人心厌战之际当选的。他的承诺是结束两场战争，撤出伊拉克，大幅度减少在阿富汗的驻军。他的任务有点类似尼克松停止越战，收缩战线，不再包打天下。他在就职演说中也强调，要多用外交手段而少依靠军事力量解决国际争端；说美国的安全在于事业的正义性，美国的力量在于以榜样服人，要表现克制和谦虚。而且表示"向任何愿意放开他们握紧的拳头的人伸出手去"。不但美国人厌战，连欧洲人也希望美国扭转小布什的一意孤行的黩武政策，所以奥巴马刚一上台，什么都还没有做，就得了一个诺贝尔和平奖。不是凭已有的成就，而是凭期待，事先授奖，这是有悖常情的，也受到许多非议。这只能说明至少有一部分欧洲人多么希望美国新总统实现他的和平诺言。奥巴马本人可能也感到意外，并且知道对他获奖的争议。他发表的获奖辞十分冗长，却了无新意。一开始就亮明他有一个身份是美国的三军总司令，知道不少人对他得和平奖有保留。他滔滔不绝讲了许多关于和平与战争的哲学和历史的空话，列举各种历史人物、事件，反复申明美国热爱和平但是战争手段不可避免，在向甘地和马丁·路德·金的非暴力致敬后，提出例如对希特勒的军队就不能用非暴力运动予以制止……等等。关于实质性的问题，他提出了坚持反对核扩散和争取实现一个没有核武器的世界。"无核世界"的目标，上个世纪苏联提出过，美国领导人却是第一次提出这个目标。总之从这篇充满了在战争与和平之间"一方面"、"另一方面"翻来覆去的长篇讲话中，可以看出，他本人对于得和平奖也感到尴尬，而且无法承诺美国停止对外用兵。

撤出伊拉克

他向着和平方向做到的事有：结束伊拉克战争，减少阿富汗驻军，击毙本拉登，大幅减少美国海外的战斗部队，与伊朗达成核协议。还有与古巴关系正常化，成为80年来第一个访问古巴的美国总统。这些成绩应该可圈可点。

平心而论，伊拉克战争是奥巴马始终一贯反对的。有的政客在不同位置上发表的政见往往多变，相对而言，奥巴马比较前后一贯，这点他作为参议员的投票记录可以为证。他先任伊利诺伊州参议员，后当选联邦参议员。他对内政外交各种议题投票的倾向性很鲜明，至少说明他不是机会主义，这点与希拉里不一样。如今，不论朝野，很少美国人再为小布什打伊拉克战争辩护。人们是健忘的。当初正在9.11震荡波之中，公众情绪与现在很不一样，尽管有反战游行，实际上多数公众的心态还是拥护的。希拉里就承认她作为参议员曾经支持过有关决议，后来后悔。即使证明伊拉克并没有大规模杀伤性武器之后，小布什政府的口号改为"改变政权"，也就是替天行道，除暴安良，推翻萨达姆政权，建立中东大民主区的战略，在国内还是得到相当多的支持。

大约从虐囚恶行曝光之后，加以美国日益陷入困境，进得去，出不来，美国舆情开始转向。而奥巴马是政治人物中少见的一开始就鲜明反对的。2002年他还是伊利诺伊州的参议员，在一次反战集会上讲话有记录在案：提出"与其打伊拉克，我们还不如……完善本土安全计划，……来完成我们与本拉登和基地的斗争。"这个主张正道出了问题的实质，就是9.11以后美国应对恐怖主义，应该作为国家安全问题来对待，而不是作为一场国际战争。这正是后来很多小布什批判者的观点。等奥巴马当选为联邦参议员时，伊拉克战争已经名义上"结束"，虐俘丑闻也已传开。他的投票记录显示他力主规定美国撤出伊拉克的日期，连续对为伊拉克战争拨款的法案投反对票，因为该法案没有规定撤兵的日期；反对增加关塔那摩基地监狱的拨款，反对给涉及刑讯逼供的CIA官员以豁免权；主张给被冠以"敌方战斗人员"的俘虏以人身保护权。尽管在大多数情况下，通过的法案常常是他反对的，他还是坚持己见。他在就职演中提出要"负责任地把伊拉克交给它自己的人民"，这点他做到了，2011年底美军全部撤出伊拉克。另一个他提出的任务：结束与基地的战争，也以本拉登被击毙而实现。但是他主张关闭关塔那摩监狱，终其两任都没有做到。

战线缩短了吗？

中东乱局一波未平，一波又起，固然不完全是美国政策导致的，无论如何，看不出奥巴马政府应对这个局面有前后一贯的战略思想。对待叙利亚的犹疑不决更显得进退失据。美国在外的战斗部队是减少了，却更分散了。撤出了伊拉克，却卷入了更多国家。为打击ISIS，他批准了第一批特种部队长驻叙利亚，在巴基斯坦、尼日利亚、利比亚、索马里、也门、巴基斯坦、乌干达、喀麦隆等国都有空袭军事行动。此外，还向中东欧输送武器装备以对付俄罗斯在乌克兰的行动。如果把无人飞机的空袭、对他国军队提供经常性的情报和侦查援助都计算内，可以说，美国直接或间接有军事行动的国家至少有8个。这还不把派特种部队包括在内。据说奥巴马偏好派特种部队，在他治下，特种部队人数增加了25%，遍布全球一百多个国家。他批评伊拉克战争使美国负担了沉重的军费，但是他的政府用于与战争有关的费用达8600亿，超过小布什政府的8110亿美元。（根据国防部的《绿皮书》）这个数字不包括国防部本身的军费。由于较多使用特种部队和无人战斗机，美军在外伤亡人数的确比小布什政府时期减少许多，但是"误杀"无辜的概率也相当高。

以上还未把他的"战略再平衡"项下派往西太平洋的军事力量计算

在内。总之，在奥巴马当政期间，美国战线并未收缩，反而更加扩张。实际军费不减反增。

在经济领域，他提出了"环太平洋伙伴（TPP）"计划，作为打上他的印记的创意，据说将促进贸易，增加投资和就业，对与会国劳动者和企业都有利，更重要是制定国际贸易的规则，显示美国的领导。但是美国国内对此就有分歧，连希拉里都有异议，特朗普已经声称要予以否决。

本文无意面面俱到地评论奥巴马执政的各个方面，只就其大者发一些到目前为止的一孔之见。上一篇笔者所预料的，奥巴马可能遇到的不利条件不但不幸而言中，而且远远超过。奥巴马的雄心壮志未实现的多于已实现的。其中有一些是因为其带有长远意义，实施起来也比较复杂，不是立竿见影，所以不大容易为广大群众所理解。很难说哪些是他不能左右的客观因素，哪些是他本人的缺陷。他上任所遇到的是一个党派严重分裂的政治环境。共和党议员下决心与他作对，所有他的主张不问青红皂白，一律反对，似乎是为反对而反对。在民主党占多数的两年中，共和党运用冗长讲话阻挠的策略（filibuster）达50次之多。待共和党占据议会多数时，更加每个议案都受阻。于是奥巴马在许多事上用行政命令，强行执行。而行政命令最容易被继任否决，人去政息。

就个人人品而言，奥巴马比后继两位竞选人都少一些"小辫子"。他的经历几乎可以作为励志的典型。在私德方面，他比华盛顿特区很多政客都干净。除了他自己向记者坦言的，学生时代曾接触过大麻和可卡因之外，还没有发现其他劣迹。在当前美国这种竞选厮杀中，能经得起这样祖宗三代"人肉搜索"，还没有丑闻缠身，或至少疑点斑斑，也不容易。最后政敌只能在他是否出生在美国上做文章。可惜，执政的成败往往不与政治家的人品成正比。他为自己的理念奋斗了八年，从结果来看，不能说一点没有成绩，与他的初衷和许诺，却相距甚远。特别是在美国特色的两党斗争中，他的政绩并没有为民主党加分。他从一开始就呼吁团结，消除党争，但是八年后，这种分裂不但没有弥合，反而变本加厉，而且不但是在政界，全民都严重分裂。在种族问题上，他的当选本来是美国社会进步、消除种族偏见的象征，而在他卸任时，种族关系反而更加紧张，居然让一个肆无忌惮公开宣扬种族歧视的人得势。奥巴马个人对此应负多少责任，难以评估，但无论如何也不能算是这届政府的成功。

本来，钟摆来回摆动，选民过几年就想换换胃口，这是美国政治常态，不足为奇。政党更迭，大政方针一般还有连续性。这次的特殊处在于换了这么一个"不靠谱"的人。钟摆会向另一极端摆到什么程度，连续性是否会让位于颠覆性？奥巴马为希拉里竞选站台时说如果选了特朗普，"我们过去八年所有的进步将会飞出窗外"。而他在《经济学人》周刊上发表一篇总结性的文章中又一再强调，美国总统的职务是"接力赛"，意思说，很多任务是需要后继者长期继续努力实现。那么现在他的各项未竟之业有多少会被"接力"完成，还是会"飞出窗外"——前功尽弃？只能拭目以待。

奥巴马壮志未酬，事与愿违，批评者认为相当多的成分与他本人的缺点有关：作为行政长官，他缺乏的是执行能力。面对一个敌意的反对党束手无策，一味回避，没有表现政治领袖的胸怀，努力进行沟通、说服。也不善于吸收对方有益的建议……贬义而言，是"急于求成"，"志大才疏"。

我个人认为大时代的背景很重要。任何一个美国领导人，以及世界各重要国家的领导人，都必须面对的是一个新的大变革时代。2009年，笔者发表过一篇文章题为《跨过新门槛》，已经对这个问题有所论述，并认为美国需要再来一次像20世纪初那样的进步运动，进行深刻的、全面的改革。简而言之，当前世界大变革，一是全球化，一是新的高科技促成的数字经济，包括互联网，等等。这个变革不亚于十五世纪的航海大发现和十九世纪的工业化。在这种变局下，利益格局也会发生大变动。必然有一部分人会被淘汰，或地位下降，或失去原有的生计。这是老生常谈不必赘言。当初工业化造成贫富悬殊，经过各种社会改良，形成了福利国家，建立了协调劳资关系的机制，照顾弱势群体，并出现一个稳定的中产阶级。如今在数字经济与全球化的冲击下，财富更加迅速集中，危及中产阶级，原来的机制至少部分失效。实际上，发达国家的社会精英和政治家都已意识到这个问题，正在研究和提出各种对策。笔者所著《资本主义的演变》一书中探讨的最近几十年在欧美兴起的"新公益"，也是一种解答。奥巴马在总统任内对"新公益"已经有所支持。从奥巴马的各种讲话，特别是最后在《经济学人》周刊发表的长文来看，他对这个问题是有深刻了解的，有一定的眼光和前瞻性。他的各种主张至少大方向是对的。但不论其理论如何，其政策客观上主要还是惠及底层，而使相当多的中产阶层感到被忽视，甚至被抛弃。在美国的特定情况下，还有向少数族裔倾斜而不顾白人的问题。这应该是症结所在。这不是美国一国的问题，更不完全取决于一位总统，只是美国的地位特殊，其成败影响就更大。

（2016年11月）

美国20世纪60年代激进的
民权运动及其终场

近来美国种族主义有抬头的倾向，特别是与愈演愈烈的枪击事件联系起来，更加引人注目。笔者在《二十世纪的美国》一书中专有一章叙述黑奴解放斗争以及以后的民权运动历史。本文只谈20世纪60年代的一段，因为有其特殊性，并与今天有一定的联系。

南北战争之后，美国废除了蓄奴制，通过修改宪法，在法律上实现种族平等，这是一大进步。但是根深蒂固的种族歧视绝非一纸修正案能予消除的，白人种族主义者的强烈反扑使南方各州黑人的合法权利在实践中得而复失，极端的表现是3K党及其私刑，黑人冤狱、迫害、乃至屠杀事件经常出现，因此百年来黑人维权斗争不断，形成有特殊含义的"民权（civil liberty）运动"。种族问题一直在政治斗争和社会舆论的议事日程上。到20世纪60年代达到新的高潮。

走向暴力的激进运动

1960年代美国掀起以青年学生为主，几乎全民卷入的规模宏大的群众运动。其核心诉求是反越战、反核武器和反种族歧视。在国内总的方向是争取社会公平，在国际方面则是对"冷战"中的美国政策提出质疑。黑人的民权运动因缘际会，加入了大规模群众性的抗议行动，而且**从非暴力走向暴力**。

主张非暴力斗争的最著名的领袖马丁·路德·金现已享誉世界。除了他之外，还有各种反对种族歧视的维权组织和领袖人物，其中也包括白人，从温和到激进，各有不同的侧重，形成派别，多数都是在美国制度的合法框架内。1963年8月有20万人的著名的"向华盛顿大进军"，参加的有10个黑人和黑白混合的民权组织，包括最大的工会组织产联—劳联。会上马丁·路德·金发表了著名的"我有一个梦"的演讲。这是1960年代最后一次和平的大规模行动，以后就日趋激烈。

　　许多事件往往以黑人和平维权开始，而以白人极端种族主义者发动的暴力袭击酿成流血悲剧告终。在南部有些州，州长就是种族主义者，采取违反宪法的暴力镇压手段反而能获得选票，成为英雄。于是，在当时国际激进思潮影响之下，一部分美国黑人对政府能保护黑人权利不信任，因而也不相信合法斗争可能取得效果，各色反对非暴力的派别从而兴起，从1964年纽约哈莱姆贫苦黑人聚居区开始爆发暴动，紧接着蔓延开来，费城、波士顿、芝加哥，直到西海岸的洛杉矶都发生了程度不同的黑人暴动。这种行动主要是发泄愤懑、绝望和仇恨，自发的性质居多。在美国制度下，社会批判从来不断，示威游行更是司空见惯，但是以非暴力为限，对于暴力行动警察有权镇压或拘捕，也的确逮捕了不少人，这样就更激化矛盾，黑人反而获得社会同情，抗议的声势日益浩大。

　　这一期间涌现出名目繁多的激进的黑人组织和人物，影响较大的主要在北方城市，还有与伊斯兰相结合的如"黑人穆斯林"、"伊斯兰国家"，其领袖马尔科姆X曾名噪一时（此人经历较为复杂，后来思想转变，被极端派刺杀，此处不赘）。有关组织中曾经影响最大的是"黑豹党"（Black Panther Party），主张黑人应该有权武装自卫，同时把社会主义与黑人民族主义结合起来，认为如果政府和企业不能提供充分就业，就应由社区集体来接管生产资料。有的激进黑人组织反对一切白人，"黑豹党"则不反对与白人合作，并且实际上也与当时以白人为主的激进学生运动有合作。第一次重大示威游行是抗议一项禁止在公共场合携带有子弹的枪支的法令。"黑豹党"成员身着黑皮笳克制服，头戴黑色贝雷帽，荷枪实弹在加州首府街上游行，并发表宣言，吸引了大批记者和群众。其领袖西尔和30名成员当场被捕。这一事件使"黑豹党"立即全国闻名，队伍迅速扩大。同年10月，另一领袖牛顿以杀害一名警察的罪名被捕，更掀起围绕争取释放牛顿的大规模群众运动。至1960年代末，该组织的分支已遍布全国，曾主张建立独立黑人国家，自己任命了"总理"等职务。这场运动中一度打砸抢烧蔓延，甚至喊出"burn，baby，burn！（烧啊，乖乖，烧啊！）"的口号，在一条街上纵火，造成惨重损失。这一现象及其所预示的社会危机不能不引起社会主流和政府的关注。

国际同情和支援

除内部因素外，当时国际的激进思潮和群众运动，特别是正在兴起的非洲民族解放运动，也是重要背景。在两种制度对峙的"冷战"形势下，社会主义国家和各国左派当然都声援美国的民权运动。一马当先的是高举反帝反美旗帜的中国，除主流舆论的宣传外，毛泽东曾两次公开发表声明支持美国黑人斗争。

第一次，1963年应一名黑人领袖来信的要求，发表长篇声明，明确支持当时美国黑人与罢工的工人一起"同法西斯警察展开激烈的搏斗"，谴责肯尼迪政府的民权计划是"企图麻痹黑人的斗志"。"民族斗争，说到底是一个阶级斗争的问题"的著名论断就是来自这个声明。其含义是把反对种族歧视的斗争纳入反对以美国为首的帝国主义的斗争，提出帝国主义制度的灭亡之时是黑人彻底解放之日。给中国领导人写信的黑人罗伯特·威廉（Robert Williams）是明确主张暴力斗争的，出版过《带枪的黑人》一书，当时因涉嫌谋杀一名白人被判死刑而全家逃亡到古巴。1966年中国政府应他的要求接纳其到中国长住，给予高规格的接待，并资助其对美国广播和自办一份《通讯》，定期寄到美国，宣传其主张。不过他始终不同意把种族问题与阶级斗争联系起来，因为他的切身体会，白人工人对黑人最坏。

第二次是1968年马丁·路德·金遇刺身亡，中国领导发表声明，称："马丁·路德·金是一个非暴力主义者，但美帝国主义者并没有因此对他宽容，而是使用反革命的暴力，对他进行血腥的镇压。这一件事，深刻地教训了美国的广大黑人群众，激起了他们抗暴斗争的新风暴，席卷了美国一百几十个城市，是美国历史上前所未有的。它显示了在两千多万美国黑人中，蕴藏着极其强大的革命力量。"声明重申黑人解放与帝国主义制度崩溃同步的观点，呼吁全世界人民行动起来声援美国黑人的斗争，"结束美国垄断资产阶级的罪恶统治"，并说这已经为期不远了。

美国政府的对策

当时肯尼迪政府实际上已经在推动通过民权法案。主要头疼的是如何对付暴力行动和那些暴力组织及其带头人。固然根据法律，对暴力行动完全可以镇压，也不乏足够的警力，但一味镇压不足以解决问题，反而激起更激烈的抗议。一般说来，遇到大规模的抗议运动，和平谈判、了解发起者的诉求、在一定程度上满足合理条件，双方达成和解，是最好的途径。问题是同谁谈判？如果挑选与政府立场接近的非暴力派代表，当然很容易达成协议，但解决不了乱局。何况在当时的气氛下，暴力行动虽然是少数，黑人维权却是得到包括中产白人在内的社会多数同情的。于是一向以维护种族平等自诩的司法部长罗伯特·肯尼迪（总统之弟）决定邀请部分激进派代表人物进行对话，问他们究竟要什么。

但是对话不成功，那些代表满腔愤怒，一味发泄，控诉社会，指责政府，很难达成建设性的结果。不过通过这次谈话，罗伯特亲身感受到了这些黑人心中的深仇大恨。他和乃兄约翰·肯尼迪总统都意识到种族问题之严重，如火山随时可以爆发，原来的方案已经不够，必须加大力度进行根本性的改革，对白人种族主义再也不能姑息迁就了。这也促使政府大力支持马丁·路德·金所领导的非暴力斗争。对于1963年"向华盛顿进军"的大游行，实际上政府是采取保护的态度。队伍所到之处，专为之修了饮水站、厕所，并准备紧急医疗队等。种族主义和纳粹组织的头目要闯入发言，被警察挡在线外。政府借助这部分群众的声势，克服国会中保守派的阻挠，更加积极地推动有关种族平等的立法，并采取强有力的措施予以推行。不久，肯尼迪总统遇刺身亡，约翰逊政府继续推行其生前已经提出的有关法案，于1964和1965年相继通过《民权法》和《选举权法》，另外又通过《确保行动法令》（Affirmative Action，一译"平权"法令，这一法令一直存在争议，后面再述），把重点放在贯彻实施上。这些措施取得实效，在推进美国种族平等方面起到里程碑作用，以进步政绩载入史册。其意义极为重大，深刻地改变了黑人，特别是南方黑人的政治地位和实际经济生活。此后公开的白人至上言论和行动得到遏制，黑人的经济和政治地位不断改善，在政府中的任职逐步提升，直到黑人当选总统，进入白宫，这在1960年代是不可想象的。

对待国际煽动的态度

至于外国支持、怂恿，乃至公开号召推翻本国政权，还有收留通缉犯，给予物质支援等等，似乎在美国政府决策中没有得到太多关注。抓捕暴徒就是以暴力破坏为名，并没有"与外国敌对势力勾结"的罪名。值得研究的是，正当"冷战"方兴未艾时，为什么没有引起另一次反共高潮？特别是这次暴力倾向比较明显，除了黑人外，还有基本上由白人青年组成的像"气象员"那样的组织，进行绑架、爆炸活动，而且常是在"毛主义"、"格瓦拉"和"马库斯"的旗号下，公开蔑视现有法律，宣扬从根本上反对现制度。更有甚者，这一运动反对美国正在进行的越战，不但有言论，而且以行动争取美国打败仗，公开与"敌人"联手，与国际上反美和支持越南的力量相呼应，像简·方达那样的著名影星还亲临越战前线瓦解士气。当然也发生过与军警冲突的事，却没有像过去那种"红帽子"、"外国间谍"满天飞的现象。分析起来，可能有以下几点原因：

1）从根本上说，此时美国已经不感到"共产主义"作为一种潮流对它构成威胁。尽管在地缘政治上苏联被认为处于攻势（现在回头来看并非如此），而就两种制度而言，社会主义早已处于守势，古巴导弹危机的结果和柏林墙的建立是明显的标志。以中苏论战为标志，共产主义运动已分裂。情报机构对美国共产党和各种左派组织的底细也已摸清，不认为会造成威胁。这是最主要的大背景。

2）1960年代的运动，黑人权利问题占很主要地位。形形色色的激进组织和行动大多是黑人在第一线，并得到白人的支持。进行镇压，就要落种族歧视的罪名，而肯尼迪和约翰逊的政治资本之一是主张种族平等，维护黑人权利，并且为此与右派政敌进行斗争，他们决不能放弃这一旗号。从意识形态上讲，黑人运动离共产主义甚远，没有理由扣"红帽子"。

3）反越战的人士范围甚广，相当多的上层精英、有名望的国会议员和社会名流，包括前总统罗斯福夫人这样的人都积极参与，使政府必须投鼠忌器。而激进的青年运动言行固然激烈，基本上都是公开的，且组织十分松散。更主要是他们公开反对苏联，虽然有些派别自称"毛主义"，显然与中共没有组织上的联系。这与过去老美共听命于苏联完全不同。

4）在统治当局方面，已经有了麦卡锡主义的反面教训。如约翰逊总统后来所说，他当时尽管对反越战运动非常恼火，但是他没有动用"国家安全法"进行镇压，因为他更不愿意再出现麦卡锡时代那种反共歇斯底里，造成全国的分裂，危及美国最基本的自由主义精神。那一次的创伤很久才得以平复，损失太大。衡量之下，他宁愿采取偏于宽松的态度。

总之，美国当政者在1960年代已经有足够的制度自信，共产主义在国内作为一种政治思潮和力量完全不需要费力气去对付了，其反共主义主要用在国际上。当然，有一个很重要的因素，就是当时以肯尼迪、约翰逊为首的一批决策者除了对现实利害的判断之外，自己信奉种族平等的理念，因此对于激进派的诉求能给予同情的理解。

关于"确保行动"法令和"政治正确"之争

"确保行动"法令多年来一直争议不断，当前在特朗普政府治下，连同"政治正确"都受到诟病，并且以极端的方式进入党争。首先需要对其来源略加说明。这一法令的实际含义是"对平权予以确认的行动"，也就是说，在招工、招生中消极地坐等少数族裔报名者上门，仅止于不歧视是不够的，需要采取积极行动宣传平权的原则，鼓励他们主动争取。1965年《选举权法》刚通过后不久，当时任约翰逊政府劳工部长助理的莫尼汉（Daniel Patrick Moynihan，本人为白人）在一份报告中提出，美国黑人身上带着三个世纪的难以想象的虐待的伤疤，不可能在平等的条件下竞争，需要有新的对待办法。同年6月，约翰逊总统在霍华德大学（著名黑人大学）的演讲中提到：你不能把一个因长年带镣而跛脚的人放在起跑线上，对他说，现在你可以自由地同别人竞赛了。因此，光是理论上机会平等是不够的，还需要保证真正落到实处。在这一思想的指导下，约翰逊于同年9月签署第11246号行政命令，要求所有接受政府加工订货的工厂企业采取"确保行动保证申请人能得到雇用。"这一委婉的提法与《平等就业机会法》联系起来，实际上就意味着要主动、优先录用黑人、妇女以及其他原来处于弱势地位的人群。原来并未提出定额制，但是某一机构是否实行事实上的歧视，唯一查考的办法是将该单位的少数民族比例与同类单位相比较，于是在实践中必然导致定额制，不仅在就业方面，更主要用于大学招生。1970年尼克松政府正式颁布指令，要求与联邦政府签约的企业有一定名额的少数族裔（后来西班牙裔以及妇女都包括在内）。

这一政策主要受惠者是黑人和妇女，当然受到他们欢迎，开始在白人中阻力也不大，因为那是民权运动高潮时，自由派白人在思想上拥护，即使保守派，面对街头暴动时有发生的威胁，也感到需要一种缓解剂。实施后几十年来，的确使处于弱势地位的黑人获益良多，对各方面黑人比例的增加与处境的改善起了很大作用。但是与此同时，从观念到现实的矛盾逐渐显露出来：

特殊照顾的原则在实践中很难掌握得恰到好处，用人单位或学校不论是出于自己的信念还是出于避免惹起麻烦，往往"宁左毋右"。那么对竞争力强的一部分人就形成不公平。所以发生1978年著名的巴克（Allan Bakke）诉戴维斯加州大学案，以"逆向歧视"诉该大学实行双轨招生制。由此触发了对这一敏感问题的全社会的辩论。这一分歧日益表面化，反对者势力也日益增强，其高潮为1996年11月通过的加州"209提案"，其实质就是在加州范围内取消了在公共就业和公共教育等领域"确保行动"的实施，也就是说黑人和妇女等弱势群体不再受照顾。此事影响巨大，以后许多州和首都华盛顿都纷纷效尤，不过都未通过正式法案。至今各州自行其是，一州内各学校、各用人单位的掌握也不相同。

在教育领域内反对"确保行动"最力的是学习竞争力强的亚洲人，

特别是华裔。他们在白人面前并没有因过去受歧视而得到照顾，却反而要把名额让给黑人和西班牙裔。另一方面，他们因为成绩好而在有些大学（如伯克利加州大学）比例日益上升时（其实比例还不如白人高），还被认为是个问题，引起某种无形的限制，实属不公，因此他们是加州"209提案"的有力推动者。但是另一方面，"确保行动"还包括政府招标中应优先考虑少数民族（包括亚裔）的企业，这一点对华人中小企业有利，受到拥护。所以这个问题涉及的利益非常复杂。黑人中意见也不完全一致，或者说在心理上有一种矛盾。约翰逊总统的讲话固然是为黑人设想周到，但是深入一步解释，其含义就等于说黑人在智能上是有残缺的，不具备平等竞争的条件。特别是能力较强的黑人感到自己原是凭本事上去的，结果反被认为是照顾的结果。有了这一法令，无形中在黑人与白人的交往中多了一层看不见的隔阂，对双方都造成一种微妙的心理。时至今日，利弊如何，包括黑人在内越来越多的人提出疑问。

至于"政治正确（political correctness）"，不是法律，而是一种风气和社会压力。到1970年代以后，种族歧视的论调或与之相关的提法已经拿不到桌面上来，没有一个"体面"社会的人敢公然表露歧视有色人种或妇女，在知识精英中更是如此。政客失言流露出歧视，必须道歉。例如"Negro"一词已被认为是贬义词而弃置不用，而代之以"非洲裔美国人（Afro-American）等等。这在开始时对扭转风气和下意识的歧视观念有一定的作用，但是后来适用范围日益广泛，包括同性恋、变性人等等，而且过分敏感，使人动辄得咎，走向反面，引起反感，有时成为笑柄。

历史地、客观地说，"确保行动"法令及"政治正确"的社会压力，在特定历史背景下有其一定的合理性。只是真理向前一步就是谬误，在实施中走到另一极端就产生反面效果。但不能反过来否定其当初的必要性和曾经的积极作用。方今美国在有过一名黑人总统之后，又出现种族主义的反弹，乃至与枪击暴力事件相联系，说明这一痼疾还根深蒂固地存在。对于因"政治正确"而在某些方面吃亏的华人说来，更不应走向另一极端，将"白人至上"的种族歧视为合理化。正如福利制度，当前在发达国家已经弊端丛生，尾大不掉，但不能忘记当初创建社会保障制度的历史条件，及其为几代人的生活保障和维持社会稳定的贡献，在贫富悬殊扩大的今天，转而鼓吹回到放任自流的丛林法则。

狂飙过去，社会复归于平静

事实再次证明，一切矛盾，内因还是决定性的。从事后的效果来看，1960年代美国政府平息国内的暴力群众运动的做法是明智的。主要在于其撇开表面现象，不以外部干扰而推卸责任，找到引起如此大规模群众不满的内部根源，从而采取了治本的措施——对内加强福利政策，认真落实反种族歧视法律；对外结束越南战争，开始改变对华政策，致使狂飙风暴退潮，社会恢复平静。外国的高调支持实际上并没有对那场运动的兴起和收场起多大作用。那些激进组织有的分化，自行解散；有的转变成为黑人谋福利的和平组织。其领袖人物，一部分有了正当职业汇入社会主流，少数堕落、吸毒，潦倒以终。许多运动健将各自找到自己在社会中的位置，有的还当选为国会议员。他们大多数人还保持左派自由主义的观点，继续为社会平等呼吁，不过不再那么激进；少数人幻灭后走向另一极端，汇入1980年代的"新保守主义"思潮，或称"新右派"；其余一批人未能进入中上层社会，处于边缘地位，也许有人有受排挤感，但是也并非走投无路。曾经流亡在外，在古巴、中国等政府支持下向国内喊话的罗伯特·威廉，于1970年代初黑人境遇好转后，其案件被撤销，举家回国，没有因他在华的行动受到任何追究，反而因其在中国的经历，为密执安大学中国研究中心聘用，做了两年研究员。以后他不再进行民权斗争，在密西西比州一小城购屋定居，过着平静的常人的生活。

在以后几十年中，美国社会各种矛盾此起彼伏，还经历了几次经济危机，不过在现有的制度框架中，有足够的空间用和平方式表达诉求，进行批判、请愿、抗议。2012年的占领华尔街运动，貌似声势浩大，时间持久，也还是在和平行动的框架内。间或发生小规模的暴力事件，但没有出现1960年代那种大规模群众性暴力运动。如果在新形势下社会进一步撕裂，种族主义与民粹主义相结合，党派斗争日益脱离理性的政策思考，美国现有的纠错和调节机制是否有一天会失效，则非所预计。

（2017年）

老布什—小布什—奥巴马—特朗普
与中东阿拉伯世界

特朗普政府突然以迅雷不及掩耳之势，以使用化学武器为由，对叙利亚发起攻击，引起热议。回顾一下自伊拉克侵略科威特引起的"海湾战争"以来，美国历届政府对中东的的政策的曲折道路是饶有兴味的。

老布什的海湾战争

老布什任内打了一场海湾战争。那是由伊拉克入侵并占领科威特引起的。随后联合国安理会通过一系列谴责和制裁伊拉克，要求其撤军的决议，其中一项还规定伊拉克撤军的期限为1991年1月15日，如逾期不撤，授权"联合国会员国"可采取"一切必要手段"来执行联合国通过的各项决议，也就是可以动用武力。此外，美苏还单独发表《联合声明》、阿拉伯联盟发表决议，谴责伊拉克，要求其撤军。于是，1990年8月7日，布什总统正式签署"沙漠盾牌"行动计划，向伊拉克派出先头部队，随后成立多国部队协调作战指挥部，由沙特和美国的将领统一指挥。由于伊拉克拒绝于联合国规定期限撤出科威特，海湾战争开始。这场战争以美国为主力，是得到联合国授权的，中国和尚未解体的苏联都投了赞成票。美国国会授权军队将伊拉克逐出科威特。1991年1月17日，美国与多国部队轰炸巴格达，是为海湾战争之始。这次战争基本上是空军轰炸。到2月28日达成停战协议，伊拉克撤出科威特，海湾战争结束。美国于3月间从波斯湾撤离军队。联合国于4月通过永久停火的决议，5月通过要求伊拉克支付海湾战争赔偿款的决议。

这场战争以美国为主力，自始至终在联合国的授权下进行，中苏都一致支持，参加自愿性质、松散的"反伊联盟"并在不同程度上做出贡献的有40个国家。美国完成任务后很快撤军。不过对伊拉克的经济制裁一直延续多年。

1998年老布什在南京大学接受名誉博士的典礼上，对南大师生发表演讲。当时是比尔·克林顿执政，一直还延续对伊拉克的制裁，并且经常有各种摩擦。在互动环节有学生问及海湾战争时美国为何没有一举消灭萨达姆政权。老布什的回答总的意思是推翻萨达姆师出无名，超出联合国授权；会使盟国分裂；美国政府无权让自己子弟牺牲在与己无关的战场上；吸取越战教训，出兵容易退兵难，避免美军身陷泥淖不能自拔。（全文见《旧话重提》）

小布什的伊拉克战争

美国人当然不会遵守"三年无改于父之道"。几年之后，小布什政府以反恐为由，继攻打阿富汗之后，又发动伊拉克战争，恰好在每一点上都与乃父告诫不可行的理由相对：

首先，师出无名，没有联合国授权。海湾战争后安理会通过一系列制裁决议，其中包括禁止伊拉克拥有大规模杀伤性武器，如核武、生化武器和和弹道导弹，并成立联合国检测、核查委员会，伊拉克必须无条件配合其核查。但是核查委员会始终没有确切证据证明伊拉克境内存在这类武器；因此安理会并未通过动武的决议，还在继续核查之中。美国发动战争只能绕开联合国。

以大规模杀伤性武器为借口证明是虚假的，继而又改口为"改变政权"，以推翻现政权、杀死萨达姆为目标，这更加师出无名。

与海湾战争形成"反伊联盟"不同，不但中、俄不支持，欧盟多数国家也不支持，使联盟四分五裂；

国内舆论不一致，出现反战游行。造成美国士兵不必要的牺牲；美国成为阿拉伯土地的占领国；

无视越南战争的经验教训，深陷泥淖而不能自拔。结果不但没有由此建立起所谓"大中东民主区"，而且更增加了恐怖主义滋生的土壤。老布什的海湾战争速战速决，两个月美国就开始撤兵。而伊拉克战争使美国陷入泥淖而不能自拔，直到小布什卸任还没有结束。美国战线已经拉得太长，花费了昂贵的代价，给继任者留下一个乱摊子，特别是中东打开了潘多拉盒子。

奥巴马进退两难

客观来说，任何一届继任政府在这种形势下都面临收缩战线的任务，只是途径和重点可能有不同的选择。奥巴马上台的重要任务之一就是设法结束阿富汗和伊拉克战争，从中东撤退，但是举步维艰。对于美国一贯的"干涉主义"——即美国有"保护的责任"，任何地方发生反人类的屠杀事件，美国都不能袖手旁观，当一国屠杀其本国人民时，美国进行干涉不必考虑侵犯主权的问题——奥巴马有极大保留，他认为除非美国的安全受到威胁，总统不应该让自己的子弟去为制止别国的人道主义灾难而牺牲生命。这一点刚好符合老布什的观点。所以奥巴马上台之前就毫不掩饰他对老布什和他的国家安全助手斯考克拉夫特的钦仰，认同他们超越意识形态的现实主义外交政策。

一波未平，一波又起。继阿富汗、伊拉克之后，又出现叙利亚问题，在塔利班之外又出现ISIS恐怖组织。在叙利亚问题上，奥巴马的思路表现得最充分。2011年叙利亚开始出现反叛时，华盛顿的主流思想库和外交谋士们都主张美国应该支持叛军推翻阿萨德政权。他们认为这是一场底层百姓反对暴君的革命。奥巴马则不以为然，他说一边是装备齐全的职业军队，受到伊朗和俄罗斯两大国的支持，这两国在那里利益攸关；另一边是一些分散、无组织的农民、小生产者的抗议群众，无意中卷入了一场内战，美国想要不投入大规模的军事力量而改变这一力量对比是不现实的。如今前两场战争还未结束，美国不能再找一个对象开战，**他决不愿重复小布什的错误，为叙利亚而陷入泥沼。他的名言是"不干蠢事"。**他的这种观点并不为大多数幕僚所认同。第一任国务卿希拉里就认为美国如果不帮助最初的抗议者组织起一支强有力的反阿萨德部队，就会留下巨大的真空，让"圣战者"去填补。她还说大国需要具备有组织的原则，消极的"不干蠢事"不能算有组织的原则。

奥巴马虽然不以武力直接支持反对派推翻阿萨德，但是于2012年宣布了一条红线，即化学武器——一旦阿萨德政府使用化学武器，则美国将视之为对美国的安全的威胁，不能坐视。许多人都认为他这一宣布太鲁莽，因为一言既出，必须兑现。没有想到，2013年，阿萨德果真对库尔德地区使用了化学武器。这就把奥巴马推到了刀刃上。从副总统、白宫幕僚到国务卿、国防部长，都敦促他必须出击，否则将失信于天下，堂堂美国不能说话不算数。而且原先在此情况下的各种可供选择的打击目标都已有预案。英国首相卡梅隆、法国总理奥朗德、沙特政府都怂恿美国动手，并表示愿意相助。但是奥巴马越来越犹豫，感到动武的后果莫测。此时德国总理默克尔表示，如果美国对叙利亚动武，德国不参加。英国议会否决了卡梅伦支持美国动武的提议。这倒使奥巴马松了一口气，决心宁可食言也不动手。一时间，他的办公室门槛都给踏破了，说客如云，都是敦促他必须有所动作，以维护美国的信誉。而他下定决心力排众议，不动用武力，宣布再有人提叙利亚就免开尊口。

从技术的角度，奥巴马的理由是投鼠忌器；当时那里还有联合国的视察人员，美国不能冒误伤这些人的危险；如果美国直接打击化学武器设施，则可能造成毒气泄漏，引起灾难性后果；如果打击其他目标，阿萨德可能以平民为"人肉盾牌"；如果设立禁飞区，那么如何对待在那里出现的俄罗斯飞机？再者，美国出击可能削弱阿萨德政权，但不能完全推翻它，那么适足以助长他的气焰，谴责美国没有联合国授权而动武是非法的；即使消除了阿萨德政府控制化武的军事单位，如果化武落到极端分子或其他恐怖组织手中岂不是更危险？

奥巴马还认为，总统虽然有权做决定，但是权力不是无限的，一旦走出这一步，犹如滑坡，不可能就此停止，后续的措施不可能由总统单独决定。所以他决心把这个问题提交国会。事实证明，国会态度暧昧，并不支持对叙利亚开战。

刚好，一星期后，在圣彼得堡举行G20首脑会议，奥巴马把普京拉到一边，责成他利用与叙利亚的关系，迫使阿萨德拆除化学武器设施，以免美国动武。随后，美国国务卿与俄罗斯外长共同商定具体措施，果然使叙利亚拆除了绝大部分化武设施。

整个过程在美国国内及国际上一直存在争议。奥巴马自己以及支持者认为不战而屈人之兵，拆除化学武器设施的目的达到了，是一大胜利。反对者认为美国总统先划定红线而后食言，无论如何是对美国信誉的严重损害，而且要普京说服阿萨德放弃化武，等于是承认和加强俄罗斯在这个地区的势力。所有这些批评，奥巴马不为所动，坚决认为自己是正确的。

从深层次来讲，他有深思熟虑的战略思想，就是退出中东，重点转移到东亚地区，亦即他的"亚太再平衡战略"。他总的看法是，阿拉伯地区乱局的根源在于伊斯兰内部。虽然极端原教旨主义只是少数，但是目前起主导作用，伊斯兰其他派别似乎都莫之奈何。目前中东地区的国家没有为本国人民提供繁荣、安定的生活，只有极端的意识形态、派性冲突。由失败的国家的绝望的民众组成的各个小派别，他们之间的冲突是"部落主义"，美国在这种部落斗争中选边站，是浪费资源，只能越陷越深，不会有结果。总的说来，奥巴马认为伊斯兰在经过一场类似基督教当年的宗教革新之前，这种"部落主义"冲突不会结束，恐怖主义也难以消灭。而这一革新应该是他们自己的事，美国是无能为力的。

这一思路的形成有一个过程。转折点在利比亚。在利比亚发生抗议运动，卡扎菲扬言要"像杀耗子一样杀光他们（班加西人）"时，奥巴马也认为美国义不容辞，必须进行干涉，打击卡扎菲，拯救班加西人民，否则就会重蹈克林顿政府对卢旺达的大屠杀无所作为的错误。此役得到了联合国的合法授权，花费了十亿美元，成功推翻了卡扎菲政府，并处决了卡扎菲本人。之后，利比亚乱局却变本加厉，局势仍然"一团糟"。由此，促使奥巴马对整个伊斯兰世界有一个重新认识，并对美国的干涉政策进行反思。与华盛顿的外交主流认为美国退出中东是美国势力的衰退相反，他认为阿富汗、伊拉克和利比亚的教训已经足够深刻，美国想要改变那里的状况，只有导向战争，从而浪费巨大物力、牺牲美国的士兵，最终美国的实力和威望都遭到损害。美国直接干涉叙利亚要付出的代价将远超过美国无所作为的代价。更重要的是不应该驱使美国士兵为与美国安全并无直接关系的理由做无谓的牺牲。这是奥巴马根据从尼克松开始的几届总统对外干涉的经验教训深思熟虑得出的结论，所以任凭国内外舆论汹汹，他坚决不出兵叙利亚。对于说他把阵地让给俄罗斯的批评，他的回答是，俄罗斯自己要陷进去，我们何必去救他？

当然，反对伊斯兰国这样的恐怖主义的斗争，美国还是责无旁贷，但同时应该是整个国际社会的责任，不能由美国单独承担。他对于盟国的"搭便车"——遇事总是在一旁呐喊，敦促美国干涉，而自己却吝于出力——深有感触，说美国不能总是冲在第一线，做出头鸟。但是他认为恐怖主义的危险从长远看并没有那么可怕，恐怖主义是当前的威胁，而从长远看对全人类最严重的威胁是气候问题。所以他的长远战略是关注气候、能源、环境问题。

从力排众议，坚持不对叙利亚动武开始，奥巴马感到自己得到解放，摆脱了华盛顿那些建制派（包括思想库）的外交传统思想的束缚，完全遵循自己的独立理念行事。

奥巴马还认为，深陷中东地区妨碍美国应付其他地区的挑战，利用其他的机会，主要是指东亚地区。与一个教派林立，充斥部落主义、原教旨主义和军事暴力的中东地区成鲜明对比的是东亚。那里有朝气蓬勃的青年企业家，有为改善自己生活而努力工作的人民，他们已经跃进互联网和手机时代，更重要是崛起的中国何去何从，与美国利益攸关。中东地区的人除了派别斗争之外，心里想的是多杀美国人，而亚州，甚至非洲、拉美的年轻人向往的是更好的教育机会，更富裕的生活。这些地区尽管有许多严重的问题，但是是在前进中，充满活力，美国的未来应该在那个地区。所以奥巴马一个大的战略思想就是撤出中东这个烂摊子，转向亚洲和西太平洋。

亚太地区的重中之重当然是与中国的关系。他的说法是：如果弄得好，中国持续和平崛起，美国处理得当，就有一个能力日益增长的伙伴共同担负维持国际秩序的责任。如果中国国内治理失败、不能满足人民的要求，从而诉诸民族主义以加强凝聚力，或者陷于内部问题而无力承担一个这样的大国应该负起的维护国际秩序的责任。当前只见它在欺负周边国家。如果中国只能以地区势力范围的角度来看待世界，那么不但美国可能与中国发生冲突，而且也会增加美国应付未来的挑战的困难。他一再强调，一个弱化的、缺乏自信、感到威胁的中国比一个成功上升的中国更可怕。

（以上主要根据2016年11月，美国《大西洋月刊》记者长期多次追踪采访奥巴马的长篇文章。还有一些他周围的人的记录和表述。由于不是作为宣传的官方讲话，奥巴马在即将卸任时比较坦诚地吐露心声，而且希望人们全面了解他的思路，所以比较可信。内容涉及面比较广，这里只谈部分有关的问题）。

对于这一套思路，当然美国国内以及盟国都有争议，只能由以后的客观形势发展予以评说。

有"特朗普主义"吗？

中东的乱局的确是美国一块烫手的山芋。奥巴马一心想脱身而未果，罪之者可以说他优柔寡断，支持者可以认同他的稳重和深思。不论何者，他的思路是清楚的，是逻辑自洽的。特朗普在上台前后，从公开表达的言论来看，强调美国不能包打天下，"美国优先"，要盟国多担起责任，反对全球化，等等，似乎在收缩战线上，与奥巴马的大方向一致，而且有过之无不及，以致有人怀疑他要重返孤立主义。但是他前后不一致，先说北约已过时，又说北约没有过时。对中东忽然强势突袭叙利亚，既未通过联合国安理会，也未事先会知国会，也未经过美国负责中东问题的专家论证，就在小圈子内讨论决定。此举显然与奥巴马决心退出中东的战略思想背道而驰，也违反特朗普本人一再强调的减少国际负担的口号，令举世震惊。俄罗斯反应强烈，一夜之间，美俄交恶。这一打击是以阿萨德使用化武为理由，而在俄罗斯、阿萨德的矢口否认面前，美国至今没有拿出证据来。鉴于美国有虚构伊拉克大规模杀伤性武器的前科，人们有理由期待美国拿出阿萨德使用化学武器的确凿证据。再者，既然过去普京已经说服阿萨德拆除化武装置，并得到美国认可，如今的化学武器是哪里来的？这些都有待权威机构的进一步调查。俄罗斯、叙利亚、美国，谁在说谎？该相信谁？

更主要的问题是，这是特朗普政府"新战略"的开始，还是一时的心血来潮？下一步有没有预案？准备如何应付这一举动引起的后果，例如对由此引起的大批叙利亚难民是否仍然一概拒之门外？这是他中东政策的一部分，还是如有些人猜测是杀鸡儆猴，为的恐吓朝鲜？那么下一步他对朝鲜将如何动作？

或许他主要是炫耀美国的超强武器——59枚战斧巡航导弹精准命中率如此高，确实给人以深刻印象。紧接着又对伊斯兰国基地首次动用号称杀伤力仅次于核武器的"一切炸弹之母"的顶级炸弹，这又正好与奥巴马的瞻前顾后成鲜明对比。如前所述，奥巴马对美国总统动用武力的权力，特别强调需要克制，慎重对待战争行动。

美国拥有遥遥领先于世界任何国家的武器库，这没有任何人怀疑过。如果武力能解决恐怖主义，同时吓倒其他可能的对手，那世界就简单多了。问题在于，现在的特朗普政府是否有一个全面的战略考虑？正如有论者提出，发射导弹是政策的一部分，还是发过导弹以后才考虑政策？早在特朗普刚就职的2月间，布热津斯基与他的研究助手曾联合发表文章，提出美国需要"特朗普主义"。文章说（大意），我们原来不支持特朗普，但是他现在已经是美国总统，就希望他带领美国走向成功。美国这样一个泱泱大国，需要给全世界一个清晰的、可信的思想导向。"美国第一"、"让美国再伟大"，可以是竞选口号，但不能算外交政策。现在急需美国领导人明白表示对世界局势的看法，并且提出长远的政策思想，首先是如何处理好与另外两个军事大国——中国和俄罗斯——的关系，共同维持世界的稳定。美国决策集团不时发出一些不负责任、自相矛盾、而且表现无知的话语，让世人去猜想、诠释，这种情况不能继续下去了。文章呼吁政府及时发表一项经过考虑的完整的政策声明，提出"特朗普主义"来。不论对敌、对友，有一个让人摸得着的政策思想，总比没有好。

但是两个月过去了，特朗普还是"推特治国"，随时发出零碎的意见和决定，让人猜测，尚未见完整的政策声明，却已经有了令人震惊的军事行动。对中俄的态度与上台伊始时的表现，似乎对调了一下，是即兴还是有长远考虑？又费人猜测。政治人物说话有自己的风格，不打官腔，固然容易受百姓欢迎，果断出击，秀秀肌肉也许博得一些喝彩。特朗普是生意人，生意人常说"商场如战场"，然而战场还真不同于商场，是人命关天的，一个超级大国的领导，手握超级军火库的按钮，一言、一行关乎世界安危，所以布热津斯基企盼好歹有个"特朗普主义"是有道理的。

有一种说法，特朗普对北约、对中东、对俄罗斯的"急转弯"，包括对班农的处理，都是屈服于共和党主流的压力，向华盛顿建制派靠拢，也就是说，他的特立独行的作风正在被华盛顿的主流政治所驯服。是耶？非耶？吊诡的是，原来循规蹈矩的奥巴马却以坚决拒绝打击叙利亚，不与俄罗斯争夺中东为标志，摆脱了华盛顿外交建制派的束缚，坚持了自己独立的战略路线。从老布什到小布什，从奥巴马到特朗普，美国的外交似乎走了"之"字形。作为观察者，感到颇具戏剧性。但是设身处地想，长年处于战火中的中东百姓，特别是化学武器的受害者，是什么感受呢？

（2017年）

从特朗普访华说开去

相比任何新当选的美国总统，特朗普以其特立独行的做派，更多处于舆论漩涡中心，在中国尤其是热议的对象。这一次（2017年11月）他访华的一言一行更加产生明星效应。本人原来下决心暂不对他评论，主要是由于掌握可靠的、有价值的资料不够，而且不确定性太多，不能凭猜测凑热闹。

不过他在人民大会堂发表的几句话引起热议。我所见到的媒体评论，多数认为他是讨好中国，改变了在贸易上对中国强硬的态度。我认为这是完全误读，忍不住要说几句。

引起人们关注的主要是他在照例谈到美国对华贸易巨额赤字之后的但书：

"但是，我不怪中国。归根到底，谁能责怪一个国家为了自己公民的利益而占另一个国家的便宜呢？我要说中国干得好（用现在时髦的网络语言翻译可以说"点个赞"或"打赏"）。"

就是这句话引起误解，认为特朗普是正面称赞中国。实际上这只是为下一句话作铺垫：

"但是（又一个"但是"）实际上，我要责怪过去几届的（美国）政府，居然允许这种失控的贸易赤字出现，还听任其不断增长。我们必须纠正这种情况，因为这样是不行的……这是绝对不可持续的"。

如果说特朗普在其他问题上有时出尔反尔的话，在对华贸易上始终没有变过。他就是认定中美贸易美国吃亏了，而且吃了大亏，这是几届前任的失误，他一定要扭转这种情况，采取措施。就是貌似称赞中国的那段话也没有改变这个意思。首先他认为中国占了美国的便宜是肯定的。不过作为商人，他承认各为己争利是无可厚非的。怪只怪美国自己不争气，以前政府无能，让你们占了便宜，现在到我手里，可没这么好说话了。这段话的用语说是外交辞令也可，实际是语带讥讽。从讲话整体来看，还是坦率相告，今后在对华贸易上美国一定会采取强硬措施。这样明显的警告，被解读为取悦中国，是有些一厢情愿了。而且鉴于特朗普对国际组织、国际规则常常表示轻视，而且也说过WTO对美国不公平，估计他自以为维护"美国优先"的利益时，将更少对常规的忌惮。

平心而论，特朗普至少说对了一半，中国改革开放以来经济的突飞猛进，当然是得利于国际经济交流，特别是加入WTO的好处更是有目共睹。美国中下层劳动者在全球化中是受损害者，这也是公认的事实。把这现象归咎于中国，认为在与中国的交易中美国"吃亏"，这是美国早已存在的一派人的观点，只是特朗普表达得特别强烈。当然此说不公，因为美国大资本家从中获得巨大利益，这是造成美国社会分裂的根本原因，怪不得中国。

有道是"商场如战场"，而特朗普反过来把外交"战场"当作商场，把经济利益放在第一位，并且以零和游戏来看待双边贸易关系。这与中方一向强调的"双赢"观念大相径庭。特朗普的政策思想以及将要采取的措施是否真的符合美国人的利益，是短期利益还是长远利益，或者符合哪一部分人的利益，那要由美国人自己来判断。就中国对美经贸关系而言，可以预料的是，今后会比以前更多摩擦，更难"占到便宜"，这倒不光是由于特朗普个人的态度，而是双方的形势都已发生变化，所谓的"互补优势"已经难以为继。想必我国有关部门早已有应对之策。当然，在决策考量中对于什么是中国的利益，也存在短期还是长期，是表面还是根本，是全民还是小部分人的利益问题。这些，当由肉食者谋之，非我辈匹夫所能左右。

我的信息来源都是公开的媒体，包括纸媒和被允许见到的网络，当然不一定全面。有意思的是，一贯高调反美、反西方的那位媒体大亨，这次忽然对特朗普大唱赞歌，而且动辄以"中国"的名义（不知谁授权的），提出"中国"喜欢特朗普的各条理由，其中之一，是这位美国总统在中国不提人权那些"乱七八糟的东西"。

关于人权，本人早在距今整整18年前就说过，"商人重利轻人权"（套用白居易的"商人重利轻别离"）。那是针对当时有些善良的同胞对美国和国际力量的主持正义寄予过高期望。我一向认为，像中国这样十几亿人口的大国，人权只能靠自己争取、维护，而不能靠外国的助力。美国各届总统的理念可能有所不同，但对外都不能放弃民主、人权的旗帜，这是他们立国之本，也是支持霸权地位的道义核心。同时又绝不可能把维护别国国民的人权放在自己的国家利益之上。所以在人权外交上美国一向持双重标准，或多重标准，这是美国人自己也不讳言之事。

作为个人，特朗普（包括以前的尼克松）对这个问题的理念与奥巴马或卡特肯定不一样，但作为国家领导人不能完全回避，例如他在韩国的讲话就大提而特提人权。至于他在国内如何行事，自有美国的制度管着，再任性也不能乱来，例如他上台伊始，关于驱赶移民的法令就遭到司法部门抵制。实际上特朗普回国后吹嘘说由于他的说情，在中国超市偷东西而被拘留的美国运动员得以免于坐牢而回国，这不但没有给他加分，却遭到舆论嘲弄。批评者指责他避重就轻，显然这三个人不用他求情也不会受重罚，最可能驱逐出境，而他本该提出的某些事（与人权有关）却没有提。

不论如何，任何美国商人、政客、媒体乃至普通人，不会把人权说成是"乱七八糟的东西"。不仅是美国，任何一个现代文明国家具备正常教养的人都不会，当然包括中国。

（2017年11月）

妄议美国

作者按：当前我更关心的是南方大面积的洪灾和三峡大坝的危机。这已经有一段时间了。但是媒体报道甚少，在洪灾中我同胞的生命财产损失多少，我们都不知道。如果我国也能有群众运动，应该出现C（Chinese）LM——中国人命攸关。不过最近推荐了张千帆教授关于美国种族主义一文后，见到一些批评的意见。正好，一段时期以来我感到与同样信奉普世价值，对国内问题看法基本相同的朋友对美国却有些不同的看法，借此机会梳理一下，与朋友们探讨。

(一)认可奴隶制是否美国宪法的"原罪"

有人不同意张文说美国《宪法》承认奴隶制是"原罪"。关于美国宪法和制宪过程，本人曾有一些分析和评论，为避免篇幅太长，此处只谈与奴隶制有关的方面。

首先关于**平等**问题。我完全同意平等不是"先验的"诉求，而是与社会发展阶段相适应的。这与**自由**不同，爱自由是人与生俱来的本能，所以古今中外不约而同都设监狱，以剥夺人身自由为最原始的惩罚。而"自古以来"，人类并不是平等的。"天赋人权"人生而平等的观念是欧洲十八世纪启蒙运动的产物，是自文艺复兴、宗教改革等几个世纪思想发展的结果，也是人类文明进步的里程碑。而美国独立、美利坚合众国的立国，恰恰就是建立在启蒙思想的基础上。《独立宣言》开宗明义就明确说明：**"我们认为这些真理是不言而喻的：人人生而平等……"**
那么这个平等以及自由是否适用于当时的黑奴？实际上在制宪会议之前，美国开国元勋们已经意识到这个问题。杰斐逊在为1775年"大陆会议"撰写的致英王请愿书"英属美利坚权利观"一文中就有谴责奴隶制的内容，并主张首先禁止奴隶贸易，不过他和那时反对奴隶制的人都把罪责完全归之于英王的统治。1775年"大陆会议"通过终止奴隶贸易的决定，但是把杰斐逊原稿中强烈谴责奴隶制的一段文字删掉了。在制宪会议开始之前，塞缪尔·亚当斯夫人给她丈夫的信中就写道："我们自己为之斗争的东西，也就是我们每天都从那些**和我们一样应该拥有自由权利的人们身上所盗取的东西**"（黑体为本文作者所加），因而是不义的。以宗教领袖为先驱的一些人比较早地提出反对奴隶买卖。例如塞缪尔·霍普金斯（Samuel Hopkins）神甫在1775年"大陆会议"上就曾发表讲话，提请与会者注意，"黑人与我们有同样的自由权利，在我们为自己以及子孙后代的自由而斗争时，把数以百计的黑人置于奴隶地位同样是非正义的压迫，同时也表明我们自相矛盾"。贵格派领袖本尼泽特（Anthony Benezet）进一步主张黑人不但应解放，而且应受教育，并在行动上在这方面作了一些努力。他们都是理想主义者，认为买卖奴隶和蓄奴制既违背基督教义，又违背独立宣言的精神。

凡此种种，说明在制宪会议开始之前至少10年，美国的一些精英已经意识到奴隶制是与他们信仰的原则相矛盾的。而且，有意思的是，曾经实行大规模奴隶买卖的英国在解放奴隶的问题上反而走在前面，1772年（美国独立之前）就开始了第一桩有关释放奴隶的判决，从而引发了废除奴隶买卖的运动。出现了著名的废奴主义者威尔伯佛斯（William Wilberforce）。所以，在美国讨论宪法时，倡导废奴的思想和运动已经出现。1787年的制宪会议上，这个问题是讨论过的。有代表明确主张把反对奴隶买卖写进宪法。在讨论税收问题和选举问题的条款时都提到了奴隶问题，有的北方代表长篇发言痛斥奴隶贩卖，明确提出"那些人"算人还是算财产？**黑人算不算人，这是问题的关键。**最终由于南方代表的坚持，最后通过的《宪法》不但保护了奴隶制，使之合法化，而且还规定允许各州把逃亡到那里的奴隶引渡给他们的主人。反对奴隶制的代表表示自己只是为了留住南方各州，才勉强妥协。

当然，根据当时的形势，如果坚持废奴原则，可能导致制宪失败，统一的国家根本无法建立，或者南方各邦退出。只要看一百年后，南方奴隶主为维护蓄奴制不惜分裂国家，挑起战争，就可见当时宪法中要加入废奴条款是不现实的。为了建立一个统一的国家，妥协是必要的。但是不等于那些已经觉悟到这一矛盾的人士可以心安理得。所以**平等的观念在当时并非超越历史**，那些人是明知故犯。张教授称之为"原罪"没有错。我在一本书上的用辞是"白人的良心债"。美国人自己的用辞是"白人的包袱"（white man's burden）。

顺便提一下，大英帝国内部第一项反对奴隶制的立法是1793年加拿大议会通过的。后来又经过若干在英国本土的过渡性立法，至1833年正式通过《废除奴隶制法》，分阶段执行，至1840年整个英帝国境内，除了东印度公司范围（即印度和锡兰），再无奴隶。有讽刺意义的是，此时美国已经独立，所以不受此法约束。以站在民主前沿自诩的美国，在废奴问题上落后于大英帝国多半个世纪，直到南北战争之后，1865年第13修正案才规定奴隶制为非法。同年，6月19日最后一个州德克萨斯州宣布解放奴隶，所以至今6月19日是奴隶解放纪念日。

(二)"政治正确"和黑人实际处境的演变

现在提起"政治正确"是贬义辞，在此口号下出现了许多极端荒谬的事例。任何原则、口号或理论，一沾上政治，为某种权力服务，为政客所利用，就要变味，走向反面。"政治正确"一词不知何人发明，从何时起流行开来，本人未加考证。只知道在开始时，只是为纠正某些实际上的歧视做法以及带有侮辱性的称呼的努力。例如中国传统中某些职业被认为"贱业"、对某类人有各种鄙视的称呼，后来倡导平等地尊重各种职业，逐渐改变称呼：戏子→演员、表演艺术家；扫大街的→环卫工人；捡破烂的→收废品的；老妈子→保姆、家政工人，等等，还有不能歧视人的生理缺陷，例如瞎子→盲人；残废→残疾人……等等。尽管有些人在内心深处还是鄙视某些职业、某类人，但是作为一个有教养的人，在公开场合就不能用箭头左面的称呼，公众人物或公职人员更是如此。与其说是"政治"不正确，不如说是价值观不正确。这不是虚伪，**而是社会向平等方向转型中形成一种风气**，是积极的、必要的。

至于美国黑人，不应忘记，在美国立国后的一百年，他们是像牲口一样作为财产在集市上被买卖的。试设想，那时如果黑人提出维权口号，可能不是"黑人的命也是命"，而应该是"黑人也是人"。名义上被解放之后的一百年中，黑人仍然备受实际上的歧视，包括私刑残杀。又经过一百年的维权斗争，到1965年的《选举权法》是一个里程碑。但是南方为种族主义所把持的州坚决抵制，为使此法得到贯彻，当时的肯尼迪-约翰逊政府还动用了联邦国民警卫队。这些情况都说明根深蒂固的种族歧视不是靠一纸立法能解决的，更不用说在招生、就业中隐性的歧视了。所以紧接着出台的"Affirmative Action"法令有其一定的合理性。（此法令一般译为"平权"不够准确，本人曾译为"确保行动"，张教授译为"纠偏行动"），主要目的就是把纸上所规定的黑人平等权利切实落到实处，尽量实现真正的机会平等。正如约翰逊总统所说："好比把刚刚解脱镣铐的人放在百米赛跑，和其他正常选手一起'公平'竞赛"，实际上是不公平的。开始时给予一定的照顾是必要的。但是后来矫枉过正，照顾过分，造成新的不公平，效果适得其反。"政治正确"

为各种势力所利用，覆盖面越来越宽泛，越来越极端，已经不仅是种族问题。堕胎、同性恋、变性，乃至厕所是否分男女，都往这一口袋里装。在平时语言上也敏感到极致，使人动辄得咎。结果走向了初衷的反面，引起了多数人的反感，甚至成为笑柄。在招生、就业中对黑人的照顾首先侵犯到的是勤奋好学的华人，所以华人对 "政治正确"深恶痛绝是完全可以理解的。但不能否认黑人遭受压迫和歧视的历史。至于现在是否还有歧视，"子非鱼，焉知鱼之乐（苦）"。不在其中无法知道。出现了一位黑人总统，说明黑人平权达到某种里程碑，但不一定说明完全消灭了歧视。

有人把美国黑人问题与欧洲的穆斯林移民问题相提并论。欧洲问题姑且不论。有一点根本不同，美国黑人不是移民，是唯一不是自愿来这里，而是被强制贩卖过来的。他们的到来先于美国的立国，与白人一样是土生土长的美国人。与后来的移民不同，他们没有可以回归的母国。1960年代曾一度掀起"寻根"运动，"非裔美国人"的称呼由此而来，但要回到非洲显然是不现实的。

（三）当前美国的社会危机

当前举世瞩目的骚乱，由弗洛伊德之死触发，此事只是导火线。发展到现在，实际上与这个案件，乃至"黑人的命"已经脱离。就一般草根群众而言，他们是借此机会尽情发泄自己的郁闷和不满。特别是疫情把贫富差距凸显出来，贫困人口（不论黑白），无论其家庭是疫病受害者，还是在隔离中的憋闷和失去生计，都可能造成精神的狂躁，这正好是一个出口。还有宵小之徒乘火打劫。实际上，在美国的民主制度下，代议制的框架不足以满足民众的诉求时，隔一段时期群众走向街头也不足为奇，发生一些暴力冲突，常被媒体聚焦、放大，实际上没有那么严重。更重要的是如前文所说，被政治力量所利用，就变味了。首先是民主党，目的当然是为了大选，不必赘言。各种表演、煽情，把罪犯树成英雄，都是为了煽起对现政府，特别是要竞选连任的总统的不满。但是戏演过了，走向反面。另外也不排除无论极左或极右的极端恐怖组织乘机捣乱，唯恐天下不乱，造成失控的局面。

当前真正的问题主要不在于骚乱，而是美国社会的空前分裂，这一分裂非自今日始。相当一个时期以来，美国的两党政治已经失去了原来的相互制衡的积极作用，而成了不顾大局、只为一党私利的你死我活的斗争。民主的精髓在包容和宽容，这也正是美国原来的长处。过去美国大选，在竞选过程中双方可以互相攻击、揭短，无所不用其极，但是一旦一方胜出，落选一方立刻发贺电，发表支持当选总统的演说，而且也不再拆台。笔者曾写过，看美国的民主可以看落选总统候选人的演说，例如小布什与戈尔竞选时票数一直不相上下，最后由最高法院判决哪一次票数有效，因此小布什有"数出来的总统"之讥。其对手戈尔完全有理由不服气，但是戈尔立刻表示出于对美国民主制度的尊重，服从判决，并发表了一篇对当选者充满善意的、高姿态的演讲。共和党候选人麦凯恩与奥巴马竞选后的落选演说也很漂亮。上世纪90年代，本人曾亲历老布什离任后在南京大学的一次演讲，有人问他对他的继任克林顿总统有何评论，他说（大意），我有过机会，做了一些事，好不好任人评说。现在他有了机会，我希望他成功做成他想为美国人民做的事，我不应该说三道四。我当时感到，这才是政治家的风度。

另一方面，不论是哪一党的候选人，一旦就任之后，他的角色就是代表全民的总统，而不是代表哪一党。反对派尽管继续监督批评，也不为己甚，国会在各种具体问题上有争论有妥协，因而在大政方针上一般都向中间靠拢，基本上能取得共识。反观当前的情况，自这位总统上台后，似乎一直没有走出竞选状态，仍然站在一党一派的立场，而不是全民的领导。一上来就先把前几任政府（他用的是多数，不仅是前任）的政绩一概否定，似乎一切从头开始，容不下任何批评意见，大小问题都自己亲自出马（大多是发推特），与对方互怼，像小孩子吵架一样，对敏感问题、重大事件口无遮拦，出尔反尔，不对自己言论负责任，结果威信尽失。在百年不遇的疫情袭来时、在濒于失控的骚乱面前，需要有担当、有智慧的领导时，他的表现进退失据，仍然把竞选放在全局考虑之上。

我不是美国人，没有必要在两党中选边站。冷眼旁观，另一派也实在乏善可陈。不论是在平时，还是在灾情中，只见拆台，不见补台。似乎新总统一上台就致力于把他拉下马，很少认真的、建设性的建议。美国政党并无严格纪律，同属一党的个人常有不同倾向，就问题论是非，国会投票不一定都以党派分。在重大问题上也常出现两党多数一致的情况。但自上一届到这一届政府，以党派分野日益鲜明。如今更是大选在即，双方都以竞选为主要考虑，而置广大民生和美国的长远利益于不顾。甚至对待如此严重的疫情，是隔离还是开放，也以党派划线，连对这个问题的民意测验也按政治倾向分化。像《纽约时报》这样有威望的报纸，其民主党倾向性鲜明，但评论版原来号称客观多样化，却因发表了个别对立面的言论，其主编被调离，这也是违背自由主义原则的。唯一两党能达成一致的议题是对待中国。

试与1960年代的群众运动做一对比。当年的议题是反越战、反核武器、民权运动（主要是黑人权利）。时间持续了好几年，其中也有打砸抢暴力行为，还有公开主张武装斗争的黑人组织带枪上街游行。但是更加声势浩大的是马丁·路德·金领导的非暴力运动。他虽然后来为极端分子所刺杀，但是他坚持非暴力的影响和贡献功不可没，成为在种族平等问题上凝聚美国朝野各族裔的和解力量。1960年代的运动不止于街头政治，涉及学术理论、文学作品、校园辩论，有一定的理念和目标。另外，与现在不同的是，当时经济繁荣，有"丰裕社会（affluent society）"之称。参加者主要是大学生，衣食无忧，也没有失业之虞。他们主要还是出于理想主义，为弱势群体打抱不平，有某种正义感。全社会参与者甚广，包括上层精英，除媒体、作家外，还有著名医生、诺奖科学家，乃至罗斯福总统的遗孀等等。其诉求很明确，符合美国的核心价值观。党派分野不明显。总的说来，这场运动跨越约翰逊和尼克松两届政府，其结果是，美国退出越南战争、进一步提升黑人的权利、与苏联缔结SALTII（限制战略核武器协定），间接地也促进了美中关系解冻。以后一段时期政治钟摆又向右摆。若干年后当年的激进青年大多汇入主流，一部分仍坚持原来的政见，一部分反思，走到另一端，成为新保守派的骨干。这是美国政治的常态。

在当前混乱的局势中有一个亮点，就是特朗普要求军队出动平息骚乱，遇到军方抵制，未能得逞。美国现役军人是不能介入国内政治的。美国各州以及联邦政府都有国民卫队，略相当于我国的武警，在必要时可以协助警察维持秩序。建国初期群众暴力示威常常出现，普通人手中是有枪的，有时警力不足以控制。建国初期暴乱频发，1807年曾出台过《平叛法》，规定在发生暴力冲突，形势失控，或出现与敌国勾结危害国家安全时，总统得以动用联邦军队平息暴乱。此法在历史上曾多次使用过。特别是南北战争之后，南方白人种族主义势力实际不服战争结果和宪法修正案，经常出现暴力抗法，残杀黑人，包括三K党的暴行，往往州政府不但不镇压还予以支持，有过几次总统下令出动军队平暴。但是对于何谓"局面失控"、"不得已"，界限难以划定。为防止总统滥用这项权力，于1878年通过Posse Comitatus Act[**]，限制总统不得任意沿用《平叛法》下令军队平息暴乱，除非满足某些条件。其中最重要的一项条件是有关州政府自己承认无力控制局面，向联邦政府正式提出请求，然后总统做出判断，认为必要，还要先发出警告，通过一系列程

---

1. Posse Comitatus Act尚无固定译法，意指有关召集维持秩序群体的法案。美国早期地方警察遇到暴力事件，人手不够时常常动员平民志愿者协助平息暴乱。这一法案明确规定，此类人员只能是平民，除非满足某些条件，不得有军人。

序，才可以派军队。总之对于动用军队是慎之又慎的。最近的一次动用军队平暴是1992年老布什时期，洛杉矶因一名黑人被警察杀害，以及一名黑人被韩国商店老板打死而引起的暴乱。当时情况本文不再详述，总之烧杀抢劫，大半个城市陷入恐怖，局面的确失控，与当前的BLM不可同日而语。

特朗普总统在没有任何一个州提出申请的情况下，贸然下令依《平叛法》出兵，碰了一个大钉子。他刚任命的国防部长批评说当前的示威基本上是和平的，远没有达到"叛乱"的程度，越过州政府擅自决定派兵更是违法。不但如此，此举召来已经离任的本届政府第一任国防部长，以及前两届政府（两党都有）的国防部长和参谋长联席会议主席同声严厉批评。他们还同时向士兵发公函，提醒他们，入职宣誓的誓词是忠于宪法，其中就包括公民有和平示威的权利。这说明兹事体大，美国军人保持独立、中立，头脑清醒，保证美国不会大乱。也暴露了这位总统对美国的政体和法律的无知，在涉及美国根本体制的重大的问题上，如此轻率，只能自取其辱。其实，走向街头，采取各种极端行动的还是少数，绝大多数人还是盼望安定的生活。此时正需要强有力的领导，切实担当起平息动乱，维护社会秩序的责任。一般在灾难中人们容易拥护权威，例如大萧条时小罗斯福得到平时不可能得到的授权；"9.11"之后本来人望不高的小布什支持率大增。可惜现任总统及其团队已经失去这种威望。反对党则一味企图借此反对现政府，赢得选票。但是现在离投票还有几个月，可能有很多变数。有学者评论说，面对一位出轨的总统，将军们挺身而出捍卫文明社会准则，是令人欣慰的。但是不论在何种形势下，要靠军人来挽救民主终归不是好事。暴乱终将过去，但是深刻的分裂难以弥合。不论哪一派上台，如何收拾残局，找到全民达成共识的最大公约数，恢复社会凝聚力，都是重大的考验。这场动乱的结果是像以前历次群众运动一样，抖出污秽、挤破脓疮，然后刺激革新，继续前进，还是分裂无法弥补，美国就此失去凝聚力，民主制度进一步恶化，真的实现了人们预言了半个多世纪的"美国衰落"？只能拭目以待。

（四）中国人所谓的"白左"

"白左"一词是中国人发明的，纯属贬义。许多中国的自由派论者都认为欧美要被"白左"毁掉，对美国，则拥护共和党保守派，特别是经济学家率多看好里根-撒切尔夫人经济学，反对罗斯福新政，反对福利政策。

首先，中国的语境与美国是大不相同的。中国的"左"派是拥护国家资本，反对市场经济；拥护人治反对法治；（实质上）拥护集权反对自由民主；向往大锅饭，反对自由竞争……中国的私有财产得不到切实的保证，民营资本家缺乏安全感，在某种意义上也是弱势群体，公权力一直没有完全退出市场。这些都是改革开放的阻力。如果"左"的含义是激进、求变革，"右"代表保守，那么中国的所谓"左"、"粉红"实质上应该是右派。

而美国正好相反。美国最强大的是资本的力量。美国的宪法制定者特别专注的是维护私有财产不受侵犯，当然不可能预见到百年后不加规范的资本肆虐造成的两极分化。这种现象19世纪末已经显现出来。就是马克吐温提出的"镀金时代"。无论是马克吐温，还是巴尔扎克（法），还是狄更斯（英）的作品都对资本主义上升时的社会不公，资本家的巧取豪夺、权钱勾结、劳动者的悲惨生活，有生动的描写。所以才有后来各种形式的改良和革命。在资本主义国家，倾向于关注弱势群体的力量算"左派"，那是与我国的理解截然不同的。成功的例子是欧洲的福利制度和美国的进步主义改良。其目的就在于改善市场环境，使之更有利于公平竞争。我们有些朋友从美国进步主义改良起就加以否定，似乎一直奉行自由放任（"laissez-faire"）的经济就不会有现在的弊病，对欧洲的福利社会也持否定态度。这是违反历史现实的。我们都主张机会平等而不是结果平等，但是不能忽视的现实是，即使在美国也未实现机会平等。不断加剧的两极分化是难以治愈的痼疾，百年来的改革都是设法解决这个问题，取得不小成绩。但自1970年代中期以来贫富差距的扩大一直有增无已。现在更严重的是中产阶级分化、萎缩。连美国顶级富豪都注意到这个问题的严重性，并痛感必须进行改革。总不能说凡是穷人就是因为又笨又懒，活该受穷，没有客观因素。这就等于承认丛林法则（本人多年前曾为文阐述我为什么不赞成社会达尔文主义，主要就是其假定的环境相同、机会平等的前提，在自然界可能存在而在人类社会是很难实现的，为篇幅计，此处不重复）。

所以美国的"制约与平衡（checks and balance）"，"平衡"就包含着钟摆不断左右摇摆，进行调整。在一定的时候需要向"左"拉一拉，有时微调，有时幅度较大，到一定程度再拉回来。这是美国制度得以持续的力量所在。小罗斯福的新政、约翰逊的"向贫困宣战"（美国人民现在享受的医保和社会保障得力于那个政策），都是当时背景下的需要，里根经济学也是当时的需要。关于种族平等，黑人从牲口到人，到今天享有基本上的公民权，是经过二百年的斗争，单凭黑人自己绝对做不到，白人的努力是必不可少的，这些真诚信奉美国的核心价值观的白人也可算是偏"左"派。美国没有实行"社会主义"的土壤，连欧洲的社会民主主义都达不到，华尔街的权势很难动摇。把某一派说成"社"甚至"共"，是吓唬老百姓的，朋友们大可不必担心。另一派担心的破坏法治的法西斯化，看来也不至于。但是那种失去理性走极端的，或以"政治正确"为名形成某种冷暴力，与极右一样都对美国民主起破坏作用，使美国民主的劣质化，却是值得注意的趋势。

一般说来，中国人的平等意识比较薄弱（包括精英和草根），也极少有维权的可能。以至于最近出现的多年前高考顶替事件，被害人的亲戚家人在施害者的压力下不是维护自家亲戚的权利，反而为了自己免受干扰竟然要被害人向施害者道歉。幸亏有了互联网，还能曝光，引起公愤。还有强拆住房，以及其他种种不可言说之事。国情如此、人情如此，身边事无能为力，只能妄议隔洋之事，替他人担忧了。

（2019年）

小国办大事

——卡塔尔见闻

最近中东一个微型小国卡塔尔忽然进入了矛盾漩涡，成为国际关注焦点。本人一向对这个地区的潘多拉盒子视为畏途，无意对这个错综复杂的局面加以评论。只是想起2014年我机缘凑巧得以访问这一神奇的小国，留下深刻的印象。回来着手写"小国办大事"一文，但写了一半，他事插入，就此搁下。当前的新闻又使我联想起那次的印象，检出未完成的旧文加以续完，记下当时感想。

我有幸访问多哈是作为特邀嘉宾参加第6届"世界教育创新峰会（WISE）"。这是一年一度的名副其实的"世界性"盛会，规模宏大。这一届参会者有来自世界各国1500人。从一上卡塔尔航空公司的飞机起，我一路上就惊讶于这个小国之"大手笔"、现代化和国际化。应该说这架飞机是我近期坐过的国际航班中最舒服、服务最周到的之一。到达后发现多哈机场大而新，工作人员（大半是外籍）服务态度堪称一流。

关于卡塔尔国民人数的说法，从二十几万到四十万不等，而多哈的居民就有一百四十万，也就是说一大半是外国人，这个国家的高度国际化可以想见。WISE在国际会议大厦举行，这个大厦也大得惊人，好像是地下三层，地面三层（也许不准确），不知有多少间分会场会议室。会场提供像机场那种电瓶车，以供参会者在远距离的活动场所之间穿梭而行，由此可见建筑之"大"。与会者来自世界五大洲，但是在人数上还是阿拉伯人占多数，他们的服装男白，女黑，参会的男士居多，所以到处可见白色长袍飘然而过。有一次刚好是中午散会时，我坐在宽敞的休息大厅，遥望长长的滚梯上一大排耀眼的白袍徐徐上升，形成一道奇特的风景线。我曾经好奇地偷偷就近观察那些白袍，真是一尘不染，还未见到有污渍的，好像是每天都换新的。我纳闷这个缺水的沙漠国家是怎么做到的。

以上都是"硬件"。现在说说这次会议涉及的实质内涵，这个小国办了怎样的大事。一到多哈，到处听到的都是一位王妃的名字，全名长而拗口，我始终没有记住，简称"莫扎王妃"。关于这个国家的宫廷政治以及后宫争权的真假传说我没有兴趣，单说这位莫扎王妃，自1977年与当时的王储结合，后来王储上位，成为"埃米尔"，莫扎王妃逐步掌握大权，以自己的作为，树立了无可置疑的崇高威望。她思想前沿，有雄才大略，对卡塔尔的发展厥功甚伟。首先是在经济上，众所周知，许多中东国家都是靠石油而富得流油，卡塔尔也不例外。但是莫扎王妃的眼光之不同寻常在于看到不能只依赖石油一项经济来源，所以她以石油换美元，然后在国际上大笔投资，介入多种产业，使国家财政来源多样化，财源滚滚，富上加富，不但充盈而且稳定，卡塔尔人均收入成为世界第一。所以人称她是整个国家的CEO。

这么巨大的财富拿来做什么？首先是用于民生。在她主持下，卡塔尔公民享受高生活水平、高福利，全民免费教育、免费医疗，还有种种补贴，等等。一个几十万人的小国，做到这点并不难。但是当时当权的老国王思想保守，等级观念很强，并不赞成这种福利政策，所以要做到，也需要一定的勇气坚持。这一举措使她赢得了全民的拥戴。当然还有众所周知的半岛电视台，其特点和意义自不必赘言。

更加重要的是办教育——确定了科教立国的方针。不是纸上谈兵，而是切切实实办成了影响不小的大事。1995年建立了"卡塔尔教育、科学与社区发展基金会"（以下简称"卡塔尔基金会"），主席就是王妃自己，其宗旨是促使卡塔尔经济转向以教育为基础。其口号是"卡塔尔**正在从碳经济走向知识经济之旅。基金会的使命就是以释放人的潜力来支持卡塔尔这一旅程**"。基金会宣传手册的内容，实际上就是其建国方略。摘录几段，以见一斑：

教育："卡塔尔到2030年的国家远景规划中每一项的出发点都是基于这一认识——**一个国家最宝贵的资源是它的人民。**"

教育的目的是培养世界级的各个层次的人才，从6个月到3岁的学前教育到大学、研究院都达到世界一流的教育水平。

科学与研究："卡塔尔基金会的战略中心是与其他的科学、研究和技术组织合作，建立各个中心的网络，以应对卡塔尔面临的最迫切的挑战"。为实现此宗旨，2006年国王与王妃共同宣布拨出占GDP总数2.8%的巨款用于政府资助的科研。特别鼓励和支持解决卡塔尔面临的关键难题的创新思想。

社区发展："卡塔尔认识到拥抱全球化和建立开放社会的重要性——但是不是以牺牲自己独特的自性和公民的福利为代价。关于社区建设，强调既要建设进步的社会，提高文化生活，同时注意维护文化遗产。"

我个人在短短的一周内接触到两件事见证这一宗旨的贯彻。

关于 WISE

这是卡塔尔基金会主持下的一个主要项目，创建于2009年，它提出的宗旨是在全球创造一种新的教育理念，为创新思想和行动提供一个国际性的、多层面的交流和交锋的平台。通过经常性的项目和两年一度的大规模的国际峰会，促进教育创新和合作，以缔造教育的未来。口气和抱负不可谓不大。另外它还设立奖项，每年在全球遴选6个教育创新项目颁奖，获奖者除得到2万美元奖金外，主要能获得在国际上曝光和交流合作的机会。这个奖项向全球开放，评委会由各国著名教育专家组成。从来自各国的几百家乃至上千家的申请中经过海选，选出15名决赛候选者入围，最后选出6名获奖者。2014年中国教育家朱永新先生创办的"新教育实验"项目曾入围15名的候选名单，但最终未能胜出进入前6名。（在此之前，中国的"同心实验学校"曾入围2013年的前15名，之后，"网易公开课"2015年入围，"一公斤盒子"2016年入围，但都没有进入前6名）。

我参加的2014年的峰会第一场全体大会就是颁奖仪式。此次获奖的6个项目来自**澳大利亚、埃及、芬兰、印度、约旦和秘鲁**，内容包括为乡村残障儿童、城市流浪儿童提供教育资源、提高女童入学率、鼓励草根阶层儿童快乐学习、促进农村地区就业与学习接轨等，都是在做法上有所创新而取得一定成效的。莫扎王妃亲自出席讲话，并给第一名颁奖。

历届获奖项目情况在WISE的网上都能查到。本文只谈自己的粗浅感受。由于会场大，我坐得远，并未详细聆听每个获奖者对项目的介绍。总的印象：一是强调为缺少教育资源的弱势群体服务；二是强调创新，超越上课教学的传统模式，努力做到根据帮助对象的特点，因地制宜，因人制宜，花样翻新。

以后几天是几十个工作室的小组会，与会者可以根据布告上的小组题目和会场地点自由选择参与。我并非这一领域的从业者，只是旁观者，走马观花地旁听了几个小组，大致对这个活动有个概念，足矣。

最后一晚是以王妃名义邀请的晚宴，颇有一番盛况，有点像我国人民大会堂的国宴，不过人数众多，圆桌的摆放要拥挤得多。宴会开始前有正式的管弦乐队和歌唱家表演。正式开始时由王妃致辞，菜肴丰盛，以西餐为主，也有几道当地特色的菜。曲终奏雅，盛会就此结束。

别开生面的国际性大学

　　主人安排的会外活动之一是参观大学，这是自由活动，还有其他可选的项目。我很庆幸选择了参观大学，亲身体会这小国寡民是如何善于借力办大事的。这所大学位于多哈西郊的大学城，是莫扎王妃一手创办的，并以她的姓氏命名："哈马德·本·哈里发大学"，简称HBKU。根据介绍，她先请了一位国际知名教育家（可惜我没有问名字和国籍）来主持，提供充足的经费和场地，但完全放手让他按照他的教育理念办学，不加任何干涉。这所大学自称目标是培养**"具有批判思想、解决问题的能力、团队合作精神，以及能与不同文化背景的人合作的人才，从而涌现出引导21世纪的'地球公民'"**。其独特做法是博采各国际名校之长，联合办学院。目前共有8个这样的学院，例如计算机工程学院与美国卡耐基-梅隆大学合办，因为该校这一专业有特长；国际关系学院与国际关系学科享誉世界的美国乔治敦大学合办；医学院与美国康奈尔大学合办；商学院与法国著名高等商学院合办……等等。合作方以美国最多，5个学院，英国2，法国1。所谓合办，就是学制、课程完全与合作方一样，主要教师也基本上从该校聘请，学生成绩和学位得到对方承认，例如国际关系学院的毕业生可得到美国乔治敦大学的学位。所以从教到学都是国际化的。除8个国际化的学院外，还有一个以阿拉伯语言历史文化为专业的学院，则是卡塔尔自己办，不与外国合作。2012年又创办了一个翻译学院，培养硕士学位的翻译人才，计有阿拉伯、英、法、西、汉语。

　　招生则向全世界开放，看来大部分学生还是来自阿拉伯国家，女生人数竟超过男生。我们与几个学生随便聊，他（她）们对学校的教学和生活都表示满意。其中有一个来自开罗大学的女生，我问她这里与开罗大学相比较怎么样，她语气强烈地说那开罗大学简直无法和这里相比！按说在阿拉伯国家中开罗大学是历史悠久享有一定声誉的，足见这所大学确实起点比较高。

这种博采众长，借力的做法是事半功倍的。这首先需要雄厚的财力，从教务长到教师当然都是高薪聘请的，更重要的是眼光和魄力，用人不疑，充分放手。这对于掌权者说来是很难真正做到的。校方的接待人员向我们介绍中特别强调卡塔尔的建国思想：**国家繁荣以教育为基础，通过创新来发掘人的潜力，以适应日益变化的世界**。应我的提问，他们说科研的重点在于摆脱对石油的依赖，发展太阳能和其他可再生能源，促进可持续发展。

以锡德拉树为象征

另一个我感受较深的是他们在各种宣传中经常强调，在国际化、现代化的同时必须维护自己的文化特性，保护文化遗产。在大学城处处可见一种树，名锡德拉（Sidra），树不高，很结实，枝叶如盖。它的特点是在沙土中扎根深而稳，抗旱、抗风暴，象征坚韧不拔、抵御各种艰难险阻的精神。在参观大学时，讲解员一再提到这种树的精神。它还是神话和民谣中经常出现的象征知识之树。诗人、学者和远方客人经常在树荫下聚会，交流思想。它的花、叶可以入药，果子可以食用。卡塔尔基金会用它做Logo，其宣传小册子封面就是以锡德拉树为标识。其含义是树根坚定地扎入本国的文化传统的土壤，同时枝叶向上尽量伸张，与现代学识和发展相结合。锡德拉树不仅属于卡塔尔而是阿拉伯世界共有的。我感到可能略相当于希腊的橄榄树，不仅见于希腊，而见于地中海沿岸各国，成为和平和某种文化的象征。

正巧WISE开会期间北京正在举行APEC峰会，各国首脑云集，卡塔尔艾米尔也在其中。据说王妃本来应该同赴北京，就是因为WISE会议不克离开。我无意中见到卡塔尔的英文报纸，头版头条新闻就是艾米尔在北京参加APEC会议的消息，与习主席全身合影占了一大版。消息中还报道，卡塔尔基金会给北京大学捐了一笔钱，专门设立中东研究讲席，数字我现已记不清，只记得是一笔巨款，大得让我吃惊，再次感受这个小国之慷慨大方——美国无论哪个大基金会绝不可能对一个教育项目一次性有这样大笔的捐赠！这也说明他们对发扬传统文化的重视。我想国内媒体眼睛都看着大国，这幅照片和给北大捐款的消息大概不会报道。回来一问果然无人知晓，连北大也很少人知道。

我还由朋友陪同参观了伊斯兰艺术博物馆，果然值得一看。建筑本身就不同凡响，既现代，又有伊斯兰特点，气度轩敞，美轮美奂。后来才知道，这是贝聿铭先生在91岁高龄时设计的，而且应他的要求，专为此博物馆建立了一个人工岛，使这一建筑面临大海，巍然独立。单是徜徉于这大厦内外，就足以使人流连忘返。其藏品之丰富、精致也超出我的想象，堪与世界著名博物馆媲美。实际上半天的时间也只能走马观花，这样规模的博物馆不是一次能看完的。这些珍贵文物也是那位王妃力排众议，在全世界出巨资陆续购买的。其抱负不但把博物馆作为陈列文物的场所，而且要使之成为一个伊斯兰文化与世界文化交流中心。

也许是我对地图上夹在两个庞然大国（沙特和伊朗）之间的这个小岛之"小"，印象太深，所以来到以后处处感到其出手之"大"，成鲜明对比。从地缘政治上说，两大之间难为小，好像那庞然大物的邻国伸出一只脚就可以将它踏平，何况还不止是"两大"，毗邻还有一个不算大国却也比它大好几倍的阿联酋。单凭武力是无法抗争的。所以高度国际化，四处借力，把财富用在和平发展上，未始不是自保之道。在这点上，卡塔尔与欧洲的瑞士有些相近。但是中东毕竟不是欧洲，现在，小国遇到大麻烦了，锡德拉精神能支撑多久，那些大国、中等国，乃至超级大国之间的博弈对这弹丸之地将产生什么影响，还待观望。

再次申明，我无意对这个地区的地缘政治做出评论。不过从人类文明的角度，我所见到的这个袖珍小国的治国理念和所作所为，不比那些大国发起的硝烟烽火、流血杀戮更值得维护吗？

（2019年）

旧话重提

——伊拉克战争前的思考

作者按：这是美国小布什政府扬言要攻打伊拉克而尚未付诸行动之前本人的一份思考要点。当时我国和全世界一样出现"拥战"和"反战"两种意见。简单说来，拥战者把它视为民主对暴政，反战者则视为美国霸权主义对主权国家。我本人未参与公开争论，因为有一个最重要的因素我没有深入研究，即伊拉克的真实现状和民情。就当时已知的各种因素权衡的结果，我总的倾向是反对美国发动这场战争，但是理由又与多数反战者不同。当时记下了自己思考的要点，除摘要以电邮发给个别朋友外，从未发表过。现在这场战争已经"结束"三年，从电脑中调出这篇要点又看了一遍，我不敢自诩先见之明，但大部分思考仍未过时。今照录如下（除个别语句不通、不好懂处略加调整外，未作修改），也算立此存照，并提供另一种思考的角度。

所有问题的出发点和依归应是伊拉克大众、美国大众以及世界和平和秩序。

1. 伊拉克：

萨达姆是暴君，在他领导下的政权给伊拉克人带来深重苦难，因此推翻不足惜。

问题：

1）应由谁来推翻？显然应该由伊拉克人自己起来解决这个问题，无论是通过暴力革命、政变还是和平手段。历史上也发生过多次这种情况。现在伊内部是否有健康的、足够成为核心的反对力量？如果有，无论斗争多艰苦，不需要这样残酷的外来战争。没有战争不等于不能接受外援。如果内部没有足够的核心力量，即使靠外力推翻萨达姆，也很难完全靠外力扶植一个政权而不引起内乱。

2）谁了解伊拉克人的心态？民族主义比民主诉求哪个更强烈？美国以"解放者"自居，设想美军所到之处，伊拉克人"箪食壶浆，以迎王师"。这可能会发生在少数地区，如萨达姆曾对之用过生化武器的库尔德族地区。而在总体上更可能出现的是"兄弟阋于墙，外御其侮"，或者完全分裂。在有东方专制传统的国家，美国人一向低估民族主义情绪，高估广大民众民主的要求，错把少数经过启蒙的知识分子的思想当作普遍的思想。尽管以中国作类比不恰当，但反观中国百年来多少次，都是反帝压倒反封建，而且统治者从来都能利用"爱国"口号镇压民主的诉求。至今，甚至在受过高等教育的青年中，近乎义和团情绪的民族主义仍然一触即发。更何况阿拉伯民族还有如此强烈的宗教传统，如此复杂的与基督教文明的宿怨，还有长期美国支持以色列造成的局面的现实。

3）战争的"短痛"是否强于在暴君统治下的"长痛"？问题是这一"短痛"非同小可，是超强杀伤力和破坏力的先进武器的倾泻。若为生活在这片土地上的伊拉克居民设身处地想，是否愿意几代人的建设成果毁于一旦，自己以及亲人大批被炸死、渴死、饿死、病死，然后再在环境污染不堪，一片废墟上完全靠美国和国际援助建立起民主乐土？那漫长的恢复的过程难道不是长痛？回到第一个问题：依靠谁来重整家园，建立新秩序？美国能否扶植起一个能控制如此复杂局面的领导人和政权是值得怀疑的。何况伊拉克地处美索不达米亚平原，其稀世古迹文物毁于一旦，谁是千古罪人？（最后这一点，当时有朋友讥我以"不问苍生问鬼神"）。

2. 美国方面

问题：

1）姑不论其动机，美国有没有能力驾驭战后的局面，收拾残局？有没有诚意帮助伊拉克人重建家园，一帮到底？远的不说，从最近阿富汗的例子来看，就很可怀疑。打完仗，扶植了一个比较中意的人物上台，但本·拉登至今没有抓到，反政府的游击战此起彼伏，阿富汗的政权始终没有稳固，政治、经济困难重重，阿富汗人远远没有安居乐业。而美国又放下这边，去打伊拉克了。其最直接的后果是阿富汗的反政府的恐怖和游击活动明显增加。很可能本·拉登正在偷着乐。阿富汗人忍受了美国为反恐除害的战争，所得到的帮助与其付出的牺牲是不相称的。

何况伊拉克比阿富汗要复杂得多，从经济到文化，从人道主义到环境灾难，美国收拾得了，驾驭得了吗？美国纳税人负担得起吗？

2）国内钟摆是否还摆得回来？美国现在以小布什为首的一批当政者代表美国对内"劫贫济富"的（如税收政策、福利政策等等）的极右派，对外认为"美国无所不能"的强硬派。美国民主的活力在于国内总是有不同的声音，反映在政治上钟摆来回摆动，取得平衡，并在摆动中不断调整，达到渐进的改良。但是"9.11"之后，美国人的心态有很大变化，理智的、忠于自由平等理念的当然还大有人在，但是被另一种由恐惧而逆反的情绪所压制。实际上自"9.11"以来，美国的基本公民权利已经不断受到侵犯，平时美国人不能容忍之事，在缺乏安全感的情绪笼罩下，以反恐的名义也都予以容忍了。所以小布什政府得以一意孤行。已经有论者称本届政府在国内也实行"单边主义"。国内实际上潜在的种族矛盾已经上升，经济上受害者还是穷人。民意测验支持打伊拉克的总体上还占多数，但是《纽约时报》做过统计，把黑人和白人分开计算，显然黑人占比例要小得多，这很说明问题。按常规，到这个地步，钟摆就该往回摆了，但是由于这种"非常时期"，美国人的失常心态，一时摆不回来。今后如何，何时能摆回来，决定美国作为民主社会的活力是否能够重振，还是从此一蹶不振。

3）国际上空前孤立。现在的执政者形成了按自己的意图建立罗马帝国式的帝国的理想。为此，它援引二战以后占领德国和日本然后改造其政权的先例，硬指定一个类似当年法西斯轴心的"罪恶轴心"，作为自己行动的理由。其牵强附会十分明显。但是这说明它不会满足于伊拉克。原来就设想以伊拉克为据点向阿拉伯推行民主制度，顺理成章下一个就该是伊朗了。所以阿拉伯国家人人自危。战争拖的时间越长，原来的恶魔成为民族英雄的可能性就越大。一个阿以问题已经弄得美国心劳日绌，即使不出现整个阿拉伯世界联合反美的局面，此起彼伏的麻烦，以及支持美国的高要价（如土耳其、菲律宾等等），美国应付得了吗？

4）冷战时期美国的对手是明确的，而且是理性的，所以才有以核武器互相威慑避免了热战。现在的对手是非理性的，无处不在，并带有宗教狂热。高科技超强武器很难见效。现在美国打开了潘朵拉盒子，很可能激起更多的恐怖主义报复行动，使美国今后安全的代价日益昂贵，永无宁日。正是因为美国人境遇太好，没有经历过其他多数国家所经历过的苦难，其神经相当脆弱。再来几次类似9.11事件，引起的心理上的连锁反应，美国的经济就很难恢复。不仅是前线的士气，就是国内民众的士气也会低落，是否会以此为契机，像历史上一切称雄一时的帝国那样就此走下坡路呢?

5) 另一种设想,美国挟其各方面的优势,这一次的战略意图基本实现,以伊拉克为据点成功地控制中东,既占有了石油资源,又在政治上发挥影响。小布什政府现在已经开始把战后重建的一些项目承包给美国公司。假设连战后的重建美国也可以绕过联合国框架,那么单边主义必将进一步大行其道,并得到美国民众认可。这样一个美国必然更加无视其他国家的利益和意见。用通俗的话来说,就是更加"霸道"。因为民主制度的精髓是权力的制衡,国际上没有足以制衡美国的硬力量,任何国家,不论其本国制度如何,必然会权力膨胀。

本来,以美国立国的自由民主精神,向良性方向发展,可以因自信而更加宽容。但是现在的发展趋势是或者由于意识到自己的衰落而缺乏自信,因而神经过敏,反应过分;或是由于强大而过分自信,因而更加惟我独尊,都很难适应世界的多元化。

最后,沿用"革命不能输出"的老话,民主制度也是不能输出的。这里"输出"是指靠武力强加于一个国家,不是指思想的传播。我从来认为民主代替专制,基本人权的实现是普世性的目标。不同的国家所处发展阶段不同,在蜕变过程中外力的推动是需要的,但只能通过内部已有的因素促"和平演变"。揠苗助长适得其反。从某种意义上来讲,美国领导人对待别国的思维方式与从斯大林到勃列日涅夫的前苏联有类似之处:1) 美国的利益代表全人类的利益;2) 以解放全人类之名推行自私的国家利益;3) 在理想主义的旗帜下行高度实用主义(例如本·拉登、萨达姆、以及诺列加、皮诺切特等在某个时期都是美国所扶植的);4) 目的正确,可以不择手段。

在所有这一切之上,是美国掌握的超强武器足以使以任何理由发动战争都对地球造成无可挽回的破坏。这是与历史上任何时期不同的。这种毁灭性的非正义手段可能盖过任何正义的目标。

基于以上各种因素，"和平主义"可能是人类最明智的选择。

后记：今天，伊拉克的局势仍然没有画上句号。所不同的是美国国内指责小布什之声日益高涨。其实追究伊拉克有大规模杀伤性武器的错误情报责任在谁早就不重要，本来就是借口，美国要打，方针是早已定的，今天政客中的反对派，当时也是投票赞成的。问题在于效果如何。以上"要点"中提出的问题大部分没有答案。伊拉克民主前途如何，可能仍然仁者见仁，智者见智，但有一点是肯定的，反恐越反越多，效果适得其反。另外，美国自私的战略目标也许部分地达到了，但是捅了阿拉伯世界的马蜂窝，不知如何收场……还可以提出一连串的问题。在这期间，我常想到8年前我亲自听到方今总统之父老布什的一段讲话，那是1998年老布什在南京大学接受名誉博士的典礼上，对南大师生发表演讲后关于海湾战争问题的答问，我躬逢其盛。现照抄校方的记录以饷读者，父子二人对同一问题的态度两相对照，耐人寻味：

问：你现在是不是认为美国当初最好还是保持地面战争直到完全占领伊拉克，像二战后盟国对日本那样建立起一个民主政府，而不让萨达姆在近几年给美国带来这么多麻烦？

答：不。今天我也不会改变做法。问题牵涉到那场战争应该怎样结束。我们接受了一项任务，是我，美国总统，和联合国安理会确定的任务，那就是终止侵略（按：指伊拉克侵略科威特），任务并没有说要杀死萨达姆·侯赛因，也没有任何话提到要占领伊拉克。只说终止侵略。我们曾经试图通过和平手段达到此目的，通过外交途径，还有联合国一项又一项决议。如果他肯和平退出，全世界都会欢呼。但是他没有。所以我们被迫作战，我们是在联合国批准的国际法的框架内进行战争，同时也是在一个历史性的联盟之内作战。当然美国在其中承担重头。柯林·鲍威尔来见我说："我们的任务完成了"。与所谓以五万条运尸袋为代价的预言相反，战争结束时双方牺牲人数都相对较少。我说的是"相对"，因为每一条人命都是宝贵的。

我从来没有想过要悄悄扩大任务，说"我们的任务不是终止侵略，我们的任务已经改变了，是要杀死萨达姆，是要作为在阿拉伯土地上的占领国"。如果我们这样做了，就绝对不会有我和戈尔巴乔夫共同召开的马德里会议——那决不可能实现了。那你们就会看到联盟立即四分五裂，美国就会像萨达姆所希望的那样——成为在阿拉伯土地上的占领国，而我，作为总司令，要对自愿参加战争的男女士兵说："你们去为寻找近代历史上最安全的暴君而牺牲生命吧"。我能要求谁家的子弟到那里去做这样一件根本没有把握成功的事呢？

我们的确48小时之内就可以到达巴格达。我们已经掌握了制空权，我们有第82空降师。我们有力量，在那里有五十万美国军队。要进入巴格达是没有问题的。但是我要向那些历史修正派问的是："然后呢？然后你怎么办？"我们无法保证不陷入一场游击战。我们在越南就有过这样的经历，并不遥远。我认为那一次的做法是错误的。我从来没有想过要超越所接受的使命。如果有过那样的念头，也得先找到刚才那些问题的答案。这就是我的理由。我能理解一些国内外人士为什么会问这样的问题，因为萨达姆还坐在那里对他的人民施暴，但是我们做出了正确的决定。我不愿做一个阿拉伯国家的占领国的总统，然后为盟国所离弃。

（以上摘自1998年南京大学印行的有关那次活动的记录）

（2006年2月）

国际问题研究的反思

本人忝列"国际问题研究"界，长期以来感到这一行业内某些习惯的思维方式和看问题的角度有值得反思之处，当然包括本人。有的比较普遍，有的只是一部分国人的特殊思维，但也非个别现象。

1）见"国"不见"人"。论述的基础都以抽象的"国"为单位——地缘政治、大国博弈、"国家利益"等等，似乎国家是一个抽象的物件，有时等同于一个领导人的所思所想，很少考虑每一个国家是由千百万个体活人组成的，他们有自己的意愿和利益。特别已经是公民社会的国家更需要眼睛向下。认识世界、认识自己的基础缺失了"以人为本"的大前提，目中无人。这就导致在这一领域中人道主义的缺席，可以说比较冷酷。

在发生重大事件时学者调动专业知识，深入细致分析来龙去脉，本是题中之义。但当"文斗"已成"武斗"时，侈谈地缘政治、大国争霸、历史恩怨等等，而心目中没有生灵涂炭、千百万人流离失所、人类智慧和劳动的结晶毁于一旦的残酷现实，无视加害者和受害者这一基本是非，尽管学识渊博、貌似中立，至少客观上起到为屠夫辩护的作用。这就是目中无"人"（不论是哪国人的生命）的惯性思维。与此相对立的是最近乌克兰总统泽连斯基答记者问：他认为胜利的标准是什么？回答是：保住最多的生命。此言出自人道的本能，而非高高在上的政客辞令。反观战争发动者的胜败标准是占领土地、控制政权，牺牲多少生命（包括双方）在所不惜。这就是为什么肉食者鄙，未能远谋。因为肉食者往往利（权）令智昏。严肃客观的研究，理应与肉食者的思维相区别。特别是人类已经进入一个崭新的时代，农耕时代的以领土为中心的胜负观到工业文明时代已经为经济、贸易竞争所代替，何况信息时代。

2）重视外交，忽视内政。关于此点，本人有切身认识转变过程：自威斯伐利亚格局以来，一般都认为某一时间段的国际格局是由一场或多场战争决定的：战后根据胜负各方的力量对比签订条约，暂时形成稳定格局，直到下一次大战打破，重新洗牌。一战以后凡尔赛格局，二战以后雅尔塔格局，均是如此。本人在《战后美国外交史》的总绪论中结尾称，在可以预见的将来，雅尔塔格局还会继续。而此书刚出版，即发生东欧、苏联相继突变，雅尔塔格局訇然解体。这不是由于战争或外部因素，而是有关各国内部变化，是一方原有的制度难以为继。这一现实证伪了本人所谓"可以预见的将来"，证明了世界格局的变化不一定由一场战争决定，而可以来自主要国家内部的变化。所以在国际研究中，对有关国家或地区本身的历史与社会发展状况加强关注十分重要。固然，一个超级大国的内部变化产生的影响与中小国家是不一样的，但是如果一批中小国家内政转变，就足以对国际格局产生影响。

又如对苏联的解体，强调外部的作用，从"和平演变"到被诱使进行军备竞赛等等，而不承认其制度的内因，也是见外不见内的表现。当然这只代表某一部分论者，随着对冷战史客观深入的研究著作出现，此论日益消退。

3）大国主义。只见大国博弈，忽视小国的存在和诉求。诚然，国际关系中丛林法则还占相当的分量，直到雅尔塔格局之形成，还是美英苏三大国讨价还价瓜分势力范围，决定小国、弱国的地位和命运。联合国成立后有所不同，其宗旨是维护永久和平，以大国小国一律平等为原则，但是又设定了五常任理事国一致保证的规则（即一票否决），这两个原则显然存在内在悖论。这种自相矛盾的设置也是大国博弈的结果——五国一致是苏联坚持的，因为它当时是少数。（1994年橡树园会议通过联合国宪章50周年时本人曾发表文章详述这一过程及其矛盾）但是战后将近80年，已进入新时代，联合国创始之初只有50个国家，其中绝大多数实际没有发言权。现在其成员国数字已经接近当初的四倍，大小国家都有本身的利益诉求，纷纭复杂。联合国改制之呼声已出现多年，当然一时难以实现，但研究的视角应该有所转换。

例如在当前这场战争中，最常见的为侵略辩护的论点是所谓"历史渊源"，"北约东扩"逼俄太甚，俄有安全考虑云云。但是追溯历史为什么止于上世纪90年代，而不再往前推一步？从沙俄到苏联，对波兰等东欧国家的侵略、瓜分和压迫（包括令人发指的卡廷事件）不也是历史渊源？俄罗斯的"安全关怀"应予照顾，那东欧国家的安全呢？何况前者是主观的、对可能发生的威胁的心理戒备（北约本身是防御性组织，其成员国实际从未进攻过俄国），而后者是根据已经发生的历史与现实切身经历而来的恐惧。好容易摆脱一个超级大国控制，心有余悸，急忙寻求庇护，不是更合理的诉求吗？单方面强调"北约东扩"对俄心理上的威胁，并且说成是美国的主动，而不考虑东欧国家的处境和主动的强烈要求，就是出于只着眼于大国博弈的思维。应该承认，本人1990年代初在与美国人讨论时，就持不赞成北约发展太快，逼俄太甚的观点。那是叶利钦执政时期，当时主要对这一超级大国的转型前景过于乐观。同时也未能免俗，继续"冷战"以来关注大国博弈的习惯思维，而未把刚获得解放的东欧国家考虑在内。

再者，人民的幸福不与疆土大小成正比。曾经的日不落帝国，如今瘦身到英伦三岛。英国的普通人民比维多利亚时代（也就是狄更斯小说中描绘的）英国人哪个更幸福？更不用说北欧小国人民的幸福指数一向名列前茅。那个扩张成性的大国领导，发出"以二十年为期还你一个伟大的俄罗斯"的豪言壮语，若是二十年中着眼于改革内政、改善民生，而不是对外扩张、恢复霸权，今日俄罗斯当有新面貌，对本国、对他国都会是福而不是祸。而许多研究者常常不自觉地以一位野心家的是非为是非，不知不觉顺其思路评论兴衰成败。

"修斯底德陷阱"之说，也是把大国排行视为国际关系之必然，所谓"老大"、"老二"云云，都以GDP为标准，如果以人民幸福为目标，如何衡量"老几"？自封"老二"，为什么一定要当"老大"？人民需要的是安居乐业、基本人权与尊严有保证，而不是万方来朝的虚荣。今后的世界是否还是必须通过斗争产生一个睥睨群雄的超级大国？这都是应该摆脱陈旧思维，换一个角度考虑的问题。

4）美国中心论。从上述"大国主义"衍生出来，在提到"西方"发达国家时，往往只看美国，无视欧洲及其他国家，或者实际上把它们都视为美国的附庸，其一切举动都听命于美国，至少是美国在背后操纵。凡欧洲某国与美国有分歧，就说成"闹独立"，似乎该国原来不是独立国。诚然，二战以后（实际上是整个二十世纪），美国以其惊人的创新能力实际上引领了世界发展的潮流，这是事实。但世界不止有美国。中国的精英多轻视欧洲。特别对于"欧盟"这个在欧洲大陆的伟大创举，认识远远不够。提到这一组织时也往往从与美国关系的角度论说，如欧元与美元竞争等等，而无视其诞生的历史渊源、有关各国人民的诉求和所代表的价值观，更少认识这一创举的政治智慧及其对世界和平的意义。最极端的甚至把西欧国家习以为常的街头游行示威，都说成是美国挑动。以至于在当前这场战争中，将欧洲人唇亡齿寒，自发地对乌克兰的同情和支持也视为背后为美国主导。

有些人一方面大谈美国衰落，另一方面又似乎认为美国无所不能，是一切国际事件的台前幕后操盘手，这种矛盾的思维却常常同时出现。

5）缺乏独立、超脱的身份。不少学术论文，作者往往把自己代入决策者，或是外交部长的角色，至少是"谋士"。学术研究等同于政策建议，而忘记研究的任务首先是探索真相，发人之所未见，然后分析其所以然；目的是普及知识，加深对外部世界的认识；面对的是普通读者，而不是，至少不仅仅是政府官员。既号称学术，就应超脱于狭隘的"敌我"观。何况所谓"对我有利（或不利）"，"我"是谁？"利"何在？其他文史、社科研究可能也不能完全超越现实政治，但国际研究显然功利性更强。史学界有一些比较优秀的榜样，能够努力挖掘真相，言必有据，谈事实，不谈利害，值得借鉴。当然无论什么学科，不能脱离学者的良知。

以上只是概述本人所见基本上属于学界的、比较严肃的论述中的一些问题，愿与同仁共勉。至于坊间各种一知半解自命"专家"，或根据某种需要不顾事实的宣传，甚至谎言，不值得一评。深知囿于国情，研究要独立、超越功利，可能是奢求。但虽不能至，亦当望之。首先努力与政客拉开距离应该可以做到。

（2022年4月15日）

辑三

思故人

可敬的"老编辑"

——贺邓老九十华诞

"老编辑"是邓蜀生先生自称，姑以此为题，当然远不足以概括先生一生多方面的成就。

我听到邓老（过去称老邓，现在应该称邓老了）这一自称是在一次小会上。那是我任职的美国研究所举行的一次对某本书的评审会。起因是美国所向福特基金会争取到了一笔出版资助，每年以一定的数目资助出版有关美国研究的学术著作，条件是要有专家评审，并已有出版社接受。邓老既是资深出版人，又是美国史专家，并且是美国史学会的成员，理所当然地被聘为评审会的成员。

那是上世纪八十年代后期，出版业正在改制中（似乎这种"改制"从来没有停过，直到今天还在继续不断，使出版界人士穷于应付），在新旧交替中困难重重。出版与销售严重脱节，学术著作的出版十分艰难，越是高水平的越是曲高和寡，印数极少，还常要作者自己承担包销一定数量，也就是学者还要负责推销自己的著作，局面尴尬。学术著作如能争取到出版补贴，出版社当然求之不得。不过当时与现在不同，政府远不如现在那么财大气粗，像社科院那样的单位更是以"穷"著称，很少能为学术著作支付出版补贴。美国研究所取得这一优越条件是很幸运的。

在经济压力之下，各出版社被迫牺牲高品质，追求"畅销"。除了完全迎俗的读物外，那个时期的特点是某些知名的外国作者的作品广受青年学子追捧。翻译著作成为出版的热点。但是翻译人才却远远跟不上，于是萝卜快了不洗泥，短期突击一年半载外文的，也敢承揽哲学名著的翻译，出版社往往省去许多技术上的审阅、校对程序，出现一批粗制滥造的译著。在那次会议期间大家纷纷议论这些现象，议论出版业的困境，也只能发发牢骚。已经有人愤然提出"逼良为娼"之说（当时这句话似很尖锐，现在却已广泛应用到许多领域，不是出版业专有了）。记得邓老叹气说"现在老编辑都感到凄凉，年轻编辑倒不感到凄凉，因为年轻编辑没有当过老编辑"。这句有点拗口的话给我留下了深刻的印象，特别是以"凄凉"来表达那种心情，至今难忘。"老编辑"三字有千钧之重，包含了丰富的内涵：阅历、学识、水平、眼光、敬业和担当。以后在我的工作中同越来越多的出版社、出版人打交道，特别体会到"老编辑"之可贵。

我本人无缘在邓老手中出版过书，却有幸得到他为我的第一部有关中美关系史的专著写评论。先夫陈乐民有过此缘分，而且其经过确实体现了"老编辑"不寻常的胆识和追求。当时我们刚搬到东总布胡同社科院的宿舍，发现刚好与他家同住一条胡同，相隔几百米，于是就有了互相走动的关系。我们谈话的题目总离不开学术问题。社科院的"国际片"一般重国别研究，而且重点在外交、政治、经济，而乐民当时正对欧洲作为一个整体观念进行思考，并且着手写了一些篇章。大约他同邓老谈话中也涉及这方面的话题。有一天，邓老对他说，现在人民出版社下面成立了"东方出版社"，出书可以灵活一些。此刻正好有一个空挡，你赶快把书稿完成，我可以插空印出来，过了这个时机就难了。在他的督促下，乐民抓紧完成书稿，书名《欧洲观念的历史哲学》，15万字，1988年问世，开本是窄窄的口袋本。印了3500册，这在当时已经不算少了。定价是2.7元。这件事今天看来似乎平常，在当时却很特殊，因为如上所述，那正是学术著作出书难的时候，出版社对作者是买方市场，与现在情况不同。这个题目又是冷门，而且还有点"异端"，因为当时在国际关系领域的主流观念还没有脱离"三个世界"的"阶级分析"法。把"欧洲"作为一个"观念"，还加上"历史哲学"，就带有"唯心主义"的味道。此书出版后，我记得有人告诉我，一位当时也在社科院的资深马列主义经济学家见到后，曾对"欧洲观念"之说表示鄙夷，认为有点离经叛道。而陈乐民却通过这本小书的写作初步理清了思路，奠定了以后进一步研究的基础。书出来以后，居然还在业内有一些读者，产生了一些反响，比原来预料要好一些。如果没有邓老的慧眼和热心鼓励，他可能不一定有信心在短时间内成书。即使写成，出版的时间恐怕要大大推后了。所以他在前言中专门提到"邓蜀生同志给我很大的鼓励和帮助"，表示感谢。在那种情况下，当机立断主动促成这本书，无论是从政治还是经济的角度，都体现了出版人的眼力和支持学术的热忱。

邓老阅历丰富，事业也是多方面的。除了出版，对美国社会和历史也有独到的研究，在八十年代美国研究刚刚起步时，他也是走在前面的。他的著作《美国与移民》，选题与视角在当时都比较新，此书是1990年出版。我在世纪末撰写《冷眼向洋》的美国部分时它还是案头参考书之一。

以后我们都搬了家，以后又各自退休，就很少见面的机会了。转眼邓老竟届九十华诞，乐民已经作古，我本人也过了八十。谨以对往事的点滴回忆为邓老寿。

（写于2012年。邓老于2021年仙逝，享年98岁）

而今再无褚钰泉

新年伊始，刚收到《悦读》第44卷，还没有来得及细读，忽然传来褚钰泉猝归道山的噩耗，我为之震惊，不敢相信，也不能接受。黯然神伤久之。

方今各界有许多名人，有名至实归者，有名不副实者，更不用说，还有的是欺世盗名者。而老褚却是相反，他的名气远远够不上他实际的贡献和价值。与他相识多年，我们由编者和作者的关系成为相熟的朋友。不在一个城市，来往并不密切，但是我每到上海，都少不了晤谈。从《文汇读书周报》到《悦读》，我对他办刊的理念、眼光、能力和水平都很钦佩，陈乐民在世时也有同感。老褚离开《文汇读书周报》，我们感到惋惜，听说他遇到一些不愉快的挫折，离开了原来的系统。但是是金子总要发光，也许也是"塞翁失马"，不久他又办起《悦读》，办得风生水起，成为有口皆碑的一份好刊物，我们为之欣喜。但是这一切，我都没有给予特殊的关注，好像有了老褚，自然就会有一份好刊物。如今斯人遽逝，蓦然回首，才意识到他长年默默地耕耘的精神和贡献是多么不寻常，多么难能可贵。

编辑工作是为人作嫁，而作为一份杂志的主编，则需要有自己的主见。汪家明先生写褚钰泉的文章中概括他作为优秀的编辑的几句话："立意高远、视野宽阔、待人诚恳、做事认真"，我深有同感。汪与褚交往时间长，工作关系多，了解的事迹也比较丰富，我的体验主要从《悦读》而来。这是老褚最后的心血结晶，也是他的精神寄托。这份杂志自己定位是以历史为主，兼及其他。实际上内容涵盖面极广，经济、国际、文学、文化，古今中外都有。作为编者，自己不大写文章，但是在约稿取舍之间表现出知识渊博、慧眼独具，才有那样的判断力。可以说老褚办《悦读》充分利用了作为媒体人、出版人和读书人的丰富经验和资源，同时也集中体现了这几个方面的优良特质。

我从《悦读》中还看到老褚的胆识和智慧。他为人做事都很低调，从不张扬，这份杂志领域宽广、长短自如、兼容并包，可以说是在方今的言论环境中达到的最大公约数。但是在貌似多元、庞杂之中有一以贯之的理念，有的体现在简短的卷首语中，更多体现在选稿和排版中。就以最后三卷为例，42卷第一篇是陈铁健写李新的文章（两位都是历史学者），43卷第一篇是"不能忘记顾准"，44卷第一篇又是别人写陈铁健的文章，这些都有深意在焉。卷首语中专门提到刊登这篇文章的立意：

> ……读者可以从中体察到一位勇于探究、敢于还历史本来面目的学者是如何艰辛和不易；没有对历史负责的精神，不敢于担当，怎能拨开迷雾见到云天！

> 人类的发展史告诉我们：任何失忆的民族都是没有希望的民族。忘掉自己的历史、对自己的历史充满误解，这于一个民族、国家是很可悲的。历史学家不能为读者讲述真实的历史，帮助他们了解自己的过去，这是最大的失职。改革开放以来，随着一些禁锢的破除，人们对一些历史事件和人物的认识，愈来愈接近历史的本真。读者不由惊呼：原来历史上的一些人物和事件，与我们从上世纪五六十年代教科书上了解到的大相径庭。这是包括陈铁健先生在内的许许多多历史学者努力的成果，也是我们时代在进步的一个标记。

然而，这方面的任务还是很艰巨，对历史采取虚无主义态度的人，他们还会掩盖真相随意诠释，动辄给一些讲真话的文章和著作扣上帽子、贴上标签。其实这些人很愚蠢，历史的潮流滚滚向前，谁又能阻挡得住呢？

这段话掷地有声，明白无误地表明了对历史的态度，以及对方今满天飞的"历史虚无主义"帽子针锋相对的回应。"任何失忆的民族都是没有希望的民族"，一针见血！

第44卷还有不少有分量的文章，如关于"乌托邦"、"东欧剧变是如何发生的"、"话皇帝"，等等，还有关于"西路军"的与传统说法迥异的情节。这些，在媒体人"自律"日严的今天，愈见其光芒和锋芒。这样鲜明的观点、犀利的文字好像与老褚平时朴实平和、语不惊人的形象不相称。他自己也没有发表过长篇大论的文章或讲话。一切都体现在刊物之中。桃李无言，下自成蹊。所以在汪文对老褚作为优秀编辑的几点概括之外，我还要加上：坚韧不拔的追求、过人的勇气、担当和智慧。

我无意对《悦读》详细评点，白纸黑字俱在，读者当有公论。它的茁壮成长、存续至今，说明在同样逼仄的空间，外加风霜雨雪之中，还是可以开出壮丽的花朵，缺的是有智慧而又有献身精神的园丁。我常说，对治国而言，必须提倡法治，但是一个个具体的小单位，往往靠的是"人治"，一个关键人物的离去或置换，足以影响整个事业的方向，或存亡。《悦读》几乎是老褚一个人主持的杂志，其得以面世，还在于"二十一世纪出版社"提供了一个平台，而这又有赖于张秋林社长之力。前些时听说张社长面临退休，老褚就要准备再找另一家可以接纳《悦读》的出版社了。不意就在这节骨眼上，他自己抛下这些烦恼走了。时耶？命耶？

书至此，想到一件小事：《悦读》创办以后，刊登过我的稿件，而出了几卷之后，一直没有登过陈乐民的文章。老褚也想向陈约稿，而他表达的方式却与众不同，他没有直接说，希望陈先生给我们写点东西，而是说："《悦读》至今还没有发过陈先生的稿子，是我的组稿无能"。这样的委婉，这样的谦恭，是继承了老一辈读书人的礼数和教养，给我留下深刻印象。当然陈乐民是很乐意给《悦读》供稿的，可惜不久病情恶化，终至不起。不过，乐民去世后，老褚还是从我处拿到了乐民致湖南朱尚同老先生的长信，其中谈对马克思学说和"马克思主义"的看法，是从未见于他发表过的文章的，连同原信手迹刊于《悦读》第30卷，算是了却一桩双方的心愿。

大凡失去了的才觉得宝贵，老褚永远离我们而去了，才更加深切地体会到这样的"人才难得"。而今再无褚钰泉，人亡政息，《悦读》第44卷真的将成为天鹅的绝唱？惜哉！痛哉！呜呼哀哉！

（2016年）

无边落木萧萧下

惊闻胡亚东兄遽归道山！感到莫名的凄然、怅然。

胡亚东是卓有成就的化学家，曾任中科院化学所所长、中国化学学会理事长。毕业于清华化学系，比我高两级。与我的交集是由于爱好音乐，是清华乐友之一。

我与亚东兄交往时间不算长，在清华时他没有参加音乐室的活动，所以并不认识。大约是上世纪90年代初在《爱乐》杂志的集会上相识，后来他也间或参加我们清华乐友的聚会，不过不是常客。他本人少年时拉小提琴，中学时还组织过四重奏乐队，但是我认识他时，他已不玩乐器，只痴迷古典音乐，是有极高品味的鉴赏家，音乐知识丰富，也写过乐评。他送过我一本著作：《听！听！勃拉姆斯》，是自己欣赏的切身体会，同时完全够得上音乐专业著作。他对各种版本的管弦乐或器乐演奏的特点体会入微，对众多指挥家、演奏家的不同风格如数家珍。据说他收集有从黑胶到盒带到CD的无数唱片，当然现在少不了MP3、MP4，等等。我一直想哪天登门拜访，见识一下这些珍藏，选一两个曲子当面聆听他的诠释。但是住处相隔太远，越来惰性越强，终于未实现。

在通才教育下，那一代大学理工科不乏人文和艺术修养很高的学生。我上清华时许多工学院的同学多才多艺令人钦佩。不过进入老年才得识胡亚东，却一见如故。除了音乐的共同爱好外，还有历尽风波仍然保持的赤子之心，率性而有情趣，以及忍不住的社会关怀，常常议论风发。他也是我的读者，在这方面常有交流。有一次李佩先生　（这位可敬的老师也已作古）请我为中科院退休老科学家做讲座，他是热心听众之一，提了很好的问题，也发表了很有见地的意见。2011年我的新书发布会他也来参加，并且做了发言，就启蒙问题谈自己的困惑。我记住一句很代表他的风格的话："我们这辈人呀，这么多年来，启了又蒙，蒙了又启……"

2012年我和石阳小朋友合作在中央音乐学院举行演奏会，亚东兄当时已腿脚不便很少出门，我虽然向他发出了请柬，原不敢指望他来，结果他还是勉力来了。事后给我发来热情洋溢的邮件。以后我的音乐活动他都关注。去年我托王毅送给他陈乐民的书画集和我的钢琴光盘，他都有评论反馈，使我感动。因为此类给朋友的馈赠一般很少收到回音的。在互通微信之后，交流就更加频繁些，可惜我们这方面比较落后，和他通微信为时较晚。近两个月微信交流的内容多谈音乐。他听了我弹贝多芬"热情"的第一乐章的录音，说希望我三个乐章都弹。我说第三乐章的速度我是绝对达不到的。他说慢点也可以，反正是老人。他又说最喜欢贝多芬第29、30、31，特别是最后第32奏鸣曲，只有两个乐章，"是真的告别"，要我试试。我说这几首超过我能驾驭的难度。他回信鼓励说："你已经难能可贵了，你的同学也为你骄傲。"最后一次收到他的微信是两周前，录了一段我某次讲话，说："这是我看到你的讲话，完全正确，我这个不懂社会的人都能懂"。谁知这段话竟是永诀！他说在贝多芬最后一首钢琴奏鸣曲中听出了告别之意。一语成谶，是他自己预感到了告别？

至于他的专业，我虽完全外行，从旁也知道是造诣很高，曾做出重要贡献。从他的职务可以看出他在中国化学界的地位。改革开放后，中国化学会恢复在国际化学家协会的会员席位，是他代表中方签的字。他是1950年代的留苏生，那时选派留学的理科生大多是业务上拔尖的。在中苏交恶，苏联向我们封锁技术的几年中，他在化学材料研发上曾有突破性创新，填补了关键的空白，与航天工业都有关系。尽管我不懂，我对那一代理工生的才华和敬业，以及执着于专业的献身精神是有所了解的。而他们，连同他们的贡献，率多名不彰显。

俱往矣！先是父母师长辈仙逝，然后是同辈陆续离去。我感到的是一片树林，一类品种的凋零。窗外正是落花飞絮的暮春，而在我脑海中出现的却是"无边落木萧萧下"。

（2017年）

又一棵大树倒下了

何方走了！又一棵大树倒下。尽管人终有这一天，95岁也算高龄，但是刚接到噩耗，仍感突然，难以接受。特别是已经约定10月5日与杨成绪一起登门探望，却晚了一步，缘悭最后一面，成为永久的遗憾。

何方是真正的老革命，十四岁就参加共产党，但是博闻强记，知识之渊博，眼界之开阔，令人惊讶。他历经坎坷，晚年有深刻的反思，被列入"两头真"的老干部。他最大的贡献是以切身经历，秉笔直书一段时期的党史，因而直名满天下，也因此遭忌，受到无理打压，令他悲愤不已。这些事无须我详述。

论私交，无论资历、年龄、学识，何方都是我和乐民的前辈，而进入老年以后，成为无话不谈的至交，谊在师友之间。2008年乐民先走，何方十分悲痛，曾为长文悼念，引为挚友。近年来，故人凋零，不断接到讣告，自然规律不可抗拒。我每当至亲好友离去，总是一时间失语，要好久以后才能理出思绪。此时此刻，黯然神伤，百感交集，似有许多话要说，却又不知说什么好。想起何方85岁时，乐民曾写"仁者寿"横幅为贺，并送一扇面，写诗一首。扇面题字："山上一老松，人间一仙翁，手持董狐笔，笔底八面风。乐民戏作打油诗四句，并制此图，用奉方翁八五华诞坿暑。丙戌（2006）初夏"。

姑且重发此二幅字，以为特殊交情的特殊纪念。

宋以敏是我清华校友。多年来，对何方无论是写作还是生活，她都是不可缺少的助手和支柱。可以说，何方无以敏无以终余年，更无以完成那些宝贵的传世之作。除已经刊印成书的作品外，还有最后口授，以敏为之整理的大量遗稿。但愿这些基于独家阅历和独到见解的珍贵论述不会长久藏之名山，而能早见天日，嘉惠后人。

逝者已矣！愿生者节哀珍重，是至亲好友的深切愿望。

（2017年）

对金凤的点滴记忆

金凤走了！又一故人仙去，已经悼不胜悼。这几天她的音容笑貌常在眼前出现，不能自已。搜索记忆，一些轶事浮出脑海，形成鲜明的轮廓。

金凤原名蒋励君，参加革命改名，就以金凤名于世，是《人民日报》资深记者。她是我清华同系同班同学，但实际上我和她只同学了一学期。我们两人都是1948年秋从他校转入清华二年级，她1949年初就离校参加工作了。即便在同学的一学期中，因为她已忙于当时地下党组织的活动，在课堂上也较少交集，不敢谬托知己。不过她当时在同学中已小有才名。那时京郊的大学校园已是准"解放区"，党组织还是"地下"，而同学的政治倾向大家已心知肚明。我还是在改革开放以后，老校友集会活动中才开始与金凤交往较多，从而对她有所了解的。1980年代至1990年代初是校友聚会比较频繁的时候。隔绝了多年，劫后余生，分外亲切。对历史和现状看法都大致相同，一拍即合。金凤的遭遇特别有戏剧性，她又比较坦率、健谈。本文所写有关她的吉光片羽，都是来自她本人亲口所言，或者亲笔写的文章，以及接受采访所谈。拼凑在一起，却足以彰显其独特的个性。

金凤革命"觉悟"很早，凭着一腔热情，十几岁就参加地下组织的活动。先考入上海交大，1948年北上转入清华，并非是为了学业，而是与革命工作有关。听她后来自己叙述在清华时的轶事，我留下印象的有

276

两件事：

一是在大批知识分子面临去留选择之际，她曾奉组织之命，与陈寅恪的女儿住同宿舍，与她交朋友，目的是通过她争取乃父留下，因为陈是"国宝"。她说那是她第一次听说人才可以称为"国宝"，觉得很新鲜。她为争取陈的女儿，努力迁就她的兴趣，陪她听音乐、读书、交流心得……至于这份"工作"效果如何，她自己也不知道，后来陈寅恪南下，终于留在广州，是否有女儿影响的因素，更无从知晓。而她的女儿最后却终老于异国他乡。

还有一件事是她的初恋，这属于私事，不过她自己就此事发表过文章，而且当时在同学中都有所流传，作为趣闻，也足以见金凤的个性。她的初恋对象是她的同乡，也是把她带上革命道路的引路人，两人一起上交大，一起转入清华。那位男同学也在外文系，比我们高两班。据说一表人才，有"美男子"之称（我没有见过），需要说明的是，那时对男子的审美标准与现在的"小鲜肉"绝对是大异其趣的。但是那位男生一心扑在革命工作上，无暇儿女之情，特别让金凤不能容忍的是经常因工作而爽约。最后金凤受不了他的冷淡，与他高调分手。说"高调"是因为当时在同学中就流传她一句名言："我不是只为希腊鼻子而爱上一座雕像"（大意如此，措辞可能记不准确），"希腊鼻子"之说就此留在我的印象中。事有凑巧，几十年后我有缘得识一位知名女作家，得知她的父亲就是那位男同学，这位女士果然身材高挑，相貌出众，特别是那高鼻梁，顿时使我想起"希腊鼻子"之说。

1949年初，北平鼎革之后，大军继续南下，急需人才，青年学生纷纷报名参加"南下工作团"。以金凤的革命热情，当然决不后人。不过她和其他几位文科的同学并未南下，而被分配在北京的新闻单位。她到了《人民日报》，很快就成为独立采访的一线记者。当时人才奇缺，她可以算是生逢其时，一出道就采访和报道了很多重大事件和重要人物。1949年，她初出茅庐，就现场报道了开国大典。在此之前，第一次全国政协会议期间，她奉派采访了粟裕，谈了四小时之多，粟裕带她到食堂吃饭，"巧遇"刘伯承，她灵机一动，主动上去要求采访，以锲而不舍的精神说动了本来不情愿接受采访的刘伯承，竟然谈了8小时。采访报道刊登在报上，不知者都以为作者是资深军事记者。后来她又到战争前线采访，我印象较深的是她从前线写回的署名长篇报道《解放大陈岛》，刊登在《人民日报》。那时我还是在校生，对她钦羡不已。朝鲜战争之后，她写过不少专题采访报道，其中采访了打下美国飞机的空军英雄赵宝桐，结果与采访对象结为佳偶，成为标准的英雄美人外加文武结合的传奇，在同学中传为佳话。

记者除了写公开报道外，还有一个写"内参"的任务。这是中国特色，因为有些情况"不适合"公之于众（大多为负面消息或对当政者的批评意见），而决策者必须知道真相。在上世纪50年代，至少"内参"还是允许、甚至鼓励放手反映国内外实情的，写"内参"的记者也大多能秉笔直书，不独金凤为然。以金凤的性格和热情，可能在这方面更加积极，更有强烈的责任感。她在1958年"大跃进"中就曾根据在下面的调查写过几篇"内参"反映浮夸风，那是在庐山会议之前，幸而尚被容忍，据她后来说，当时反映基层情况还不至于获罪，到省以上就可能有问题了。

也许是早期太顺利了，直到1967年"一月风暴"之后，她还不知"审时度势"，一如既往地对她认为"不正常"的现象积极写"内参"反映情况，期望得到纠正。她说连写了三篇，前两篇已经冒犯了某些人，最后一篇是采访空军的毛著学习，惊讶地发现空军提出"以毛泽东思想占领天空"的口号，飞行员与地面联系时，双方先念一句语录，再说飞行术语。她认为这既荒唐又危险，在决定生死的分秒间，听错了或延迟了指令怎么办。于是又忍不住写了《内参》，说空军学毛著"庸俗化"，而且还对用航空器材做领袖像章提出意见，认为是浪费宝贵材料，等等。结果这份《内参》给她带来了五年牢狱之灾。

她在狱中时，作为军人的丈夫"奉命"与她离婚，并再婚生子，重组家庭。在那场浩劫中多少婚姻破裂，家庭离散，已经不足为奇，等时过境迁，多数人都认命了，很少破镜重圆。而金凤不然，她出狱后，坚持那个自己没有同意的离婚是非法的，为夺回婚姻而坚决抗争，不断上诉，那还是在改革开放之前，尚未"拨乱反正"，恢复秩序。她以在工作中同样坚韧不拔的精神维权，克服种种阻力，终于赢得了那场我们称之为"婚姻保卫战"，夺回了丈夫，与原来的二女一子恢复了完整的家庭。那位"后妻"也是受害者。除了经济补偿外，金凤还热心为她介绍对象。此事她自己有文章详述，情节生动曲折，足以写一个剧本的。许多熟人都知道，本文无需赘言，只此一例，连同她的初恋故事，颇能反映出金凤对待感情的鲜明个性。

1980年代同学再相逢时，当然大家面貌都留下了岁月的沧桑，她也不例外，不过红红的苹果脸还依稀有当年的痕迹。在聚会上总是座中谈锋最健的一个。最突出的是，历尽劫难而锐气不减，赤子之心依旧，仍然爱憎分明，嫉恶如仇，对许多事议论横生，直言不讳。那因言获罪的惨痛经历似乎并未磨掉她的棱角。有时连我都见怪不怪的时弊，她仍然十分愤慨。她恢复工作之后，又写了一些有分量的报道和著作。不过她根据自己的良心判断，有所为有所不为，说出了一句精辟的话："在中国的现状下，任何时候都积极写作的不是好记者"。以她的才华和勤奋，本应是多产记者，却有很多时期是空白。即使她还甘冒风险，再想像当年那样写《内参》已不可能了。

她后来做成的一件最可圈可点的事，是为王申酉出书。王申酉是那个特殊年代与遇罗克、张志新等一样，因独立思考而遭难的优秀青年。进入改革开放的新时期后，当局曾为之平反，金凤原来是以《人民日报》的名义去采访他的事迹的。不久，政策变化，有关材料不能发表了。金凤却捧着书稿，一直戚戚于怀，最终与其他有志者一起，经过多年的努力，在进入21世纪后，使王申酉生前的文集得以面世。她送了我一本，后面有她撰写的长篇附录，题为《血的嘱托》，以饱含血泪的笔墨，从描述王申酉被送上刑场开始，详述王申酉的生平、思想和匪夷所思的飞来横祸。我认为这部文集连同她这篇文章应是她记者生涯中最能传世的佳作。也说明宝刀不老。

偶然在网上见到一张金凤与意大利名记者法拉奇的合影。不禁想，以金凤的敏锐、敬业、才气和那股不顾一切的闯劲，如果在另一种情况下，未始不可能成为法拉奇那样的记者。当然这只是想想而已，不但金凤不可能，当代中国并不乏那样的人才，但不可能成就那样的记者，这是毋庸赘言的。

（2019年）

对好编辑的体验：怀夏玫

夏玫走了！尽管多年来就知道她疾病缠身，而且几度病危，但是她的乐观和顽强的生命力让人以为她总能战胜病魔。最后一次见到她是几年前人文出版社一次活动，她坐着轮椅，在没有电梯的地方由人抬上去，但是依然谈笑风生，看得出对人文社有很深感情，始终关心它的发展。读到她女儿写的回忆文章，十分生动，如见其人。她可谓以生命献给了巴尔扎克，恐怕没有哪个编辑和文学研究者这样对一个作者数十年如一日全身心地投入。我与她相识、相交，成为好友，体验和敬佩她的敬业精神，也是自巴尔扎克始。想起交往中的许多事，不知从何写起。翻出22年前（1999年）写她的一篇文章，略加修改，暂时聊表怀念之情。

(2021年)

近读《文汇读书周报》《阿昌逛书市》栏"用什么来衡量"一文，深有同感。特别是文中提到夏玫女士以十五年的时间编《巴尔扎克全集》一事，本人忝列译者，更有切身体验，总想写点什么，现在借此机会一吐为快。

我参加译巴尔扎克纯属偶然，是在八十年代初，还是此项工程刚刚启动时，夏玫正在物色译者，探询我是否愿意承担一部分。就这样，开始了我们愉快的合作，进而建立了友谊。事后回想，这种合作从一开始就是十分认真、坦率，建立在共同的观念的基础上的。我因译书完全是业余兴趣，提出必须由我选择书种，同时交稿时间不能太紧，她都同意；她提出，根据出版社的规定，第一次参加的译者必须先试译一万字，然后再作最后决定。我也欣然同意。她还说为了不浪费我的时间，可先选定要译的著作，从头开始译，先交一万字。这一考虑很周到，后来我体会到，处处为译者考虑是她一贯的作风。我认为这一规定既合理又必要。近见《文汇读书周报》讨论提高翻译质量问题，把"试译"作为新思想提出，且阻力重重，似乎很难做到，使我大感不解。这一制度早已存在多年，并非新事物，至少到八十年代初还在实行。当时尽管是夏玟先主动约我，本人还比她虚长几岁，在外文方面算是有些"资历"，但是并未出版过法文文学译著，她不能凭耳闻、想当然，而需严格遵循考核制度，这正说明出版社的严肃和编辑的敬业精神，我不但没有丝毫感到对我不敬，而且更加放心，说明我参加的这套译著水平是有保证的，将来不致有耻于为伍之憾。所以从一开始，我们就取得了默契，双方唯译文质量是求，不及其他。

我们的合作的确是编译双方相得益彰。夏玟本人不但法语造诣较高，且是巴尔扎克专家，这点毋需我赘言。难得的是她作为编辑，对原文和译文的阅读仔细程度非一般人所能及。且不说时下许多译著的"责任编辑"可以连原文的文字都不懂，就是正常的懂业务的编辑，本无校阅原文的责任。夏玟当然也不是逐句校对，但我感到她对照原文读的比例超过一般编辑，或者至少她对原著比较熟悉，所以对译文的判断较为准确。巴尔扎克的特点是典故繁多，有的是真实的历史和人物，有的是他自撰的。他有本事使他在《人间喜剧》中虚构的人物杂处于真实的历史人物之中，天衣无缝地呈现给读者，在不止一本书中反复出现。而对译者说来，就大大增加了为注释而查找出处的工作。有个别地方，我实在孤陋技穷，就留给编辑，她毫无怨言、不厌其烦地为我补遗。有的难译之处，我自以为匠心独运，私心暗自得意，往往为夏玟注意到，表示赞赏，甚至还谦虚地说学到了一些东西。每当此时真有知音之感。当然，疏漏处，她也会发现指出。总之可以证明她是仔细用心阅读的。这与有些编辑连译（作）者的笔误、标点错误等等一概照发，有天壤之别。我也可以说，通过与她的合作，我学到了不少，主要是对巴翁的理解大大提高一步。《公务员》一书在初稿完成后，夏玟又找到法国七星社出版的带注释的权威版本复印给我，使我纠正了许多一知半解或误解之处。

这样秩卷浩繁的全集，不知有多少人名地名，由多名译者完成，译名的统一是一大工程。这项工作由编辑方全部承担。那时没有电脑排版，还是手工操作。据我了解，她专门请一人协助此事，做了几抽屉卡片。可以想见单是最后达到几十卷中出现的专有名词统一无误，需要怎样细致而繁琐的工作！不知从何时起，好像这项要求从出版中取消了。不少单本译著，或者论文集，就在相离不远的地方同一人的译名不统一者屡见不鲜，"责任"编辑对此熟视无睹，或者完全把责任推给译者，难道在这方面把关不在其"责任"范围？

还值得一提的是夏玟对译者的尊重和对他们的权益的维护。她送书取稿从来是亲自登门，骑着自行车到处跑。记得有一次在我家谈得较晚，存车处锁了门，末班公共汽车也已过去，她不来打搅我，竟从我当时的住处前门东大街步行回复兴门的家！我后来知道，为自己只顾聊得起劲，忘了时间，愧疚不已。对于译文如有个别改动意见，她必先征得译者同意。那时我国尚未加入国际著作权法，本人对稿酬问题毫无概念，也没有签合同之说。但是夏玟在那时就在可能范围内尽量为译者的权益考虑。种种于细微处见心意之事，不必详说。后来夏玟又多次约我继续译巴尔扎克或其他作者的书，终因自己的专业缠身而推辞了，现在想来放过这样的合作终是憾事。

许多事，当时不以为意，因为老一代的编辑中这并非特例。以后与出版社打交道多了，听到的看到的更多，对比之下，才愈觉这种业务水平和这种敬业精神之难能可贵。最近我有一位已经退休的老同学为一家也是颇有名气的出版社译一本学术专著，他住在海淀区，出版社在东城，责任编辑大约小他三十岁，却总是那老人一趟趟往出版社跑，而且交稿后还发生过编辑一个电话把他召去，以训斥的口吻表示对译文不满之事（编辑所知有限，意见并不中肯）。难得此公是一位忠厚长者，竟忍受下来了。而书出版后竟发现书后索引的页数是照搬外文原文，译本却未在每页注明原著的页码。像这种荒唐的失误也没听说编辑有任何承担责任的表示。我还有同事，应某出版社之约译一本当时在我国颇为热门的学术著作，译者是认真的学者，表示对这样有一定深度的理论著作，需要时间斟酌，特别是不同的人分头译，需要花一定时间统稿，出版方竟"要求"不必太认真，专门名词外文注释为省"麻烦"也不要，只求抢时间。经译者力争才勉强同意遵循某些学术著作的规格。但是出书后，封面赫然大字的外文书名就出现拼法错误。经译者指出，对方竟说反正看译本的人大多不懂外文（！）。这就一语道破，原来是专唬外行的！而这也是一家相当大而不算无名的出版社。这就难怪坊间有那么多无法卒读的"名著"译本了。像上述那位年轻编辑之无礼可能不算普遍，但是出版社编辑对译（作）者不尊重，言而无信，对其权益轻率处置，却不是个别现象。当然，热爱本职工作，尊重作者的中青年编辑仍不乏其人，本人也有幸遇到一些，无奈大环境使他们难以继承和发扬那种几十年如一日，孜孜以求出版质量的精神。这就回到本文开头响应的问题：出版社对编辑的考绩以什么为衡量标准？记得八十年代后期，文化界、出版界已经有"逼良为娼"之讥，指的是"唯利是图"的政策逼得出版社去迎合庸俗趣味，严肃著作出版难。在一次会上，人民出版社的资深编辑邓蜀生先生的发言令我难忘，他说，"对现在这种现象老编辑感到很凄凉，年轻编辑不感到凄凉，因为他们没有当过老编辑"。这里"老编辑"所包含的丰富内涵是只能意会，难以言传的。现在又轮到中年有事业心的编辑对硬性规定利润指标以及种种不可言说的桎梏诉苦了。而如以上所举的不负责任的失误，却往往对编辑的考绩没有影响。在这种情况下如何能培养出好编辑？正如所有餐馆都向快餐方向迈进，老板不鼓励精雕细刻，高级厨师就无用武之地，后继者更培养不出来，消费者也就日益不知真的美食为何物了，如此形成恶性循环。其实出版业和读者是互为因果的，出版业既需要迎合读者，也有培养和引导读者的功能。一个好编辑所起的"润物细无声"的长远作用不可低估。过去常有编辑独具慧眼发现和培养出终成大器的作者，现在恐怕很难有这样的编辑，也容不下这样的独立自主。从这一角度讲，夏玟的敬业和学识得以发挥，也算生逢其时。

除了对巴尔扎克情有独钟外，其实夏玟对法国文学造诣很深，对其他作家也有研究。2016年她在出入医院之际出版了46万字的《法国文学的理性批判精神》，应该算是她最后的扛鼎之作。

（2021年）

忆大妹资华筠

　　我作为"独生女"一直到六岁，总是羡慕别人家兄弟姐妹成群，终于有了一个妹妹，十分高兴。大妹生于家里开始兴旺之时，当时正好外婆也在，她的出生平添许多热闹。她从小精力充沛，到两三岁时就特别淘气，跑得飞快。看她的保姆一不小心就被她逃脱，在后面拼命追。母亲对她的顽皮也很头痛，所以随着她的长大，精力主要花在管教她，对我就放松了。这令我很高兴。听说有的孩子常对初生弟妹有妒忌心，因担心父母分爱，我绝无此心，相反，母亲放松了对我的注意，使我感到自由，并有成为"大孩子"的自豪感。不过由于年龄差距大，妹妹不能成为我的玩伴。到我上中学时，她开始上小学，我和同学在一起时，她总要跟进来同我们一起玩，我们就设法甩掉她，有一次不知谁竟然出了一个损招，让她进来，给她讲鬼故事，绘声绘色，想把她吓跑，谁知她越紧张越爱听，更加缠着我们接着讲。诸如此类，也可见她的个性，大胆而执着。后来在事业上就成为认定目标克服一切障碍的冲劲和毅力。

　　华筠能歌善舞，从幼儿园就表现出众，凡有表演，她总是主角，长得也漂亮，在亲友中人见人爱，总要让她表演一个，她也不认生，不怯场。上小学时，母亲开始让她随我的钢琴老师刘金定学琴。刘先生也十分喜欢她，凡有活动总是带着她，母亲戏称她是刘先生的"香襦包"（就是随身携带的香囊）。后来刘先生发现她举手投足有舞蹈天赋，就说服我母亲，送她到一位白俄老太太那里学芭蕾，这当然也和学钢琴一

286

样，是课余的，不是专业的。我去参观过一次她们的练功课，孩子年龄不等，最大的可能已是高中生了，华筠也不是最小的。她在那里进步很快，不久又成为佼佼者，还上台表演过，留下一张"天鹅之死"的剧照。二战结束后不久，随着苏联宣布允许流亡在外的白俄回国，恢复国籍，那位教芭蕾的老师就回国了，华筠的舞蹈学习就此中断。但是这短暂的学习唤起了她对舞蹈的兴趣，与她后来决心以舞蹈为业不无关系。

她中学上的南开，那时我已到北京上大学。只听母亲说，她成绩总是名列前茅，不必为她的学习操心，而且与我不同的是，她体育特别好，是田径健将，全市中学生运动会得过跳远冠军。1950年她初中毕业，适逢中央戏剧学校招生，忽然决心要报考舞蹈班。那年初，乌兰诺娃随苏联艺术团来华演出，引起轰动，满城争道。中国传统中，演艺人员总体的社会地位是不高的，而在西方、在苏联，他们都列入艺术家，地位很高，特别是苏联的"功勋演员"、"人民艺术家"等等更有特殊的地位和优厚的待遇。在中国共产党那里，"文工团员"也是受尊敬的职业。所以此时华筠提出来要以舞蹈为专业，与潮流相吻合，家里没有反对的理由。我母亲心中不情愿，她当然不会赞成女儿书读得好好的，到初中毕业就辍学，我家亲戚中还无此先例。但是"唯有读书高"这种观念已经受到批判，华筠向她宣传乌兰诺娃在苏联社会主义国家的地位有多高，而且进入"中央戏剧学校"就等于是参加了革命工作，与一般升学不一样（实际上也的确不是"学校"，后来改为"中央歌舞团"）。父亲当时正满腔热情拥抱新社会，在家中是思想最"进步"的，完全支持华筠的决定。我想即使不是学舞蹈，华筠如果决定辍学参加南下工作团他也会同意的。在此情况下，母亲当然不能再坚持反对。这场家庭会议我不在场，情况都是事后母亲告诉我的。我对此也不反对，而我的理由是从兴趣出发，我认为把"好玩"和职业联系在一起是乐趣无穷，十分幸福的事。因为我虽然对自己的专业不是没有兴趣，但是有时读书读得很苦，而且那时已经开始思想改造，我以为跳舞是不需要思想改造的。后来华筠对我把舞蹈说成"好玩"一直很有意见，因为其实是很苦的，甚至是真正的"痛苦"，有时练得连穿衣、刷牙都抬不起手，所以舞蹈有"残酷的艺术"之说。

就这样，资华筠日后成了舞蹈家，不过没有跳芭蕾，而选了民族舞蹈。一则受戴爱莲的影响，更主要是当时民族舞蹈几乎是空白，她认为可以在这方面有所创新。我们因各自的行业相距甚远，其间还经历过家人亲友互不来往的政治运动，所以姐妹之间关系并不密切，她的经历细节我只模糊知个大概。我知道她一贯要强，无论做什么都不甘平庸，不惜付出十二分的努力。对舞蹈练功如此，对自己的文化学习也是如此。她对自己的初中学历是有一个心结，特别加倍补课，以打破她所认为的，某些知识界看不起舞蹈演员的偏见。1980年代初，陈翰笙老人在家开馆，义务教授英语，她也去参加，那时已超过四十岁，据说还是同学中成绩最好的。她本来可以在舞台上更放光彩，但是正当她崭露头角，开始担任独舞演员，成为冉冉上升的明星时，遭遇"文革"，被赶下舞台。那年她二十八岁，正当黄金年龄。她们这批女演员原来曾向组织保证三十岁之前不生孩子。如今被强迫赋闲，她一"赌气"，四年内连生了两个孩子，正好一女一男。文艺界"文革"中斗争比较激烈。她虽然年轻，够不上钦定运动重点——"三名、三高"（名演员、高工资），但舞蹈界缺乏老前辈，她的地位已引人注目，其中又有派性因素，因而受到较大冲击。

改革开放以后，落实政策，她命运陡转，先成了政协委员，从第五届一直连任到第十届。在恢复练功后，再作冯妇，演出了几场，不过时间不长。她另辟蹊径，写散文，出了几个集子，又转入学术研究，在与舞蹈有关的理论上别有建树。这个我完全不懂，只知她任艺术研究院舞蹈研究所所长，发表了许多学术论文，成为博导，带了许多博士生。报刊有一篇报道介绍她，标题就是"从初中生到博导"。这在重学历的当今不知是否绝无仅有，肯定是极罕见的。曾有一位大学历史教授谈到我妹妹时，问我说："我绝对尊重舞蹈艺术，可以承认出大艺术家，但是不明白怎么会成为一门学术理论，还培养博士生？"这我不敢问华筠，因为她一定会认为这个问题本身就是看不起她们那一行。她对此很敏感。她自己可以对演艺界的许多弊病深恶痛绝，痛加鞭笞，但我要提到演艺界，得用词非常小心，以免有不尊重这一行之嫌。有一次她说"舞蹈是人类一切艺术之母"，我说"是吗？"，她断然说"这是常识问题"，我唯唯。我以前没有想过这个问题，只有承认无知。事后考虑，可能有道理，原始人最早表达感情大概先从肢体动作开始，然后才有节奏、有歌唱……提到这个例子是说明她对舞蹈事业的确不是一般的热爱，而是近乎神圣感。

她开始进入政协是改革开放后最早的一届，那正是大批"文革"受迫害的人平反和落实政策的大潮中。她每天收到无数诉说冤情的信件以及通过熟人辗转申诉的要求。那一个时期，她尽其所能，利用一切关系帮助这些认识或不认识的人得到公正处理。我一般都是对达官贵人敬而远之的，即使"四人帮"打倒后恢复职务的老领导，我也不主动探望，因为那时他们已经门庭若市了；而华筠则不然，她认为只要不是为自己谋私利，可以理直气壮地结交公卿，谁能解决问题就找谁。那段时期她为人申诉没少写信、找"关系"，详情我不得而知，至少有一部分是成功的，因而获"大侠"之名，多年后还有人登门向她表示感激之情。我的印象，"四人帮"倒台后第一届的"两会"是最有朝气的，会上的争论和代表对官员的质询都见诸报端，那些新出任的"代表"、"委员"中认真尽责，为民请命的不止她一人。以后很少再现此景象。

以后，她声名日隆，社会地位亦随之，获各种荣誉，除专业外，还成为社会活动家。最后被评为文化部艺术研究院六位终身研究员之一，因而也无所谓退休，教学及其他社会活动一直很忙。参加各种评审工作，还积极从事文化遗产保护工作，投入很大的热情。她在她的位置上仍然热心帮了不少人的忙。凡是她认为正当之事，能越过层层官僚机构，破门而入，直接"逼"有关领导签字。她以直言不讳著称，据说不少人"怕"她。她告诉我能做到的原因就是没有一次是为自己的私事，而且她坚信自己坚持的事都是正当的。还有身在演艺界，始终洁身自好，也是重要因素。她还告诉我，有一次，遇到一位海关负责人，交换名片时，人家客套一句说："有需要时可以找我"，她脱口而出说："我又不想走私，不会有需要的"。可能她这种作风已经名声在外，似乎获得特殊的包容。

由于名字相近，我有时会被人弄混。有一次我忽然接到一名记者电话，说是听说你对春节晚会提了很尖锐的意见，领导很重视，希望就此问题采访云云。我很少看春节晚会，更不会去提意见，知道这位记者一定把名字弄混了。这是华筠关注的范围，她常为艺术之粗糙、品味之低下，愤慨不已。特别反对时下已经成习惯的歌唱表演后面群舞作背景，为之深恶痛绝。不过领导尽管表示"重视"，却始终未见任何改进，而且每况愈下。

她的生活轨迹在我家是独树一帜。除了"文革"的冲击外，在艰苦岁月中，相对说来生活比较滋润，妹夫对她服务周到，而且有钻研烹饪的爱好，烧得一手好菜，满足她美食的享受。她身在演艺界，比一般人可以衣着华美入时，以至于小妹民筠在学生时代与她一起走在街上感到不自在，怕同学看见（民筠之不修边幅是另一极端）。她舞台生涯被人为地缩短，但通过自己努力转型写作和学术研究，获得意想不到的成功，在她们这一界可算是独家。

她本来是身体最健壮，精力最充沛的。但是不幸得了白血病。最后十年在与疾病作斗争中度过。一方面借助优越的医疗条件，一方面靠她一贯的顽强毅力和良好的自我感觉，在接受治疗的同时，不把自己当病人看待，工作与活动如常，只不过节奏放慢。每年仍然会有几次国内外出差，继续带博士生、当评委，等等。她最后一名博士生来自新疆，那时她已因病停止收学生，但拗不过当地领导一再要求她"为支持民族文化做出贡献"而接受，直到去世前不久，才审读完最后一个博士生的论文。

2013年我以偶然的机会在中央音乐学院与一位拉提琴的小朋友举办了一次演奏会，华筠当时身体已比较弱，我犹豫是否请她参加，但是她坚持来了。那次还与隔绝多年的儿时玩伴、后来是钢琴教授的黄家姐妹重聚首，并共进晚餐，一起话当年。此情此景恍如昨日，又如隔世。当时绝没有想到转年华筠就去世了。书至此，想起袁枚《祭妹文》中句："虽年光倒流，儿时可再，而亦无与为证印者矣！"

我参加她的遗体告别，惊讶地发现现任与两届前任总理以及多位国家领导人都送了花圈，也算是死后哀荣。

（2019年）

忆小妹资民筠

小妹民筠离我而去已有四年。如果在世，今年该是她过八十整寿。我想起她时总是感到无限惋惜。她去世后，我陆陆续续写下了记忆的片断，一直没有发表。偶然遇到她的旧友提到她，想起这篇未刊之文，或可发表聊以慰思念之情。

我是老大，两个妹妹都已不在，独留我在这里纪念她们。大妹资华筠是名人，如果她是时代的幸运儿的话，小妹民筠正好相反，是时代的悲剧。她与华筠出生相隔两年，但环境迥异，正好是1938年，天津沦陷之后，先天条件就与华筠不同。母亲怀她时刚经过丧母之痛，身体虚弱，她不足月就出生，先天不足。外加因母亲奶水不足而必须补充奶粉，她在襁褓中因吃了劣质奶粉而大病一场，九死一生，所以幼时发育较慢，比较瘦弱，与华筠的活泼、精力充沛成鲜明对比。她是家中第三个女孩，按传统，亲友们都希望我母亲生个男孩。父亲怕她因而受歧视，加倍宠爱，母亲因为她体弱，也给予特别照顾，而且一反对我和华筠的严加管教，对她特别放松，并且因为她身体不好，特意晚一年送她上小学。

出人意料的是她天赋聪颖过人，这不是一般的套话，而是真的绝顶聪明，虽然开蒙比我们晚一些，但是自发地学什么都举重若轻，从上学开始，从来不需要家里操心。最近我遇到她少时同学还提到她，说是上数学课，老师在黑板上出一道难题，别人还没弄明白题意时，她已经有了答案，而且还不止一种解法。同学们都佩服得五体投地。她小学在天津东亚小学，中学在北京，好像是女一中，一直文理兼优。那时没有"奥数"，不过也有全市数学比赛之类，她得过第三名，没有得冠军，颇为之遗憾了一阵。她兴趣非常广，戏曲、音乐、诗歌都爱好，在家也学了几年钢琴，达到相当的水平。在学校是文娱活动积极分子。她会唱许多歌，虽然嗓音没有天赋，但背歌词能力惊人，凡是有人哪首歌忘了词，只要问她就行。不仅如此，她还喜欢京戏，不知什么时候，竟然把大半部《戏考》都背了下来。我过去也抱着戏考听戏，但只能学会有限的几折。她听戏的机会比我少多了，却连很少演出的折子戏的戏词都会背。

另一方面，她"生在旧社会，长在红旗下"，是戴着红领巾长大的，到年龄就入团，在高中刚满十八岁就被发展入党，而且是学校党组织主动找她的。我一直纳闷，似乎使我长年背上沉重包袱的家庭出身对她没有影响。当然，她是1956年高中毕业，在那之前，对家庭出身没有"反右"以后那么严酷，1956年又是"落实知识分子政策"最宽松的一年，可以称之为"回光返照"。根据那时的标准，她的表现也无懈可击。她中外什么文学作品都读，尤其酷爱希腊神话，不过受影响最深的还是那时占主流的苏联文学。少年的养成教育使她头脑中充满红色乌托邦。我母亲经常当笑话提到一个场景：她戴着红领巾，站在镜子前，大声背诵马雅可夫斯基的诗，还伴以手势，"向左，向左！"她极其单纯而天真地信仰着那时的主流宣传，努力"无私奉献"，凡是倡导者实际上做不到或不准备做的，她都身体力行，到以自苦为极的地步。同时，这也带来荣誉，她年年都评为"红专标兵"。但是对于政治，她实际不懂，也不感兴趣，这"红"，只是表现在服务精神，在吃苦耐劳方面总是一马当先。那时还没有"学雷锋"之说，而她的所作所为堪比后来被称为的"活雷锋"。在1956年以前的中小学大概"阶级斗争"的弦还没有绷得那么紧，或者也因学校而异，与碰巧遇到的老师也有关系。她上的中学不是"二代"们云集的名校，可能也是幸运。

1956年她高中毕业，被选拔留苏学习，先在国内集中学一年俄文，准备第二年出国。但是一年后，留学政策改变，只派大学毕业生去进修，不再派本科生。他们这一批天之骄子可以不经考试就保送入大学，而且学校和专业都任自己挑选。她选了北大物理系，那是当时所有理科生的首选，后又进入地球物理系，并选读当时最前沿的学科——空间物理（或称大气物理）。她有一次兴奋地告诉我，今年（1957年）是"国际地球物理年"，这对她选专业有很大启发。我只是茫然不知其意义。大学时代，她依然是"又红又专"的模范，也是文体积极分子，曾任学生会文工团团长，又搞合唱，又作曲编歌，还写剧本，十分活跃。有一阵她还写诗，新诗旧诗都写，不过只留在自己的本子里，不大示人。我偶然看到过她的一篇仿古五言长诗，自述平生志，还颇有点古风。内容我已印象模糊，只记得有遨游太空，探索宇宙奥秘之意。她由于学习成绩优异，也因为工作需要，在毕业前一年就提前调出任助教，边工作、边继续学完课程，接下来顺理成章地留校任教。到此为止，她的人生可谓一帆风顺，前途即使不成为大科学家，也可望在本专业领域大展宏图，而且生活也丰富多彩。但是事有不如人意者。

我们姐妹都是不善料理生活的，但是以她为最。她的"红"还表现在对衣食之事降到最低水平，连衣服整洁都难以做到。直到上大学，甚至成家以后，母亲对她生活上还是关照有加。她的鞋子一直是穿家里老保姆刘奶奶做的布鞋。"大跃进"时期她下乡、下工厂较多，鞋子破得很快，刘奶奶做的都跟不上，有时回来鞋帮都散了，用麻绳绑着，刘奶奶看着直心疼。更重要的是，她的健康受到了不可挽回的摧残。那个时期人都有点疯狂，她想必处处带头苦干达于极致，有病痛肯定不会自己就医。直到我母亲发现她发育不正常，强制她去医院检查，最后确诊，她得过妇科结核病，由于年轻，不知何时已自动钙化，但是错过了治疗时机，永远丧失生育能力，名医林巧稚也无能为力。尽管后来她还是结婚成家，妹夫家里兄弟众多，人丁兴旺，申明不在乎她是否生育，但是这一缺陷对她生理和心理都不会没有影响。

"文革"来临，像她这样的青年教师（陆平校长曾称她为'我们的才女'）当然在劫难逃，初期必然受到冲击。但是她又不甘心只做"革命对象"，而要做"革命动力"，加入了一派，认认真真地打派仗。详情我不知道，总之又受到过更大的冲击，曾因私下言论被告密，以"恶毒攻击"罪被隔离批判。后来，随学校到江西鲤鱼洲"干校"，可以想见，她在劳动中又是忠实地履行"一不怕苦，二不怕死"，体力付出臻于极限。我只听说她主动与男同胞干同样的活，包括一起扛一、二百斤的大包，这是"组织上"也不鼓励的。卒至再一次摧毁健康，落下腰病，不过当时没有显示出来，而是多年后才发作，影响了她后半生的命运。

"文革"结束后有一段时期她工作恢复正常，业务上有所发挥，思想比较解放，心情比较舒畅。重拾她的专业，发表科研论文，同时还从事科普和科幻小说的写作。1979年她有机会到世界著名的马克斯·普朗克研究所（在西德）做访问学者。在此之前我还帮她突击了英文。她第一外语当然是俄文，后来自己学了一点英文，好像还有法文、日文，都只够参考她的专业资料用，不能算"通晓"。我一贯主张成人学外语必须学语法，给她一本最古老的英文语法，建议她不要走捷径，老老实实一章一章弄明白，把所有的例句抄一遍，每一章的练习、问答都全做。这是一本英国人写的语法书，我母亲那一代都用过。她这次听了我的，果然有效，应该算是"通晓"了英语，以后只需增加词汇。这样她出国交流以及在国外的刊物发表论文都不成问题了。

她在德国研究一年，收获甚丰，在国际同行中也获得好评。据我女儿遇到一位与她同时在该研究所的法国同事说，中国封闭了这么多年，没想到资民筠在这一领域的工作和了解的情况竟不落后，到了研究所很快就能进入最前沿的课题。她在国际专业刊物上发表的论文引用率较高，令他们羡慕不已。另外，她到了德国这个音乐之乡，有机会弹钢琴，以乐会友，还遇到一位吹长笛的，两人常常合作，十分愉快。在衣着上她虽然比在国内整齐些，但依然不修边幅。有一次寄回一张照片来，大家发现她两条裤腿长短不齐。她从未去过理发店，在家时由妹夫给她随便剪剪。到了德国，她对着镜子自己瞎剪。研究所的女秘书看不过去，硬拉着她去理发店理了一次发。研究所女性很少，那位秘书对她特别好，看她不善料理生活，常照顾有加。她还讲过一件轶事：有一次他们集体到外地参加一个学术会议，科学家们可以带夫人，会外安排与会者参观科学展览馆，夫人们则参观时装表演。参会科学家中只有她一位女士，组织者误以为是夫人，就列入参观时装表演的名单。她到了展览馆门口，无论怎样解释，守门的德国人只认名单不认人，就是不让她进那个科学展览馆，她只好硬着头皮跟夫人们看了一场她最不感兴趣的时装表演。

这一年大概是她最愉快、最有收获、生活也最正常的一年。快到期满时，研究所方面挽留她留下来，或者至少再延长一年，不过当时国内这方面很严格，延期不归是违规的，也不符合她的处事原则。另外，研究所内的科研人员都称"XX博士"，她没有任何学位，当时中国的特殊国情外人也能谅解。有人建议她申请博士学位，以她的水平，走个程序，交一篇论文，通过答辩应该不成问题，研究所领导也鼓励她这样做。但是她认为她现在的助手都是博士，她再去申请博士，有失身份。根据她原来被灌输的观念，学位是虚名，不值得追求，她认为自己早已超过博士的水平，不需要这一虚名。没有想到几年后，时过境迁，她会因职称问题而离开北大。

好景不长，在期满回国的前夕她病倒了。她自干校回来后经常腰背痛，自以为是劳损，胡乱用点药，从不就医。这次剧烈发作，疼痛难忍，行动都有困难，那位秘书强拉她去医院就诊，检查之后，医生就不容分说把她留下住院，只允许平躺不动。原来她髋骨结核已经相当长时期，有一节脊椎已经快要蛀空了，如不立即治疗就会脊椎断裂，至少导致瘫痪。德国的医生是对病人高度负责而又有很高权威的，病情如此，他们是绝对不会放人的。而严重到那个程度，只有动手术一途。但是以当时的中国国情，她一个普通学者，在国外动手术是绝对不可行的，只能回国。德国医生坚持，如回国治疗，必须先联系好航空公司，准备担架上飞机的条件，有人看护；国内必须先联系妥医院，病人下机后直接送入病房。没有这个保证，他们就不放人。当时幸好我们的老友杨成绪在驻西德使馆工作，通过他得到了使馆的帮助，满足了飞机的条件；我们在国内闻讯后，全家出动，调动一切"关系"联系医院——那时要找到一位主刀专家，而且时间紧迫，很难通过正常渠道实现（现在何尝不是如此）。北大方面也给了予重视，由校医院派出救护车和担架直达飞机舷梯下接人。她总算及时得到了应有的治疗，手术大夫确实是高手，很成功，没有留下任何后遗症。只不过术后要穿金属背心固定，卧床修养达两年之久，相当长的时期内吃喝拉撒都不能自理，全赖他人照料。这一关总算挺过来了。不幸中之大幸是她刚好在德国发作，能及时确诊，并在德国医生的坚持下，有了后来一连串的紧急措施，否则真是不堪设想。

她两年后再恢复正常活动，以后短短几年内也还有所建树。在国内外杂志发表过几十篇专业论文，其中还有论文得过国家教委的科学进步奖；写了不少科普著作和科幻小说，科普作品进入中学生的补充读物；科幻小说也得过奖。但是她性格有了很大的变化，原来比较活跃，有不少跨专业的朋友，后来变得越来越内向，越来越少与人交流。一个原因当然是与她长时间卧病有关，有些熟人逐渐疏离，所谓"多病故人疏"；但我认为主要是她难以适应改革开放以后在市场经济大潮下，人际关系和某些办事规程的变化。她过去真诚相信的一些为人处事的准则似乎无效了，集体主义让位于人人为己而奋斗；理想让位于对物质生活的追求。她在"文革"之前的十几年中由于处境特殊，实际上精神是在象牙之塔内的，在主流宣传的华丽高调掩盖下实际存在的另一面现实，她根本看不到。如今原来高压下被抑制的人欲忽然爆发出来，使她惊愕，不知如何应对。举一个小例子：有一次她带队与几名师生一同到外地出差，回程火车票极为难买，一般做法是通过当地接待单位，总是有办法弄到"关系"票的。但是资民筠认为这是不正当的，她坚持自己带一名男学生，冒着冷风半夜到火车站去排队买票。这是我听别人说的，至于是否买到了，不得而知。此举当然不会再得到赞赏，而是招来一片埋怨。后来她的坚持原则越来越行不通。

对她一次较大的挫折是开始评职称，这是长年停止职称后的第一次，她属于副教授候选人。原来大家都甘当"布衣"，忽然有了"功名"之说，而且这"功名"关系到个人价值是否得到承认。她本来认为职称要自己申请，就不应该，客观成绩摆在那里，应该由评审机构评定，主动授予（她还是相信"组织"）。另外，她一向业务突出，自以为如果公平投票，一定是首选。但是结果却让另外一人捷足先登，而那位老师恰好是她从业务到为人都看不上的。可能那时"文革"遗留的"派性"在他们系的人际关系中还有一定影响。她如果在德国"屈尊"得了博士，自然职称不成问题，无奈她当时不屑一顾，现在却忿忿不平，甚至认为受辱。从此心情总是郁闷，交往圈进一步缩小，最后竟决心离开北大，脱离了她的专业，调到了文化部艺术研究院"比较艺术研究所"，与华筠到了一个单位，当然这与华筠的"关系"不无关系。她仍然有足够的自信，想另外开辟艺术和科学之间的跨学科研究，并且以音乐为切入点。这也不是事出无因。我八十年代初在美国做访问学者时，发现有一本得普利策奖的书，题为《哥德尔、艾舍尔、巴赫——一条永恒的黄金辫带》（Godel, Escher, Bach : An Eternal Golden Braid），哥德尔是数学家、艾舍尔是建筑学家，把他们和音乐家巴赫编在一条辫子里，引起我很大的好奇心，勾起我青年时期曾痴迷的柏拉图名言：音乐与数学是美的最高境界，就买来一读。但是以我的数学程度，读来如天书一般。想起民筠可能感兴趣，回去就把这本书送给了她。果然引起她很大的兴趣。也许这也对她想做这方面研究不无影响。

关于这本天书，还有一个巧合的插曲：不久以前我在网上偶然发现此书的中译本，而碰巧主持翻译的马希文的名字我有印象，因为有一度民筠与他交往较多，曾听她提起过。马希文是北大数学力学系的，据说十五岁就考入北大，有数学神童之称，而且也是多才多艺，有跨学科的兴趣，是民筠钦佩的少数人之一。"文革"后期，从干校回京后，他们两人都不能回各自的系里工作，却同时被调到北大"文艺宣传队"，马希文任乐队指挥，资民筠作曲、配音。连我大妹华筠也认识马，因为华筠从干校回京后赋闲在家，被民筠拉去当顾问。科学人才被剥夺从事科研教学的权利，去搞吹拉弹唱；而专业演员却被赶下舞台，远离文艺。从我的两个妹妹这段遭遇也可见荒唐岁月之荒唐。马希文改革开放以后去了美国，不幸英年早逝。这本天书般的著作于1997年由商务印书馆出版，到2013年我发现时竟然已出到第7版。此时民筠已去世，虽然中文本我仍然啃不动，还是买下来留作纪念。在写完此段文字后，北大袁明告诉我，有一位美国人莫大伟（David Moser），他现任北大燕京学堂的美方主任，是此书作者侯世达（Douglas Hofstadter）的学生，因为这本书比较艰深，而莫大伟曾在中国留学，懂中文，被派来与译者沟通，协助翻译。他说见过资民筠。但是本书的序言中列举的译者名字中没有资民筠。后来具体情况如何，已经死无对证了。

这种跨学科的研究对民筠来说，需要另起炉灶，她选择的课题是音乐和科学的关系，但是音乐作为业余爱好与专业是不能相提并论的，需要补课处甚多。她心高气傲，想在短期内出成果，谈何容易。她的"跳槽"没有征求过我的意见，即使征求了也未必听得进我的异议。北大的同事和她几个好朋友都认为她这一步走错了，为之惋惜。她在原来空间物理的专业水平已经在国内领先，并已得到国际承认，在我国的尖端科技领域也十分重要。即使从最世俗的"职称"角度来说，对她熟悉的人都认为她如留在北大，尽管有复杂的人事关系，无论如何到退休时一定是正教授，而她在艺研院是以副研究员退休的。但是她当时似乎无法忍受本单位的气氛，非走不可。

在新的单位她也有初步成果，发表了一些著作，还有一些新颖独到的见解。但是健康和精神状态每况愈下。她近视眼千度以上，有过几次视网膜脱落，目力日益衰退，最后近乎失明。父母在世时我们还经常见面，母亲仍然对她生活尽量照顾。父母去世后，失掉了纽带，住得又远，会面日稀，每见一次都感到她的健康和精神状况有所下降，变得日益迟钝。电话中也讲不了几句话。后来确诊为脑软化，而且发展得比较快，最后几年在基本失去交流能力后，只有一样事物是最迟向她关闭的，就是钢琴。她只要坐到钢琴边，还能弹她过去记得的几个曲子，当然不一定完整，在那种时刻显然比较愉快。随着病情发展，能弹的段落日益减少。她最后能记得的是柴可夫斯基的《十一月——马车夫之歌》，这是她原来的拿手保留节目之一，少年时在天津的电台表演过。直到去世前几个月，还能弹出几小节。到最后，昏睡的时间比醒的时间越来越长，终于有一天就此长睡不醒，终年七十六岁。

她老年失智后，一位好友叹息说资民筠从一个极端走到了另一个极端。我觉得她是智商超群而情商有问题。智商基本上是先天的，情商主要是后天养成的，是在某种特定环境种种矛盾中扭曲了个性。她虽然早期一帆风顺，没有受家庭出身的影响，但是那时的主流环境不可能对她没有触动，我感到她内心深处还是有这个出身的包袱，所以要加倍证明自己，在生活上以自苦为极与此有关，尽管不一定是有意识的。我虽然力主男女平等，但是在体力上承认差异，从不逞强，而她连这都不承认，否则健康不至于受到那样的摧残。从意识形态光谱来看，她实际上并不"左"，改革开放她衷心拥护，因为可以回归常识、科学，一段时期在业务上可以放手发挥，她为"科学的春天"而兴奋。她有强烈的正义感，"文革"结束，她心情舒畅，以为可以实现原来向往的清平世界。但是种种现实与她理想背道而驰，埋头学术又常受非学术因素干扰。我常想，她若是"只专不红"也许会好些，最多在某个"拔白旗"运动中受批判，但是作为自然科学而且是尖端科学的人才，不问政治是可以被容忍的，特别是改革开放之后，在国际交流中开拓眼界，更可以大有作为。国内外不少科学家不通人情世故，不事家人生产，也不鲜见。在一个正常的、包容的社会，她未尝不可以做一个不食人间烟火的、有成就的科学家。

呜呼！"谢公最小偏怜女"，以少年天才始，以老年痴呆终。时也，命也！我只有深深地为我的小妹惋惜，叹息。

（2019年改定）

译界奇人许渊冲先生

（代祭文）

许渊冲先生以百岁高龄无疾而终！关于这位译界奇人，翻译泰斗，流传的事迹已经很多，我只是读者之一，读到过他回忆西南联大的文章和少量译作，轮不到我来说什么。但是意想不到的是，我竟然是最后获得他赠书的人，因此心绪难平，书以志此奇缘，并代祭文。

六月初我忽然收到马国川君发来微信称："昨天上午我在北大畅春园采访许渊冲先生，他说非常喜欢您的文章和译作，委托我送您一本签名书和唐诗宋词的英译本，等您回北京后，我再送过去吧"。我为之受宠若惊——我的文字，特别是译作，竟然入他的法眼！正考虑如何写感谢信，应该回赠他哪部拙著或译作。谁知回京后先收到他的讣闻，后收到他的书，竟成遗作，连道谢都来不及了。造化弄人一至于此！捧着沉甸甸的《西南联大求学日记》，看着许渊冲手书签名，面对一盒十几本诗词译作——从楚辞经魏晋、唐宋到明清诗词，还有少量今人白话诗——怅然、惘然，思绪不知何所踪。

许渊冲的大名当然如雷贯耳。我与他曾无一日之雅，也没有通信联系，只有远远地心仪、敬佩，不敢谬托知音。在这里需要交代的是，我和陈乐民都常引用的西南联大皮名举教授的一句话："不读中国史不知道中国的伟大，不读西洋史不知道中国的落后"，最初就是来自许渊冲先生的回忆文章。

关于翻译，上个世纪九十年代曾有过司汤达尔的《红与黑》十四种中译版本争鸣之盛举，译者都是高手，当然见仁见智，高下很难有定论。我从那次见证了许渊冲的翻译美学一家之言和他的自信和气势。无论如何，"翻译界泰斗"之头衔绝对是实至名归。从严复算起，中国不乏可称为翻译家之人，但是绝大多数都是从外文翻中文。双向翻译，而且英、法两种外文，而且还译诗，达到他这样水平，数量又如此庞大的，可谓无出其右。方今常听说某人"精通"某种外文，或几种外文，实际上真正以外文为专业者深知，要称得上"精通"，在一定的深度上与母语一样运用自如，何其难哉！所以由外译中尚可，而由中译外，常需请以该语种为母语者"把关"、润色。杨宪益与戴乃迭贤伉俪珠联璧合的译作，即是明证。译诗之难更是难于上青天。百年来中国翻译界能为此事而达到如此境界的，毫不夸张地说，非许渊冲莫属。我读到几首他译成英文的诗词，既合英诗之节奏、韵律，还传原诗之神韵，有些地方匠心独运，为之拍案叫绝。听说他颇为自负，对此类迻译有舍我其谁之气概，这也是一种坦荡，他有这个底气和资格，多数人还是心服的。当然他所主张的"意译"，在翻译界有争议，这是正常的。如今收到他馈赠的一大盒诗词译作，单是这体量就让我吃惊。最重要的大前题是对中国文学的深厚修养。每首诗都有原文，既方便研学者有所依据，也要经得起方家的评判。每一本都够得上专科博士生做论文的。此外他还有大量外译中的译作。在这样成就的基础上，他还下决心翻译莎士比亚全集，尽管天不假年，未能完成，单是这雄心壮志和自信，非常人所能及。

上个月见到母校清华专为纪念110周年制作的大型视频，其中历届毕业生中有贡献的代表人物或群体一一呈现，发现全部以工科为主，少数理科，基本没有文科，唯一登场的文科生是百岁老人许渊冲。对他的介绍词是：让世界了解中国。却没有提到许先生另一面的贡献是让中国了解世界，这是重大的遗漏。实际上自有"清华学堂"起，无论哪个学科的无数先贤，其重大贡献是让中国了解世界，助中国走向世界。百岁老人许渊冲的出现，总算提醒世人，清华之成为大学，除工科外，还曾经是一所多学院人才辈出的综合性大学。那么许学长的最后贡献之一是为清华文科争光。

没想到马国川是最后一个采访他的，而我碰巧成为最后一个受到他题签赠书的人。这份殊荣，何其珍贵！

谨以此小文祭奠尊敬的前辈学长。

晚学资中筠

后记：读《西南联大求学日记》有感

上文发表后，粗粗浏览了一遍《日记》，感触良深。首先，这显然是真实的、当时写给自己的日记，而不是有些名人成名后为发表而补写的。内容朴实无华，确实反映了当时大环境中的学生生活和自己的真实思想和心情。一个好胜心强、个性鲜明、爱读书、喜思考，还不乏自省精神的青年学子的形象跃然纸上。事无巨细都有记录。除学业外，结伴赏美景、下馆子、打球、游泳、下棋、打牌、看戏，以及买衣物花多少钱……等等。有挚友之间感人的情谊，也有对不喜欢的人的贬评。还有追女生、写情诗、自己的复杂心情（在这方面许学长似乎远不如对学业那样自信，总是犹豫不前，坐失良机，成功率不高）。这些都是花絮。最打动我的是他读书之广和独立思考的习惯。

大部分日记是读书心得。一部分来自课堂，一部分来自课外自己凭兴趣的阅读。他以课堂阅读比作"正规战"，课外随意的阅读为"游击战"。有大量上课后的评论，多数是心得，受启发，有所悟；也常有对老师的说法不以为然，读经典著作常有质疑。例如大学二年级时，有几个月的日记都提到读柏拉图《理想国》第X章，并对照中英文译本，认为中译本越读越糊涂，还是英译本清楚。对柏拉图的观点，有激赏、有质疑，并提出诘辩，与其他哲人对同一问题的说法做比较。诸如此类的内容贯穿于四年大学。冯友兰先生的哲学课似乎对他影响较大，多次引用，并联系自己。有一处很有趣：冯先生提到人生由低往高的四个境界：自然境界、功利境界、道德境界、天人境界。有几天的日记思考自己属于哪个境界，认为自己已经超越"功利境界"——读书不是以名利为目的——但也还没有到达道德境界，因为缺点还很多，更够不上天人境界。最后自创了一个"兴趣境界"，认为自己就属于这个境界，凡事凭兴趣，而最大的兴趣就在于在不同文字间比较、迻译。这些文字刻画出了一个年轻人精神成长的轮廓。

我只知他通英、法文，从日记中发现他还学过俄文，并喜爱俄罗斯文学，多次提到阅读俄文名著，曾一度想专门翻译俄国文学作品。学法文是在俄文之后。书后附有大学四年每年读的书单——是真的读过的书，不是虚开书单以炫耀，有日记心得为证——令人钦佩，也令我汗颜。因为本人也是清华外文系出身，还自以为属于喜欢钻图书馆的，而大学时代读书之广博远不如他，且多不求甚解，没有像他那样深入思考。同为大学本科毕业生，距离已经拉开了。若为自己辩护，还可以推给客观形势。他虽然是在炮火中学习，日记中经常出现日机轰炸，躲警报而停课之事，但是那时师生全神贯注于教与学，四年课程满满。而我赶上的是文科强弩之末，号称四年，实际学习也就凑足两年，而且后两年还要否定前期所学……随时想到写下这些，当然有许多事是无法比较的。

《日记》写到大三之后，一年参军的经历。当时政府号召大学生参军，情报部门特别需要外文翻译人才。许同学起初留恋学校的自由，不想报名。但又感到国家需要，不该如此自私，特别想到前已有同学参军为国捐躯，更加惭愧，于是决定报名。《日记》如实叙述这一思想纠结过程，真诚自责，令人感动。参军后与多数联大同学一道被分配在"美国志愿空军"（按：这就是有名的陈纳德空军大队）第一大队，遇到的顶头上司，一位少校军官林秘书，竟也是清华出身，并在美国受过空军训练，学识渊博，文理兼备，而且文武双全，令许同学由衷钦佩。更没想到的是，那位林秘书通情达理，强调从军也需要提高文化，鼓励他们业余读书，在军队期间，如时间允许，还可到联大旁听课程和学术讲座，有时军队派车接送。与此同时，他仍有时间阅读文学著作（书后附录中有列出）。许的工作是将昆明行营的军事情报译成英文，送陈纳德大队长。有一次他翻译的情报上送指挥部后，经过综合分析，判定一次日军大规模轰炸昆明的时间，预先有所防备，美国空军及时迎战，保护了昆明居民，并重创日军。许同学与立功的飞行员同样得了一枚"飞虎章"。一年过后，去留自由，又经过一番思想斗争，决定返校继续完成学业。

还有一点值得一提的是，《日记》中反映出同学之间的讨论，乃至争论，多为形而上的问题，例如对生死、宗教、某种哲理的看法等等。联想起杨振宁先生的回忆录中提到在联大学生宿舍中与同学辩论某个物理问题的情景：晚上已经上床休息，还辩论不休，谁也说服不了谁，以至于爬起来翻书找证明。在读到这一段时曾感叹当时大学生的精神风貌。如今读《日记》，这一感触又油然而生。不知今日之大学生同学间经常的话题是什么？

《日记》所述只是一个人一段时间的经历，却内容丰富，能以小见大，对后人体验有血有肉的历史有很大帮助，常常出乎我们的想像。以上只是个人读后点滴感想，远不足以概括全貌，聊以抛砖引玉。

（2021年）

千古文章未尽才

——悼老学长茅沅

茅沅走了！尽管几周前得知他突发脑梗，已有心理准备，理智告诉我，缩短迁延病榻的时间可少受罪，而且96岁已是高龄，但是感情上还是很难接受，接到他女儿的通报，为之黯然良久。他是我最老的乐友、学长。"老"有双重意义，不仅年纪老，而且交情老。初识茅沅于1948年，距今70又4年，最后一次见面是2021年夏。一个月前他还来电话，相约找时间再见面，谁知那是最后的交谈。回想起与茅沅有关的一幕幕往事，历历在目宛如昨日，却已隔世。

1948年秋，我从燕京转入清华，一日，静斋门房呼唤有人来访，出门见到一位个子不高的男同学（当时校规男生不得进女生宿舍），他自我介绍是土木工程系三年生茅沅，请我坐到道旁石椅上，说明来意：清华有一支管弦乐队，他任指挥，知道我弹钢琴，希望我参加乐队。然后拿出一份舒伯特《未完成交响乐》的钢琴谱，说乐队正在排练此曲，本来是没有钢琴的，但是乐队水平参差不齐，很不稳定，想在排练时用钢琴托住点。他还介绍了张肖虎先生主持的音乐室，活动地点"灰楼"、乐队排练时间，并说我可以约时间到灰楼琴房练琴，等等。我感到惊喜，欣然接受。没想到张肖虎先生从天津来到了清华，从此又可续上音乐缘，他家人大概有音乐基因，父亲拉小提琴，并教过他；姐姐茅爱立是女高音歌唱家，曾就读于燕京大学音乐系，与我天津的钢琴老师刘金定是同学，我听过她1947年出国深造前在天津举办的独唱音乐会，刘老师伴奏。可能因此茅沅知道我，我也不感到突兀。

就这样，我加入了清华管弦乐队，每周六晚上排练，风雨无阻。乐队成员除一名长笛手是文学院的女生外，绝大多数都是工学院同学，清一色男生。果然如茅沅所说，程度差异甚大，有的只学过几个月，就是公认最棒的首席小提琴也是基本靠天赋和自学，从师学习时间不长。不过他们都出于真心爱好，有高度热情，排练十分认真，很少缺席。我孤陋寡闻，只认识弦乐器，连这么多管乐乐器的名字都叫不全，第一次看到总谱，望而生畏。茅沅也没有经过专业训练，如何一目好几十行掌握这么复杂的谱子，识别各种乐器的声音？他说是自己慢慢"琢磨"出来的。

排练时，他一反平时谦和的作风，相当严厉，时不时用指挥棒敲打前面摆乐谱的台几叫停，指出问题，有时指定某个乐部重复练习几小节，直到他认为过得去为止。同学们对他十分尊重，没有人不耐烦。我初见此场景，有点意外，私心窃想：像真的似的！那一学期就练这一首，经茅沅严格训练，一点一点抠，外加队员们自己努力，果然到学期末大有长进。那次排练是有目标的，就是学期末到燕京大学与他们合开音乐会。燕大有高水平的音乐系，培养了不少杰出人才，却没有乐队。12月中旬的一个晚上我们果然一起到燕大参加演出。管弦乐演出很成功，颇为清华争光。我这个陪练当然不上场。记得我贡献了一首独奏，好像是肖邦即兴幻想曲，记忆模糊，不敢肯定。《未完成交响乐》还到城里演出过，我未随行。

下学期，乐队开始练贝多芬第五钢琴协奏曲，我从陪练变成主角。也许茅沅就是为我而选的，我没有问过他。但是说实在，此曲对乐队和我都是勉为其难，当时初生之犊，什么都敢上。茅沅照例一点点抠，只是学校各种社会活动、政治学习越来越多，乐队难以坚持每周全员练习。最后第一乐章都没有练完。只是我大过其瘾，这是平生唯一的一次有乐队伴奏弹协奏曲，也要感谢茅沅给我这个机会。后来自己发奋把三个乐章弹了下来。

后来听茅沅说，别小看这样一支不怎么样的业余乐队，却是当时北平唯一的中国人组成的管弦乐队——实际上那时外国人乐队也没有，所以可称是唯一的管弦乐队。据我所知，就全国而言，清华乐队还不算是第一支，更早的是天津工商学院的管弦乐队，而且也是张肖虎先生创建的（上海战前就有管弦乐队，但是洋人办的）。光复后，张先生从天津到了清华，一手办起了清华的音乐教育和各种活动，茅沅是其得力助手。除管弦乐队外还有军乐队、合唱团，指挥也是茅沅。巧的是，刚好他们两人都是清华土木工程系的。张先生的心愿就是把清华音乐室建成正式的音乐系，到1949年鼎革之初，基本师资和设备条件已具备，张先生拉着茅沅（作为学生代表）找暂时代理教务长叶企孙先生请愿，要求成立音乐系，叶先生苦笑说，如果我有权，马上就可以批，可是我没这个权力。

清华音乐爱好者还自发成立了"音乐联谊会"，会员众多，师生都有，当然并非人人都自己玩乐器。我也是茅沅介绍参加的。不记得是否有正式的"会长"，但茅沅显然是骨干，负责组织各种活动。其中一项就是到美国教授温德家听唱片。联谊会还有一首会歌，这回是茅沅作词，由哲学系同学陈平谱成四部合唱曲（顺便说一句，陈平也是文理兼备多才多艺，由数学系转哲学系，自幼学钢琴，最终以音乐为业），我们集会时必唱。茅沅去世前最后一次与我通电话，情绪有些低落，我建议他多弹弹琴，并让他弹几段给我听听，他就弹了这首会歌，这是我最后从电话中听到他弹的曲子，是70多年前我们共同的音乐记忆。

以上是我所知的茅沅与音乐有关的"前史"。他毕业之后，同学星散，不在一个领域的基本断了来往。只听说他先分配到某单位从事建筑施工，没多久，就在自己要求下调到了艺术单位，从此终身奉献给音乐。需要说明一下：1950年是新政府政策对自选职业给予一定灵活性的最后一年，从我毕业的1951年开始，大学生必须完全服从全国统一分配，自己要求调工作就很难了，尤其是建设最需要的工程人才，何况还是清华毕业生！所以茅沅早一年毕业是他能遂己愿之幸，也是中国音乐界多一位作曲家之幸。我曾经问过他既然这么热爱音乐，为什么当初不报考音乐专科学校。他说主要从谋生考虑，还有当时风气，正是抗战胜利后百废待兴，有抱负的男生多上理工科，他中学数理化成绩很好，学工也没困难。的确，他入学的1946年是西南联大三校回迁，面向全国招生的第一年，名额未增加而考生倍增，清华门槛最高，竞争之激烈可想而知，数理化没有一定水平是不敢问津清华工科的。

转眼到了1970年代后期，大地开始解冻，家人、亲人、故人又互探音讯。我从干校回京后，校友中还是茅沅最早来家里看我。这种重逢有劫后余生之感。所幸他的经历尚属平稳，未受太大冲击，但至少相当长的时期无法进行创作。从八十年代中开始，清华老乐友开始陆续接上关系。1991年，以清华大学80周年校庆为契机，每年校庆聚会成为规律。此时清华已经有一支相当有水平的学生管弦乐队，因为现在可以招"特长生"，比我们那时凑起来的水平整齐多了，乐器配备也讲究。那年校庆前夕举行了正式的音乐会，茅沅还指挥清华乐队演奏了《瑶族舞曲》。

茅沅家是一所祖传的四合院，院中有美丽的西府海棠，春暖花开时节，他家就成为我们聚会的场所之一。他的夫人李克瑜也是艺术家，是美术专业的，不嫌我们吵，总是热情欢迎。不论是否在他家聚会，茅沅总是和在校时一样，义不容辞地联络、张罗。他天性宽厚、热心，老师辈还在时，他不是最年长的，但是总像长兄一样以照顾他人为己任。有一位拉小提琴的、原来心理系的老师，生性耿直，从五十年代初开始就在历次"运动"中饱经磨难，一度失去公职几乎衣食无着。等到解冻后"落实政策"，安排了一份工作，分了一间仅足容身的居室，算是生活有了着落，却已经妻离子散孑然一身。开始几年聚会他是积极参加者，还能拉拉琴，后来疾病缠身，很少出门，茅沅经常去探望，尽可能帮他解决困难。同时向我们通报他的情况，他去世后还协助其单位料理后事。

茅沅对张肖虎先生的事一直很上心。我们最后共同做成的事是推动人民音乐出版社正式出版了张先生的《阳关三叠》钢琴谱；张先生的独子作古后，其儿媳委托茅沅全权处理张先生的遗作资料，茅沅一力承担，多次出面与清华校方联系，建议将这些资料捐赠给清华图书馆保留，终于于2017年办妥，清华举行了捐赠仪式，他和我应邀参加，并发了言。他讲了一些鲜为人知的张先生的事迹。

岁月不饶人，我们的聚会不断减员，对于老病不便出门的同学茅沅还继续关心，主动给大家通报情况。以后，他发出的坏消息多于好消息，病的病、走的走，近年来更是讣闻不断。终于，北京的老乐友只剩下我们二人还坚持互相走动。终于，剩下我一人接收他的讣闻……2018年另一位热爱音乐的老学长、原中科院化学所所长胡亚东仙逝，我已感到故人凋零，写了一篇文章题目是"无边落木萧萧下"。而今又是秋风萧瑟，黄叶遍地，风烛残年的我独自在写茅沅的悼文，一句歌词浮出脑海："枯树在冷风里摇"。

茅沅对音乐真心热爱，也真有天赋。他偶尔引吭高歌，声音很洪亮，钢琴造诣也不俗。如果在正常的年月、正常的环境中，他的成就当不止此。那首脍炙人口的传世之作《瑶族舞曲》完成于1952年，那时他26岁，还是初入行的新人。而现在人们记得他的还是这首曲子。另一首小提琴手必拉的《新春乐》，却是他业余随性之作。和许多同代人一样，在精力旺盛、创作灵感迸发的盛年，往往身不由己、心不由己。我在劫后重逢时曾问他多年来创作情况，他自嘲说，我们不是很幸福吗？不干活也有饭吃。至于奉命作为任务的大型作品，其命运因时势变化而沉浮，现在已很少有机会上演。八十年代他开始复出后，有一些活动，进行过一些教学，不过音乐界已是一代新人，与他互相都不熟悉。还是瑶族舞曲的发源地对他特别热情。

他为人十分低调，朴实无华，献身音乐完全没有功利之心，还有几分清高，我感到他来往的朋友还是我们这些圈外人多于正当时的音乐圈内人。有一例可以说明他的低调：1984年中国总理访美，里根总统招待晚会上著名小提琴家斯特恩演奏了《新春乐》，但是没有报作曲者的名字。茅沅本人偶然在广播中听到报道才发现。他只悄悄托人要来了录音，自己留个纪念，始终无人知晓。我是多年后与他闲聊中才偶然得知的。现在互联网发达，他也没想过要在网上放一放视频。他晚年创作了一些小品，但好像没有发表，更无机会演出。他曾说特别喜欢杜诗，准备选几首谱曲，也不知完成了多少，有无手稿。当然，凭他已有的成就和贡献，已足以立足音乐界，得到承认和尊重。但是我总觉得以他的天赋、才华、学养和对音乐的执着，本应留下更丰富的作品，从这点说，他是才犹未尽的。"千古文章未尽才"，这可能是几代中国知识分子的宿命，又何止他一人。

他的"音乐耳"直到年过九十后还很灵敏，有一次来我家，远远地听我弹琴，我左手和弦按错一个音，他立刻本能地指出来。然而从今年起他发现自己引以自豪的听力开始衰退，几次通话都重复诉说自己不断测试，结果不佳，可以想见他对此特别苦恼，我无言以慰。我恢复弹琴后，几次换琴买琴都请他帮我挑选、把关，他毫不推辞，总是自己准时来到琴行。连琴行老板都说一听他试琴，就知道是专业的。现在放在我家，最后换购的这台琴就是他四年前帮我试弹，挑定的。而今琴在人亡，呜呼！

（2022年）

辑
四

音
乐
家
园

我的音乐故乡是天津

2016年3月3-4日，我有天津之行。一是参加天津成人钢琴学会主办的一场以钢琴为主的音乐会，演奏了几个曲目。一是在天津天泽书店讲话，主要讲我与天津的音乐缘。现发出讲话现场录音稿。讲话较长，有些内容过去发表过，而且《有琴一张》书中也有详述，为节省读者时间，有所删节。除主持人靳开华老师插话外，主持人介绍与问答环节都从略。

很高兴，这次在天津跟大家见面。承蒙天泽书店邀请，来跟大家讲一讲我在天津的音乐生活。

由于在各个城市到处走，我基本上没有故乡观念。要求填表时，原籍填父亲的出生地湖南。我母亲的出生地是浙江的德清县。我出生在上海，长在天津。我从小学到高中毕业，就读于天津耀华学校（当中因天津水灾，避难上海，小学五六年级在上海上，初中一年级又回天津）。大学就到了北京，从此长住北京，所以，绝大部分生活是在北京。假如有人问，你的故乡是哪儿？我好像说不出来。但是，现在讲到音乐生活，我想，我的音乐故乡应该算是天津。因为我的学习，包括与钢琴结缘，都与天津分不开。在我青少年时，天津是音乐生活非常丰富的一个地方。初中一年级开始，家里把我送到刘金定老师那里开始学琴。

我到北京后，很多年没有回过天津。第一次回来，大约1967年或1968年，军代表进驻我们单位，组织到天津来进行"阶级斗争教育"。

天津有一个叫"三条石"的地方，有好多工厂，被认为是过去资本家剥削工人的地方，因此来此进行阶级教育，有老工人诉苦，等等。多年后，我才知道三条石有一个工业博物馆，记录了天津作为中国机械工业最早发祥地之一的历史。我记得，那次"教育"中还有批判东亚毛纺厂为"文明监狱"，因为它对工人太好了。东亚在上世纪40年代就实行当时世界比较先进的现代化管理，工人的福利比较高，还开办了东亚小学，职工子弟可以免费上学，等等。但是根据那个年月的逻辑，这些"文明"的举措是瓦解工人的阶级斗志。我在中午休息时非常想看看母校和旧居，但是没有敢，"怀旧"也会是罪状一条。

再次回来，就是改革开放后了。有一次是耀华学校成立80周年纪念，我们老校友都回来了，我还在赵校长的雕像前留了影。有几次是参加南开大学历史系的一些学术活动。开始回天津参加音乐活动，是从2012年，被靳凯华老师"忽悠"来的，这以后再讲。

为什么当时天津音乐活动很丰富呢？略微讲一点历史背景：1860年，英法联军入侵后签订《北京条约》，清朝被迫开放了天津，很多国家在此设立了租界。天津曾是租界最多的一个地方，不过时间比较短，很多在第一次世界大战后就撤了，如德、奥、俄。我在天津时，主要有英租界、法租界、日租界和意租界，其中建设得比较好的是英租界。耀华学校原来是英国工部局建立的，后来中国人接管了，我读书的时候已经是中国人组成的董事会管理的私立学校了。

当时的天津，对于全国来说，是仅次于上海的最先进、最开放、最发达的城市。现在说北、上、广、深，好像就没有天津的份儿。而那个年代，它可比北平发达得多。北平是一个文化故都。从发展的现代化或者说是开放程度来说，那时天津是在前沿。它在各方面对中国的现代化是有很大贡献的。首先是民族工商业非常发达。过去有很多东西都叫"洋"什么，比如洋火、洋灰、洋油等，都是外国进口，中国人自己不会造。从上个世纪二三十年代开始，民族工商业开始发展，一部分在上海，武汉有一些，一部分则在天津。许多"洋"货就国产了，逐渐去掉"洋"字。举例来讲，范旭东先生建立了第一家自主造碱的化工企业——永利化工厂。再比如说启新洋灰公司，是中国最早的生产水泥的公司，我相信天津很多老人都会知道。"洋灰"是什么？就是洋人制造的灰，现在叫水泥。还比如说，仁立地毯，这是1949年之后能够出口的最好的东西之一。中国特有的工艺织出的花纹是立体的，不像波斯地毯是平面的。仁立地毯公司就在天津，北平有分公司。还有刚才提到的东亚毛纺厂。我记得，小时候毛纺织品，毛料、毛线等都是英国进口的，毛线最有名的是英国蜜蜂牌的。民族企业家宋棐卿在天津建立了东亚毛纺厂，生产的毛线叫抵羊牌，商标图案是两个羊的角相对顶着。这个商标也有抵制洋货的意思，就是要跟英国人争市场，而且相当成功。到1940年代末，1949年之前，已经占领了相当一部分市场。我记得中学时候穿的毛衣就是抵羊牌毛线织的了。刚才讲的，东亚也引入了当时发达国家的福利制度，工人权益有一定保障。其他还有纺织工业等等，不胜枚举。刚才讲的三条石那个地方，实际上是最早的从简单到比较复杂的机械工业基地。

另外一方面，金融也很发达。除了当时的中国银行、中央银行等国立银行之外，私立银行一部分在上海，一部分就开到天津来了，而且上海的总行在天津开设分行，像浙江兴业银行、金城银行等。我父亲到天津来，就是被派来开办上海商业储蓄银行天津分行的。那些是有别于旧式钱庄的现代银行。金融业就是要支持民族工业的发展，所以小时候，我家里同仁立、东亚等企业的负责人或者是职工都有关系，这是顺理成章的。而且家庭之间建立了友谊。卢沟桥事变以后，太平洋战争之前，即1937年到1941年底的几年里，日本侵略势力进不了英租界和法租界。在英法租界的保护之下，东亚毛纺厂等企业没有或者较少受到日本的干扰，发展得相当好。鲁迅时代的文人经常讲到上海的"孤岛时期"。所谓"孤岛时期"，也就是这个时候，虽然日本侵略势力已进入城市，却进不了租界，文化、新闻各方面就像在孤岛上发展。当时天津也是这样的情况。

除了民族工商业，大学、中学教育也很有名，如南开大学、北洋大学。在此背景之下，音乐开始发展。文化、工商业的发展造就了一批中产阶层，虽然不是特别富，经济上有一定的实力，更重要的是代表了某种文化精英阶层，是文化意义上的中产阶层。实际上很多企业家或高管都是海归，他们重视子女教育，追求文化生活。另外，天津还有一个特点，就是北洋军阀的下台政客，很多在天津造房居住，像袁世凯、曹汝霖等。还有溥仪，被赶出故宫之后，就跑到天津来了。他们有的本人已经不在了，但后代也进入了这样的一个阶层。我记得，在当时的耀华学校，有很多像袁世凯的孙女、曹汝霖的外孙女等没落官僚的后代。这些阶层家里的孩子也常常会学一些乐器，女孩子学钢琴的比较多。

那时教琴、音乐、外语、舞蹈等的私人老师，都是什么样的人呢？主要是两种人，一种是白俄，是十月革命以后流亡到中国来的俄国贵族后裔；一种是德国犹太人，是受希特勒压迫逃亡出来的。这两种人文化水平较高。他们能够利用他们的文化来谋生。调琴师也是外国人，到我家来调琴的就是一个很老的白俄老头。后来我意识到，这些不幸者客观上搭建了文化艺术的桥梁，把西方比较优秀的艺术和文化带到了中国。当然，中国有外国租界也从不幸的遭遇开始，但是客观上租界成为接受外国优秀文化的场所。还有另外一些人把文化带入中国，像司徒雷登这样非常热爱中国的教育家。他创办了燕京大学，燕京大学有音乐系，我的老师刘金定就是燕京大学音乐系毕业的，所以，我间接受益于燕京大学。当然，我也上了一年燕京大学，但是我没上音乐系，后来我转到了清华。我认为，一方面是这些不幸的俄国人和德国人，把文化带到了中国来；另外一方面，也有热心的外国教育家把文化带到中国来。那时候专门有音乐系的大学很少，除了燕京大学，可能上海还有，另外就是师范院校里的音乐专业等。我们知道的、曾经在天津生活或者活动的音乐名人，比如赵元任先生，写过 《回忆天津的情况》。还有，李叔同，即弘一法师，音乐也是他的一项才华，他也曾在天津生活过。

现在就讲到了我的老师刘金定先生。刘金定先生与张肖虎先生是中国人中最早的私人钢琴老师，并且教得很有成绩，很有口碑。当时中国的家长一般比较相信外国老师。我很幸运，母亲不崇洋，经人介绍把我带到刘金定先生那里，而且中国老师的学费比外国老师低一点。我跟刘金定先生学了六年的琴，从初中一直到高中，得益非常之多。我从来不认为自己具有音乐天赋，从未想过音乐可以作为专业，父母也没想要把我培养成一个音乐家，也不逼着我去学，就是作为一种修养，而且，我也挺喜欢。我碰到了一位好老师，她循循善诱，把我的兴趣一点儿一点儿地培养了出来，而且事半功倍。我练琴时间很少，不像有些小孩一天练好几个小时。我放学回来练一个钟头，甚至不到，一个钟头做家庭作业。一个礼拜回一次琴，留一些曲目回来练，然后再回琴，就这么过了六年。

刘先生的口碑越来越好，学生越来越多。现场在座的靳凯华老师也是她的学生，她比我小一些。她很有天赋，曾经因家道中落交不起学费，中断学琴。刘先生知道后，认为这样的孩子不学太可惜了，就主动免费教她。后来靳凯华果然成才。这个故事靳老师自己讲过，可能不少天津的朋友知道。刘先生特别会教课。那时没有考级这类的事情，作为一种激励的机制，隔一年，她就把学生们组织起来开一个小型音乐会，不管是什么程度的，从初学到比较深的都有。借一个房子稍微大一点的家长的客厅作为演奏会地点，把家长都请来，每个人都得上去表演。既然是上去表演，就得弹好，不能出错。大家很有兴趣。有时，刘先生和张肖虎先生的学生一起开音乐会。张肖虎先生和刘金定先生当时在中国人里，已经有一定名望，大家都愿意来。

刘先生家是美国老华侨，生在美国。她父亲被美国的公司派到中国来做高管。什么公司呢？就是米高梅电影公司，所以我们常常会去平安电影院蹭电影看。但是到1941年太平洋战争之后，美国跟日本打起来了，跟美国的经济关系断了，她父亲的工资汇不过来，家里没有了经济收入。于是，全家生活就靠先生教琴。刘先生的学生排得很满很满。她住在小白楼，我从家里骑车去学琴，在客厅里等前面的学生出来了再进去，然后又有学生等着了。我很佩服刘先生，她靠教琴一个人担负了全家的生活，把三个弟妹都供到考上大学，而且跟学生家长的关系都非常好。她最小的弟妹一对双胞胎，都上耀华，与我同年级。弟弟刘畅标是她亲自教的，后来也毕业于燕京音乐系，支援大西北，到西安音乐学院，退休前是那里的钢琴系主任。

在天津，来表演的名家很多，比如，我听过的，沈湘、张权等。我不知道年轻人知不知道这些名家。上世纪八十年代，张权还复出登台过，与天津的李光曦一起唱《茶花女》。我记得，四十年代张权来演出时海报贴到我们校园里，说是花腔女高音，我第一次知道原来高音还有叫花腔的，还有同学看错了，说是花脸女高音，这个我印象很深。那时候觉得她唱得棒极了。还有弹钢琴的吴乐懿，吴乐懿先生比周广仁先生还要早一点。吴乐懿弹《弄臣》，我觉得棒极了，手指飞舞，好听极了。我就觉得我永远达不到这样的水平，更不敢拿音乐作为专业了。

天津出过不少名家，如刘诗昆，我见过幼年刘诗昆，那时他就表现出非凡的天赋。

我还想起一个例子来，"四人帮"打倒以后，我相信很多人都知道出生在天津的张志新烈士。我看到关于她的介绍说，她家三姐妹都拉小提琴。后来我见到过她的妹妹，她老年还在拉琴。这些都说明天津的音乐确实很发达，很多家庭中都有人学一点音乐，不一定搞音乐专业，都会一点，这是一个很普遍的现象。

当时学校的美育教育，也是比较发达的。比如说，我小学时，课内课程每年都有美术、音乐等。三年级时音乐老师教唱歌就开始教五线谱了。所以，我还没有开始学琴就已经识五线谱，就是在课堂上学的。美术教育除画画外，还有劳作，到中学时女生还有绣花呢！我觉得，那种美育教育是很重要的。现在的学校把美育都当成了课外的东西，想学就非得报课外班，另外交钱。今天学钢琴，明天学画画，一个班又一个班的，弄得小孩负担很重，家长经济负担也很重。那时，除了主要的课，比如说物理、化学、数学、国文、外文、历史、地理等，另外必须要有美术和音乐。虽然不是主课，也要算分数，占百分比稍微少一点而已。课外活动中，谁有什么兴趣，就加入什么社团，如合唱团。有人对生物特别感兴趣，专门有生物实验小组，实习解剖青蛙之类的。课外活动都不交费。所谓课外活动也就是放学以后，一个钟头之内可以做的事儿。还有体育，耀华学校的体育是非常棒的，全市学生运动会上常常会得冠军。不过我的体育非常糟糕。那时，我们打球，两队的队长选人，你选一个，我选一个，我总是最后一个被选的，因为实在没办法了，就剩我一个了，只好要了。哪队要我，哪队输。当时的学校教育是德、智、体、群、美全面培养。

天津音乐比较发达，还有一个证明。抗战以后，上海国立音专迁到内地了。天津的音乐学院一直存在。1949年以后，变成中央音乐学院。所以中央音乐学院有一个时期是在天津的，后来才搬到北京去。留下了一部分是现在的天津音乐学院。中央音乐学院最早的一批人是天津音乐学院过去的，其中有我的学长——朱起芸和刘培荫，她们都是刘金定先生的学生。刘先生号称有三大弟子，一个是刘培荫，比我高两班毕业；一个是朱起芸，比我高一班毕业；一个是我。我们仨都在高中毕业时开过独奏会，最早的是刘培荫。她们两人都上了燕京音乐系，都成了钢琴教授。到我高二、朱起芸高三时，刘先生说，你们应该学一点乐理，就教我和朱起芸学和声和作曲。我们一起上课。我发现，她的耳朵比我好，她能够辨别和声，老师弹琴让我们听了记谱，我只能把单音旋律记下来，和声却常常赶不上，朱起芸大多能记下来。所以，她搞专业也比我合适。她在中央音乐学院教视唱（练耳）。我曾见到著名音乐家王立平先生，他是中央音乐学院毕业的，我相信你们大家都知道，他就是1987版《红楼梦》的作曲。他曾上过朱起芸老师的视唱课。他很佩服朱老师，说她教得特别好。所以说，刘金定先生真教出来了一些人才，而且学生也不辜负先生。在音乐方面，天津还是很出人才的。

张肖虎先生在天津待了一段时间后去了清华。1948年我转到清华，发现张肖虎先生也在。先生主办了清华的音乐室，在清华传播音乐。

另外，我觉得美育是非常重要的。蔡元培先生曾经说过，"中国没有宗教，应该用美育来代替。"宗教起什么作用呢？起一个净化心灵的作用。我是无神论者，但是我非常尊重宗教信仰，是真正的宗教信仰，不是拿它来达到什么实用的目的。今天想发财就拜财神；明天想生孩子就拜观音。在中国，宗教太实用主义了。我说的宗教，是真诚的信仰，它可以使得你的精神得到安慰，是净化灵魂的。中国没有这个传统，所以，蔡元培先生说应该用美育教育来代替宗教。我觉得很对，人的审美跟品味有很大的关系。有一些事情、一些行为，虽然不是道德问题，我认为是个人审美问题。像中国过去的士大夫，他们自己本身有一种品格、审美标准，有很多事情是"君子不为也"。审美是无形的，当然不是说学了钢琴，这个美育教育就完成了。有的人琴弹得非常好，但行为很不好。有些音乐家、画家等，不见得行为都很美。但是，至少有一些美育教育和从小培养的审美品味，熏陶出的行为就会不一样。比如说读一些唐诗宋词、中国的文学、绘画、书法等（书法是真正的书法，可不是那种瞎画的"书法"），它是带有文化底蕴的，不管是东方的还是西方的。总之是有一种自然而然的审美。这种审美对长大以后的行为包括待人接物等各方面能无形地表现出来，这是熏出来了的。老在一个很臭的地方，熏来熏去，就久而不闻其臭了。所谓书香门第，这个香在什么地方，还是一个审美的观念。我见过一些过去大家出来的妇女，虽然念书念得很少，有的甚至刚刚扫盲，认了几个字，但是她的审美、品味等各方面非常之高，并且很有眼光，做出的决断和处理事情很大气。这就是熏的，是无形的。所以，我觉得，无论是学琴也好，学画画也好，艺术起到一种美育的作用。而我们现在，把这个也当作了一个实用的东西，完全失去了它的原意。变成一种敲门砖，如考大学可以加分等。作为谋生手段的专业当然是可以的，但是作为业余爱好，就是一种熏陶。

另外，应该营造一种氛围，而不是一枝独秀，必须让周围的人同乐才行，仅仅孤芳自赏，是起不了美育教育作用的，也失去乐趣。所以我说以文会友、以乐会友，以美会友。这些都是一种生活方式，一种乐趣，与从事什么职业都没关系，应该是顺其自然的。一个孩子本来不喜欢音乐，家长就别老逼他学琴。他喜欢美术，或者喜欢体育等别的东西，就让他去做。我觉得现在的家长，容易一窝蜂，什么东西都互相攀比，你的孩子考几级了，我的孩子也得考几级等等，这就完全失去美育教育的作用了。

最后，我讲一下回音乐故乡的事。刚才讲了，我几次回天津都跟音乐没关系。那么跟音乐有关系的，实际上最早是2012年，被靳凯华老师"忽悠"到天津来参加一个国际比赛。当时，她给我打电话，叫我来参加一个非职业钢琴国际比赛。我说，我这点儿水平没资格参加比赛。她使劲鼓励我参加。先是海选，录制一个光盘交上去。录完了光盘后，我想就没事儿了，反正也不会参加决赛。过了半年，忽然通知我到天津去参加决赛。我真的来了，居然还得一个老年组的一等奖。这件事对我来说，一个是惊讶，一个是增加了信心。原来我还可以弹下去！所以我从80岁以后，又开始认真练琴了。

靳凯华老师插话：资老师，请允许我在这补充几句。2012年的时候，我请资先生来参加我们的国际比赛，全名是"海泰杯中国国际非职业钢琴比赛"。国际比赛规则是很严格的。报名人数很多，中外共报名8千多人。在这种情况下，初赛均使用光盘，因为不能让参赛选手从国外到这来参加比赛，如果没进入决赛再回去，路费受不了，我们考虑到了这一点。天津的选手，也是用光盘，无需在舞台上表演。这样完全平等。资先生入选了决赛。决赛选手必须是两首曲子。资先生报来了以后，我就看，一首是李斯特的《安慰》，一首是《阳关三叠》。当时看完了以后，我还真有点嘀咕，我指的是《阳关三叠》。我们请了11位外国评委。谁也不认识谁。如果多数是中国评委，那我觉得《阳关三叠》虽然是古曲，毕竟它的旋律跟我们传统的东西是接近的，大家较为熟悉，好办。这些个老外能接受吗？我真的有点嘀咕。但是我没跟资先生说。资先生是选手，我绝对不能把我的嘀咕传染给她，我也不可能请求资先生换曲目，这绝对不行，所以我就不作声了。她弹的时候，我也在场。第一首是李斯特的《安慰》，她一上手，好像有一个音错了，我的心唰地一下子紧张了起来，但是后来她坦然自若，真的好坦然。我看到有的评委稍微点点头，因为这些东西他们都熟。到第二曲的时候，我特别紧张，我一边听，一边观察其他评委们。他们特别认真地在听。当她弹完了以后，想不到的事情就发生了：所有的评委全站起来了，鼓掌。这时候我都有点晕了，为什么呢？因为古今中外，没有任何一次国际比赛是哪个评委为哪个选手站起来鼓掌，没有过，至少钢琴比赛绝对没有。资先生就获得了这样的殊荣。我的心狂跳。因为第二个比赛选手正好是朱老师，朱起芸的弟弟。第二个就是他。紧接着我又为他紧张。他颤颤巍巍，我觉得怪害怕的。他太紧张了。比赛完了以后，这件事情给我很大的震动和教育。我就在想，所有能够参加国际比赛的人，技术可以说不成问题，否则怎么能够到达决赛呢？而且那么多的选手。所以到达决赛环节的时候，真的不是比赛技术，而是你的音乐，但是音乐本身它并不是泛泛而谈、空洞的。音乐的基础是什么？我在问我自己，我跟我们这些个同行谈，音乐的基础是什么？得出了结论是四个字："文化底蕴"。而资先生这方面是最棒的。这一点不奇怪，绝不是无的放矢。就是因为这些，把评委们震了。过了两天，我们就要宣布获奖选手了。2012年可没手机微信什么的，所以所有的决赛选手都在天津等待着这个时刻。我们宣布了，谁谁谁，宣布完了以后，大家也鼓鼓掌。这个时候，我们组委会有一个人说，请资先生和朱先生两位老师留下。我说好！为什么呢？所有的评委，特别希望和资先生照一张相，所以我们请资老师坐在当中间，朱老师在后面，与所有的外国评委照了一张非常珍贵的照片。情况就是这样。

资中筠：靳老师如果让我换曲目也换不了，为什么呢？组委会要求参赛者每人弹奏不同时代的两支曲子：例如弹一首古典的，另一首得是浪漫主义时代或现代的；而且两首加起来还不得超过11分钟。我所有的保留曲目只有十八、十九世纪的，而能上得了台面的都是十九世纪的。再限定时间，可选的就很少了。唯一的现代曲目就是张肖虎的《阳关三叠》，我想换个曲子都换不出来。

在那次以后，我几乎隔两年就因某个由头来天津弹钢琴。去年我87岁，靳老师按虚岁给我做米寿搞了一次音乐会。每次都是靳老师都给我指导。她是老师，有一种本领。在她的指导下，我居然还开了点儿窍，还有点儿进步。80岁以后我开始有步了。虽然20岁以前弹琴，之后30年没弹，到50多岁以后又开始一点点恢复。可是，那个时候因为还工作，所以业余时间弹得也不能那么集中，三天打渔两天晒网的。但自从那次比赛之后，我就开始认真练琴，慢慢地克服了一些缺点。之前练琴，我经常偷工减料，蒙混过关，现在有老师在，就不能那么太蒙混了。我觉得很高兴，昨天弹琴，老师说我比去年又有点进步了。

从2012年回到音乐故乡天津，有很多很多的乐趣，就跟大家分享到这儿吧。

（2016年）

《有琴一张》初版前言

开始起意写有关音乐的小册子是世纪之交应扬之水女士之约，因辽宁教育出版社要出《茗边老话》丛书，入选作者都是年逾古稀的老人，我算是其中最"年轻"的（69岁），不过等书出版时也就达到"古稀"了。这套小丛书第一辑我已见到，从内容到形式都很精致可爱，不少作者都是学识、文采为我所心仪的长者。我忝列其中惶恐之余，不觉悚然心惊，真的不知老之已至了。我当时正好刚刚结束一部堪称"宏大叙事"的放言全球百年沉浮的大部头著作，喘息未定，正需要休整，何不以此换换笔？遂欣然同意。

写什么呢？顾名思义，"茗边"者，茶余饭后闲谈也，重在一个"闲"字；"老话"者，重在一个"老"字，活了多半个世纪，总有一些积久弥醇的旧事。大半生来我与音乐断断续续的离合悲欢倒也能理出一些不算无聊的故事，我就想起写写我的音乐生活。由我来写个人的音乐生活，本来是没有资格的。这类自述之吸引读者通常有两种情况，一是本专业的名家，写成长过程的故事、立业的甘苦；一是不论属于哪一界的家喻户晓的大名人，随便写什么生活花絮都有人感兴趣。而我两者都不是，是学书不成，学剑（琴）又不成的千百书生中之一员。与音乐的关系只不过是少时课余学过六年钢琴，青年时曾以乐会友，老来成为不可或缺的自娱内容，同时也以之念旧游、结新交，如此而已。其中有一些花絮、趣事以及人生的哀乐、体验，平凡得很，值得与读者分享吗？

不过那段时间生活中的偶遇常会勾起一段与音乐有关的往事。例如1999年5月访美时，碰巧参加了一名高中毕业女生的个人小提琴演奏会，不由得唤起我对自己高中毕业时的个人钢琴演奏会的回忆。那情景处处似曾相识，甚至演奏者的年龄、亲切而热烈的观众以及老师为她伴奏，都与我当年极其相似，着实令我怀旧了一番。还陆陆续续想起一些旧事，于是略加整理，追述成篇，名为《锦瑟无端》，扉页自题："锦瑟无端五十弦，一弦一柱思华年"。音乐是与我的华年绮梦交织在一起的。这是一个极小开本的小册子，装帧十分精致，于2000年出版，只印了三千册，出版不久就告罄，没有再版。其中部分内容收进了后来出版的《资中筠自选集》中的《闲情记美》卷。

2008年老伴陈乐民离我而去。我的悼亡诗中有一句："赚得琴书不自怜"，这是无奈中的自我解脱，在漫长的独处岁月中幸得有琴、有书为伴。没有想到，自那以后，琴于我越来越重要，我的音乐生活越来越丰富。竟然参加了比赛，得了奖，还开了演奏会。受此激励，自己练琴也兴趣日增。原来就缺乏扎实的基本功，又是荒废几十年后才又捡起，笨拙的琴艺似乎还有些进步。在不同的契机中还不止一次为自己录了音，留下纪念。衰年自得，有忘年之乐。最近几年撰写回忆录时，围绕音乐生活的忆旧怀新不断涌现出来。于是接受出版社建议，在早已绝版的《锦瑟无端》小册子的基础上，加入新的内容，续成一本小书，雪泥鸿爪，以飨同好。无以名之，想起欧阳修自号"六一居士"，"六一"之中我得其三：书一万卷、琴一张、老翁（媪）一个，遂以《有琴一张》为名。

（2017年）

琴声如知音，一到便灿然

—— 做客北京青年报天天副刊第42期"青睐有约"

回忆我的音乐生活可能起到"从一滴水看大海"的作用

———资中筠

（记者手记从略）

■我和钢琴的缘分，折射出来我所经历的社会大背景的一种变化

我出这本书（《有琴一张》）是在我写回忆录的时候，起意把跟音乐有关的经历集中写出来。首先要声明的是，其实我跟音乐并没有十分密切的关系，我只不过是小时候学了几年琴，而且没有好好学，中间还有几十年没有碰琴，到了晚年我才重拾故琴，聊以自娱。在这其中有一些感悟，想与大家分享。

其实就我个人来说，业余时间在家里随便弹弹钢琴，这本身算不得什么故事，况且这样的人很多，没有什么值得写的。但是我自己觉得可以分享的有这样几个方面：第一，因为我经历了很多时代的起伏波动，在这样的环境下，回顾我所经历的人和事，总也还有一些"从一滴水看大海"的意义；我们现在讲历史，总是先想到朝代、政府的更迭等等，但是还有一种历史的角度是"生活史"。所以我想我学琴生涯中跟音乐以及人的接触也是一个时期的生活史。我在这本书里就提到了不少我小时候、大学期间以及后来遇到的人，这些人虽然不都是大名人，但是我

329

觉得都有其特点，值得提到的。

我那时候学钢琴和现在一样，就是下课以后找家教。我是和一位中国老师学习的。我在书里对这位中国老师有详细介绍，她毕业于燕京大学音乐系，是最早的教钢琴的中国老师之一。因为那时大多数私人教琴的都是外国人——流亡到中国的白俄和德国犹太人。我觉得我很幸运，因为这位中国老师教得非常好。我能够在那么短的时间又不好好练琴的情况下，保持现在还能够弹一点的水平，和她的教学法有很大关系。

那时我的学习是很轻松的。每天大概三四点下课，回家练一个小时的琴，做一个小时的作业，以后爱玩就玩、爱看小说就看小说。我们那个时候没有现在的小孩那么苦，也没人逼着我练琴，最多就练一个小时，有时候还达不到。

就在这样很轻松的学习气氛下，我居然也学到了一定程度，所以我觉得这位老师非常好。我在音乐方面没有成才，可是这位老师教出来的、我的好几位学长后来专业学音乐，成了中央音乐学院第一批钢琴老师。

大家都知道著名钢琴家刘诗昆也来自天津。我见过幼年刘诗昆，他确实是个天才，我见过他之后知道自己绝对不是学音乐的料。他从4、5岁根本还不识谱的时候，完全凭耳朵听就能够弹下并不特别简单的曲子。

我第一年上燕京大学，既然主修不是音乐，钢琴老师还希望我能副修音乐，但是没有如愿。第二年我转到清华大学，虽然没有音乐系，但我的音乐生活反而非常丰富。

我在天津认识的张肖虎先生，他和我的老师同时教钢琴，而且还组织其他音乐活动，例如合唱团，我给他的合唱团伴奏过。他原来是清华土木系毕业的，因为实在太喜欢音乐了，所以以音乐为业。等我几年后转到清华时，刚好他也已经在清华，创办了一个音乐室，供所有业余爱好音乐的同学来玩，还组建了当时北平唯一的管弦乐队。

那支管弦乐队按现在的标准来看实在水平不怎么样，参加者程度参差不齐，不像现在有那么多"特长生"。但是大家都非常热爱音乐也非常认真，从来不缺席每周一次的排练。我感觉那个时候大家都是不带任何功利目的地喜欢音乐。

我除了去图书馆以外就是去音乐室，这两个地方两点一线，是我在清华大学下课后的生活轨迹。

离开学校后，与钢琴绝缘了将近三十年。改革开放以后，在新的氛围中，又勾起了想弹琴的欲望，所以老年以后我又有一段音乐生活。这本小书就是通过讲述我自己个人和钢琴分分合合的缘分，折射出来我所经历的社会大背景的一种变化。

■要成为专业的人才，没有天赋不行，没有苦练也不行

我自己对艺术——不论是广义的艺术，还是我自己切身体会的学琴的过程——有一些看法。上一次在出版集团发布会上，有一位军事医学科学院院士秦伯益先生说，科学是求真的，文学是求善的，艺术是求美的。我觉得他说的非常对，艺术既然是求美的，那么就该是完全发自内心的，不应该有功利性质，如果被各种各样的实际的功利所引诱的话，那么艺术就要打折扣了。所以我刚才讲到我们在学校里玩乐器，虽然水平不算高，但大家确实是发自内心的喜欢，我们都是发自内心地追求美、追求一种艺术的享受，没有其他目的，通过这一爱好建立的友谊也是很单纯的。

从另一个角度看，我觉得真正的、专业的艺术与无目的的自娱自乐，两者是非常不同的。虽然我现在常常弹琴，竟然也被拉去参加了"非职业"比赛，但是我一直非常明确地知道我是进不了音乐界的。我体会到对于一种艺术——譬如像音乐或是美术之类的，要成为一个专业人才，需要满足两个条件：一是确实有天赋，艺术是相当依靠天赋

331

的。有的人确实有天赋，有的人资质一般。一般资质的人通过努力学习可以达到一定高度，但是他不会成为一名伟大的音乐家。所以说天赋还是很重要的。

另一方面，只凭天赋也是不行的，有的艺术门类比较多地依靠天赋，比如唱歌，要是没有一副好嗓子的话再怎么苦练也练不成歌唱家，若有天赋，很容易就唱得好听。当然，要成为一位真正的歌唱家必须要经过一定的训练，相对说来，唱歌所需的天赋比例可能要高一点。而学乐器，没有苦练是绝对不行的。我所知道的那些学钢琴或提琴的人常常是不到手指练出血来不罢休。像我那样一天只练一个小时是绝对不行的，多数专业人士一天练8个小时都不止，而且是要常年不断地练习。一段时间不练就会显出问题来。我听音乐的时候跟一些自己不练乐器的发烧友、鉴赏家的角度不一样，鉴赏家很挑剔，而我在听钢琴演奏的时候常常赞叹：他（她）练了多久才能够达到这样完全摆脱技巧的负担，这样自如地拿捏抑扬顿挫！所以，如果说真的有一学就会的天才，这是骗人的。要达到某一种境界一定要经过苦练，任何一类艺术都是这样的，不局限于学乐器。

我曾经写过一篇文章，提到这类的苦练。比如说京戏里我特别喜欢看的一种角色是马童，"昭君出塞"里就有马童表演，翻各种非常漂亮的跟头；或是武打戏里负责牵马的马童。这一定是配角，但即使是这样一个无名的配角，也要经过非常艰苦的练习，并不是随便什么顽童就可以做到。所以我想不是随便什么人玩几下就可以称为艺术家的。无论是哪一行哪一类艺术，我都特别佩服那种真正经过苦练的人。

■要是人人都想当暴发户，还想把艺术整体提高的话，这是很困难的

我想讲到另外一点，可能会引起一些人的反对。我并不反对通俗唱

法，我在八十年代开始接触通俗唱法的时候，有一些人的嗓音确实与众不同，唱得非常好，可是我对现在某些当红歌手的水平实在不敢恭维。假如一个唱歌的人离开了麦克风五寸声音就出不来了，音域出不了八度，哼哼唧唧，感情完全靠声音以外的东西表达——或挤眉弄眼、或手舞足蹈，或故作深沉，就凭刻意包装成为了一个受众人追捧的歌星，我确实很不能理解。如果去掉了各种光怪陆离的包装，一个普通人只要不是五音不全，完全可以唱这些歌。这算什么专业呢？

另外，过去的流行歌曲歌词至少还押韵，有一定的文采，现在有一些歌词比大白话还要浅俗，意思也没有表达清楚。我实在无法理解这种艺术为什么会得到那么多人的疯狂追捧。我并不是一概否定现在年轻人喜欢的通俗歌曲，但有的歌手既不是凭天赋，也不凭努力训练，真不知道为什么会得到那么多粉丝，报酬也高得惊人，这是一种畸形的现象。

最近我看到冯小刚导演有一种说法，大意是有很多垃圾观众，才形成了这么多的垃圾电影。我想这是一个恶性循环。到底是先有鸡还是先有蛋？到底是电影迎合先已存在的低品味观众，还是电影培养出这种品味？我想谁也不能怪谁，电影制造者和观众互相之间是一种良性循环还是恶性循环，这个方向还是很重要的。

现在艺术跟商业相结合，这种诱惑性太大了，似乎很难抵制，特别是在现在这样一个淘汰率非常高、发展非常快的社会里，作为一个艺术家，真正忠于艺术并且可以抵制这样的诱惑就更加困难。艺术的商业化浪费和摧残了很多才华。过去17-19世纪的艺术家、音乐家成名之前大都经历过穷苦的阶段，所谓"诗穷而后工"。要是人人都想当暴发户，还想把艺术整体提高的话，这是缘木求鱼，而这种诱惑往往可以毁掉一个艺术家，甚至一门艺术。

不管是哪一类艺术要达到某种水平，都需要对艺术的忠诚和敬畏，这样才能够形成一个氛围。这种氛围很重要，比如在美国这种高度市场化的国家，至少还有一个非常苛刻的评判的标准，乐评或是书评都非常有权威性，要进入这个领域就必须服从这个领域的标准，因此我很少见国外的艺术家做广告、产品代言人之类。保留这样一个有严格标准的艺术圈，并不妨碍满足年轻人在另外的场合疯狂追求感官刺激的表演。但是其中一部分有艺术追求的人成熟起来之后至少对审美有一定的判断力。

■ 音乐是抽象的艺术，主观感受起很大作用

艺术有好多类，音乐是最抽象的一种。柏拉图说过，美的最高境界是音乐和数学相结合。这句话非常打动我，因为我在中学时非常喜欢数学，也曾考过数学系。音乐和数学结合能够达到美的境界，因为它们是最抽象的。物理、化学、生物，都是要和物质联系起来去研究的；诗歌是有语言的，不论这首诗有多朦胧，还是要根据语言去解读；音乐却是没有语言的，只是给出一种境界由人去体会。

当然现在有很多乐评对某些作品的分析解读都非常深刻。实际上，在古典音乐中，无标题音乐被认为比有标题音乐更胜一筹。过去那些奏鸣曲、协奏曲都只标注"作品第几"，基本上是没有标题的，后来的标题大多是别人加上去的。所以说没有歌词的音乐是一种抽象的境界，数学也是如此，它不依托于物。二者有共同之处。人们用很多故事来解读贝多芬的《月光奏鸣曲》，比如盲女在月光下弹琴等等，特别是第一乐章，大家都容易联想到"海上生明月"的情景，这些解读把这首曲子推向比较静穆的境界。但我上世纪50年代看过一个苏联电影《夏伯阳》，用管弦乐奏《月光曲》第一乐章，作为一个角色杀人前的心理起伏的背景音乐，在角色举起匕首的那一刻，音乐达到最强音。贝多芬的《月光曲》还可以和"杀人"联系在一起，使我大为惊讶，这就说明音乐可以表达人的主观情感。

有一个老人告诉我他曾被打成"右派"，身为共产党员他觉得自己应该检讨。可他听贝多芬的《命运交响曲》时，感觉每一句乐曲都在告诉他："不要检讨！不要检讨！"这就说明每个人怀着不同的心情可以在无标题音乐中听出各种意境。所以我有时对一些说得头头是道的乐评有所保留，因为这也只是乐评人的主观想法。

这是我对于音乐的一些独特的体会，我始终很相信数学和音乐有共同之处，后来我进一步觉得，人类的一切成就到了一定境界以后都可以相通，不论是东方还是西方、各门类的艺术或是科学，到了真善美的境界时，都是可以相通的。

互动部分

问题1：很多大城市的孩子由于家庭的经济因素，可以让他们在义务教育阶段培养审美能力和艺术素养，而贫困地区的孩子则无法接受这种熏陶，您如何看待这种现象？

答：这是非常严重的一种客观存在。北京的学生考上大学的机会相较于二、三线城市的学生要多得多，享受的教育资源也要好，而录取分数线却比较低，这确实不公平；另一方面，低考分的北京学生的学习能力可能要比高考分的农村来的学生的高，因为从小接触的眼界不一样。这样的客观不公平暂时还改变不了，现在的以升学率为导向的教育更是大大加剧了这种差距。许多小城市的学生在封闭式教育和升学压力下，不但无法要求艺术熏陶，知识面也很窄，凡与升学无关的都不学。但是当他们离开了本地，进入大学或者工作以后，可能就会在另一片新天地豁然开朗。一个人在十七八岁的年纪还是有可塑性的，也具备吸收的能力，发展前途仍然是远大的。

问题2：您认为该怎么培养一个没有什么天赋的孩子去学琴？

答：其实天赋有各种，假如没有音乐天赋，对学琴一点兴趣也没有，为什么非要学呢？即使要想学到可以自娱的地步，也需要一定的热爱和练习。我母亲并没有逼我练琴，但是她最讨厌挥霍金钱又一事无成的纨绔子弟，所以既然买了琴，还交了学费，就要求我认真学，否则就干脆不要学，这是一种宏观的导向。所以我好好练琴的动力之一是不当纨绔子弟，但是更重要是有兴趣，怕母亲不让我学，还因为遇到了一位优秀的老师，才坚持学下来的。

问题3：在商品经济大潮下，传统艺术和古典艺术到底该走怎样的道路？

答：我觉得时代在变革，一代有一代人的欣赏标准。我很清楚地意识到，我只是一位老人，不能够要求年轻人和我的欣赏品味完全一样。譬如说我不太能欣赏爵士乐，但我完全能尊重年轻人喜欢爵士乐。我认为真正的古典艺术有它需要长期保存的某种传统，在商品经济中需要给予特殊的经济支持，例如基金会或者政府的支持。拿管弦乐队来说，完全靠票房是支持不下去的。中国的昆曲也是如此，一定是需要专门的资金支持，使它能够保持下去。也不必指望它能大众化。要求现在的年轻人欣赏昆曲是不现实的，但是昆曲这门艺术不能听其灭亡。相比之下，西洋古典音乐适应性比较强，一直到现在，至少在欧洲还是比较能走入大众的。

（2017年）

中西古琴幸会记

在我的音乐生活中有两次不寻常的巧遇：在两个月中参加了一次中国古琴的雅集，得以见识八张宋、元、明古琴的演奏，又有难得的机会亲见西洋小提琴稀世名琴Stradivarius的展示和演奏，这种机遇是毕生难逢的。我一个外行、圈外人，却机缘凑巧，在一年中遇上了，幸何如之！趁着记忆犹新，书以志之。

《十琴存古》雅集

今年6月初，我接到邀请，参加一次古琴雅集。原以为只是一场普通的古琴演奏晚会，却成为毕生难得一遇的古典美的享受，而且大开眼界。

这次雅集，名为《十琴存古》，是为纪念著名古琴家管平湖先生诞辰120周年的系列活动之一，在一间名为"君馨阁"的茶室举办。桌椅、装饰当然都是传统中式，典雅而朴素。主办单位有一长串，不外乎有关传统文化和古琴音乐的组织，我无法一一复述。主办人中我唯一认识的是著名作曲家王立平先生，他的作品和名字众人皆知，不必介绍，弘扬民族音乐也是他多年来致力的领域之一。令我惊讶的是，他进得门来，与朋友一一寒暄后，首先带领大家参观十张古琴：宋琴五、元琴一、明琴四，齐齐躺在一张木床上，中间还有一张是当代名家制作的琴，若不经指出，也难分辨。更重要的是，这几张琴不是作为古董供参观的，而是要轮流上场供演奏的。真正的千年古琴在这里发声，而且还有十张之多，这种机遇竟无意中落到了我头上，何等幸运！据王立平先生说，他本人在音乐生涯中最多遇到过五张古琴同时出现，如今十张同时出现，在他也还是第一次，所以一再强调，这次机会实在太宝贵了。我一个行外之人，忽然逢此盛会，倍感荣幸。后来知道，这张放琴的木床也有来历：名为"福山寿海，天地同春"，是月洞式门罩花梨架子床，为晚明家具珍品，清庆亲王府旧藏，是王府的婚床，其价值相当于五张宋琴之和。

我不免好奇，问这些琴是哪里来的？原来都是私人收藏，为支持这次活动而临时出借，全国各地天南地北都有，有的主人自己抱琴坐飞机送过来，演奏结束后将立即收回。这千年、百年的珍品，历尽兴亡、沧桑，转辗易手、保护、收藏，定有许多传奇故事。不知是否有人挖掘出来，整理成书。单是这次雅集，藏家慨然出借这无价之宝，一定也有不少动人的情节。我非业界人士，主办方、演奏者与收藏家想必也是惺惺相惜，有特殊的渊源。

主要演奏者是青年古琴演奏家乔珊女士，她身材瘦长，面貌清雅，抱琴而立，或是坐着弹奏，都可以入画。主持人陈逸墨先生介绍说她是管平湖先生的再传弟子。除了两首曲子由另外两人弹奏外，她包揽了全部曲目，其中有几首伴以吟唱。每弹一首，就换一张琴。十张古琴中只有两张明朝的琴因干裂需要修复而未出场，反倒是五张宋琴全部完好，适宜弹奏。

开头第一首是李白的《关山月》，琴是北宋的，名"落花流水"。每张琴都有名字，但是我没记住。这首曲同时伴以吟唱，尽管是女声，却低沉浑厚，一声"明月出天山，苍茫云海间，长风几万里，吹度玉门关……"立即把人带进那种遥远苍凉的意境。其他伴以吟唱的几首是：陆游的《钗头凤》、蔡文姬的《胡笳十八拍》（第一拍）、《阳关三叠》（歌词中的一节）。最后当主持人报出《阳关三叠》时，我精神为之一振。因为刚好张肖虎先生改编的《阳关三叠》钢琴曲是我终生弹奏的"保留节目"，这回聆听古琴弹古曲，别有一番体会。

乔珊女士弹奏的还有《流水》——《高山流水》本是一支曲子，后来《高山》和《流水》分成了两首单独的乐曲。我印象较深的是《广陵散》，此曲有不止一个版本，据说她这次弹的是管平湖版。事实上这是我第一次当面见证有人完整地弹奏。此曲用的是那张当代人制作的琴，据介绍是钢丝弦，我感到音色比较亮，听起来更加铿锵有力。听着琴声，未免发思古之幽情。嵇康临刑弹完《广陵散》之后毁琴，说"广陵散从此绝矣"！实际上曲并未绝，还是传了下来——是否还是当年原调，当然已不可考——但是那一代人的风骨，而今安在？真的"从此绝矣"！曲目中唯一的今人作曲是王立平先生为1987版《红楼梦》电视剧作的《葬花吟》，现在也可列入经典了。

此外，主持人，也是古琴家，陈逸墨先生弹奏《樵歌》；一位这次慨然借琴的收藏家的女儿，着古装，在自家的宋琴上演奏阮籍的《酒狂》。

我对此道是外行，与这个圈子也很陌生。这回是一次惊喜，也是一次学习。原来不知道还存在这样一群古琴爱好者，热心、执着地探索、保存、发扬这一几近失传的国之瑰宝！我知道现在有不少年轻人学习古筝，也成为一种时尚，音乐会上时有古筝演奏的节目，有时一些集会活动，乃至茶馆、酒楼也有古筝演奏助兴。但是古琴不同，音色没有那么华丽、明亮，而是内敛、缓慢，甚至有些沉闷。弹者和听者必须在非常安静的环境中，屏息、静心，然后进入境界。古人弹琴是在雅室之内，与二三知己，一壶茶、一炉香，互相倾诉，体会琴声所表达的心曲，或弦外之音。它本不属于表演艺术。但是现在已开始进入当众表演，还常有古琴演奏会。在这浮躁、熙攘的时代，竟然还能有一席之地，实属难能可贵。此次雅集，听众估计也就二、三十人，已经显得比较热闹，达不到那种静谧的境界。特别是有人不断照相，杂以"咔嚓"之声，颇煞风景。不过对我说来，实在是难得的幸会。曲终人散时，人们纷纷互相合影。我却赶紧请人为我与那几张千年古琴合影留念。会前见到十张，会后只有八张，另外两张琴想必完成任务后立即"回家"了。

斯特拉迪瓦里名琴之夜

没想到，两个月之后，忽然有机会见识了小提琴稀世名琴的展示。

那次活动是耶鲁北京中心与耶鲁北京校友会联合举办的，名为"斯特拉迪瓦里名琴之夜"。顾名思义，主题就是展示著名的意大利弦乐器制作大师斯特拉迪瓦里（Antonio Stradivarius 1644 --1737）制作的小提琴（为简便起见，以下简称"S琴"、S大师）。

斯氏是最著名的意大利弦乐制作巨匠。据说他一生制作了1166把乐器，其中小提琴有960把，流传至今还在供人演奏的有450-512把。出自他的手的乐器享有世界公认的最高荣誉，无人出其右。

与上次古琴雅集不一样，晚会气氛很活跃，听众的组成也不同。开场主持人是一位美国年轻人，中国名字莫灵风（Shawn Moore），中文相当流利，本人是小提琴专业出身，现有多重身份：耶鲁北京校友会音乐总监、南京艺术学院客座教授、北大附中特聘驻校音乐家，等等。最后一个身份令我惊讶，一家中学竟还有一位特聘的外籍"驻校音乐家"，北大附中真令人刮目相看！他简单介绍了今晚活动的内容，主要是一位乐器专家主讲，介绍以S琴为主的小提琴历史和特点，然后由一位小提琴演奏家在几把名琴上表演示范，让听众欣赏各琴的特色。那两位主角连同要出展的琴因故迟到，在等待他们期间，莫先生在自己带来的琴上为大家拉了一曲《梁祝》。

主讲人柯林·马基（Colin Maki），原国籍不详，现居美国。据介绍，是当今世界顶级的乐器专家。本人原来也是专业小提琴手，后改行研究和收集乐器，曾在乐器行担任销售经理，在拍卖行任高级专家，目前在纽约独立经营一家与乐器有关的咨询机构。这次他亲自带来——或可以称"护送来"——S大师1722年亲手制作的稀世名琴，连同另外三把其他的名琴一道展示。他主要从收藏家的角度讲小提琴发展的沿革和制作的知识：用图表显示S大师各个年代制作的琴，以及能够追踪到的它们历代辗转于各著名演奏家或名门望族手中的轨迹，还列举了S琴转手的年月和家族、提琴家的姓氏，后来转到无名者手中就不可考了。现在又到了他这位古董商（姑且这样称他）手中。原来只在欧、美流传，上个世纪七、八十年代到了亚洲，先到日本，然后韩国，现在市场已经到了中国，而且发展很快。这里有两个因素，一是音乐知识的普及，一是经济发展。也就是有这样财力的人同时对小提琴有兴趣。

与中国古琴是私人家传收藏不同，这些名琴已从家族走向市场。据称现在最贵的名琴市价达1600万美元！既然有价，就免不了会有假冒。马基先生讲话中相当长的部分是讲解如何用科学方法分辨古琴的真伪，并且用图表说明。作为完全无知者，我算是接受了一次科普教育：琴的不同部分是用不同的木料制作的，这种木料只来自三种树，琴面用枫树，另一部位用云杉木，第三种树名我没有听清。每一种树有一定的成长周期，显示不同的纹理——比我们通常所理解的"年轮"要复杂得多。其产地和年代都是可以用科学方法检验出来的，甚至从有的琴身可以推测出其木料来自某年某地的树——假如那里的植物没有遭到破坏的话，还可以找到制作某琴的那棵百年老树。另外还有制作的工具、手法，等等，都有讲究。有了这种鉴定的办法，很难作假。当然，琴并不是越古就越好，近现代也有名家，制出极佳的珍品。这次展出的四把琴中有一把就是当代名家制作（如前面讲到的，那次中国古琴展示中也有一把当代名家制作的琴）。

小提琴从演奏的乐器，变成了收藏的古董和拍卖的商品，但是归根结蒂还是供演奏的，这与一般供观赏的艺术品不同。著名演奏家多数都有自己珍贵的乐器，但是并非所有演奏家都有财力买得起这样价值连城的琴。宝刀应该归英雄。所以日本已经有人成立了专门的基金会，资助著名提琴家获得名琴。其他国家也可能会效仿。

　　下一个节目就是示范演奏了。一位青年华裔女提琴家登场。她名叫黎雨荷，属于90后，留学巴黎和柏林，得过多种国际大奖，是上升的新星，已进入著名华裔青年小提琴家之列，现在任教于中国音乐学院弦乐系。她的任务是轮流在四把琴上奏一段同样的乐曲（很短，大约2-3分钟），让听众分辨各琴的特色。一共奏了三轮，有缓慢抒情的、快速炫技的和中等速度的曲调。她出手的确不同凡响，每一段都优美动听，收放自如。她在S琴上拉的时间比较长，还试着拉了规定以外的曲调。后来自己承认说，机会太难得，忍不住要在上面多过过瘾。她讲了对每把琴不同的感受，有的音色比较洪亮，有的比较细腻……她解释说，每把琴都有个性，一个演奏者拿到一把新琴，大约要磨合一个月，才能得心应手，与琴融合为一。自己常用的琴更是如亲人、密友，相互有不可言传的默契。她还说弓也很重要，而且弓寿命不能像琴身那样长，过一段时间需要换，什么琴换什么弓就有讲究。她自己使用的也是一把意大利名琴，是1760年Gennaro Gagliano制作。她也在自己的琴上示范了一番。

　　最后互动环节，提问者问的大多是收藏和市场流转的问题，与传递音乐的作用关系不大。也可以看出中国观众兴趣所在。这还只是小范围（也就五、六十人）的、应该是多少与这一行沾点边的人。马基先生说现在收藏市场已经进入中国，这我不怀疑。只是不知落入真正的鉴赏家，还是附庸风雅的土豪之手，难说。

　　名琴之所以名，主要在于其音色。坦率说，以我的愚钝，努力用心听，真听不出太大的差别，只有那把S琴似乎特别柔美、细腻，不过也许还是心理作用。我能听得出的是这位黎女士比开始那位莫先生明显艺高一筹。看来还是人比琴重要。但是对于演奏者说来,大概是会感觉到琴的差别的。据黎女士说,与自己用惯的提琴是有感情的,而且如亲人一样有默契,这是陌生琴不可代替的。

事后我在网上查阅有关S名琴的资料,在维基百科上见到一段有趣的情节:就是由多位小提琴演奏名家"盲听"S琴与其他优质琴的演奏,试看是否能分辨出来,结果大多失败。自1817年至2014年举行过多次此类"盲听"活动。其中比较著名的一次是1977年BBC第3频道举行的测试,邀请了斯特恩和祖克曼两位世界顶级小提琴家还有著名乐器商查尔斯·比尔,受测试的琴有斯特拉迪瓦里最著名的"恰空"、1739年的瓜内里(Guarneri del Gesu)、1846年的纪尧姆(Guillaum)以及一把1976年出产的英国小提琴。做法是:先让两位小提琴家自己在四把琴上都拉一遍。然后请一位独奏家轮流拉这几把琴,他们隔着幕帘听。结果三位聆听者无人听对两把以上。有人还把20世纪的英国琴误以为是S琴。还有一次盲听测试是在2009年,请英国著名小提琴家Mathew Trusler拉自己的1711年S琴(据称价值2百万美元)和四把当代瑞士名家制作的琴。由180名听众投票选举音色最佳的琴,结果一把当代瑞士琴以90票当选,而价值2百万的S琴仅得39票,屈居第二。多数听众误以为那把当选第一名的就是S琴。还有多次在不同场合、不同方式的测试,不再详述,总之"盲听"结果很少有完全"猜对"的。这样,我可以坦然,不感到自卑了。我无意贬低古名琴之名贵,只是再次肯定,人比琴重要。在一把品质中上的琴上,不同水平、不同风格的演奏者拉出的效果对听众说来,可能比同一个人在不同的琴上拉出的效果差别要大得多。

不由得联想到钢琴。我曾经参观过鼓浪屿的钢琴博物馆,确实美不胜收,大开眼界,但那些琴不可能供登台演奏。钢琴当然制作的水平也差别很大，名牌琴都有严格的材料和技术标准。我相信著名钢琴家都有自己珍贵的名琴，而且可能不止一架。但是演出总不能带着自家的钢琴满世界走，所以必须适应不同的琴。据我有限的经验，在一台陌生琴上弹奏，开始总觉别扭，需要练习几遍才适应。我设想，一位演奏家演奏前大概也只能用较短的时间"热身"，练琴。也许大师级的演奏家在著名的音乐厅都有自己指定的名琴（这是猜想）。不过钢琴与弦乐器不同之处在于每一个琴键的发音是固定的，而提琴的音色、音调在很大程度上依赖演奏者的手下功夫与耳朵的辨别力，所以更需要磨合。我从未拉过提琴，这些都是临时想到的外行话，只能供方家一笑。

（2017年11月）

了却半个多世纪的心愿

——《阳关三叠》钢琴谱终于正式出版

张肖虎先生改编的古曲《阳关三叠》钢琴谱终于由人民音乐出版社作为单行本正式出版了！我的欣慰之情难以言喻，心中默默为之雀跃欢呼，一瓣心香，敬告张先生于地下。

张肖虎（1914-1997），生前最后的职务是中国音乐学院副院长。音乐界人士应该都知道，但是青年一辈怕也不大熟悉了。他原毕业于清华大学土木工程系，因酷爱音乐而毕生从事音乐工作，集音乐教育家、作曲家、音乐理论家和指挥家于一身，为我国音乐教育事业和民族音乐文化的发展做出的默默贡献，与其他名声更加显赫的中国音乐家相比，实际毫不逊色。

我初识张肖虎先生是在天津，他与我的老师刘金定先生都以私人授课教钢琴为业，两人还常联合举办学生音乐演奏会。不过那时张先生同时也作曲，并举办其他音乐活动。我所知道的就有组织合唱团，曾召我去伴奏，我至今留有印象的歌是木兰从军。因为那是在抗战期间的沦陷区，排练这首歌的深意大家心照不宣。

关于《阳关三叠》，他最初作的是竖琴曲。上世纪40年代天津有一位法国驻华总领事夫人善奏竖琴，曾举办个人演奏会，希望弹一首中国的乐曲，张先生应她之请，依古调改编了这首曲子。她纳入了演奏的曲目。

1948年秋，我转学到清华，惊喜地发现，张先生也在清华，主持音乐室。由于中国人独奏竖琴的比较少，他就把《阳关三叠》改编成钢琴曲。我有幸首先奉张先生之命"试弹"初稿。乐曲定稿后，张先生希望我练熟以便灌唱片。那个时代是没有录音的，"灌唱片"好像是一件隆重而稀有之事，只有专门演奏者才有资格（至少我这样认为），所以感到很荣幸，加紧好好练。不过转眼即是1949年，校园形势和气氛大变，此事再未提起，一搁就是四十年。

正如我在《有琴一张》中提到，七十年代末，中国进入一个新时期，我的音乐之魂也随之复苏，重新恢复弹琴，老相识也恢复来往。大约八十年代中，刘金定先生回国探亲访友，在一次师友的聚会上重逢张先生。我不由得想起《阳关三叠》，问他要琴谱，他不久给我寄来一份手抄谱，我得以再次弹熟，背下来，成为终身的"保留节目"。

1991年清华80周年校庆，当年的老乐友举行了一次非正式音乐会，我凑节目，弹了《阳关三叠》，当时张先生也来了。我弹完后，他讲了话，谈他写此曲的立意，说结局不是悲伤的，而是怀有企盼的，还谈到他对刚去世的一位老友的怀念。

据同学告我，前一晚，张先生已出席清华举行的正式的校庆音乐会，今天本不打算再来，有人告诉他将有我弹《阳关三叠》，他特意来听的。他讲完话提前退席，我追出去征求他的意见，他略作了一些指点，说第二段变奏可以再慢一些，对全局给予首肯，说：是这个意思。这是四十年来他第一次听我再弹，也是最后一次。直到他去世我再无缘见到他。

《阳关三叠》的旋律当然大家耳熟能详，我在广播中常听到合唱曲，以及其他乐器的弹奏，却从来没有听到过这首钢琴曲，也未在专业音乐会的演奏节目中见到过。从张先生给我的谱子是手抄本来看，好像没有正式出版过。我在各种音乐会上听到过不少从中国乐曲、民歌改编的钢琴曲，应该说良莠不齐。以我浅见，相比之下，张肖虎的这一首作品是中国曲调谱成钢琴曲中比较成功的。

全曲由前奏、主调和三个变奏组成，正合"三叠"之名，而且每一叠都有特色，最后曲终奏雅，留下无穷回味。既能发挥钢琴的技巧，又不失中国音乐的韵味。

我八十岁时，在热心朋友为我举办的生日聚会上，作为余兴又弹了这一曲，并向朋友介绍其来历。忽然想到，我从十八岁开始弹到八十岁，难道这么有历史意义，改编得这么优美动听的一首钢琴曲就我一个业余演奏者，听众只有清华老校友和少数几个朋友？从那时起，我就总觉得心有所不甘，希望有使其广泛流传的途径，成为我一个心结。

2013年，我被朋友动员参加了一场"非职业钢琴演奏国际比赛"，自选的曲目一首是李斯特的《安慰III》，另一首就是张肖虎的《阳关三叠》，意外地得了老年组一等奖。评委多数是外国专家。事后，组织者靳凯华教授跟我说，开始她有些担心，怕那些外国评委不大容易听懂、欣赏这首中国古曲，没有想到他们都听懂了，而且非常欣赏。这算是经过了"国际"考验。

因此，我更加感到无论如何这首谱子不该就此埋没。尽管现在录音已不成问题，我自己已有不止一个版本。但是除了我这业余水平，还免不了出错的演奏之外，总该留下更专业、更准确、更精湛的版本吧？所以近年来我一直设法争取此乐谱正式出版，进入教学和演奏的行列，每逢有机会就要为之呼吁，但是似乎希望渺茫。最后辗转联系到人民音乐出版社，玉成此事。

张先生本人已作古，其独子也不幸随他而去，只留下儿媳旅居国外，将张先生遗作全部委托茅沅转交清华校史部门。茅沅碰巧也是清华土木系毕业，而从事音乐专业，成为著名作曲家。他当年在清华就是张先生音乐室的得力助手，是清华管弦乐队的实际指挥。因此，茅沅介入了最后出版过程，并出面签合同。我只提供了手抄谱，一切与出版业务有关的事宜均由出版社决定。原稿个别模糊处，无法再问原作者，年代久远，我对自己的记忆也无自信，声明尊重出版社的专家最后鉴定。

在一切商业化的今天，出版社认为此事无市场效应，有些勉为其难，可以理解。提供方只依照要求履行手续，间或提出一些仅供参考的建议，没有任何权益和利益诉求，应属君子之交。今后一切操之于出版社，我可以"放下"了。希望得到钢琴界教学和演奏的关注，庶几此曲不致成为绝响，而且还能流传，以成其美。

（2018年）

张肖虎先生作品捐赠记

5月22日，在清华大学图书馆举行了张肖虎先生音乐文献捐赠仪式。张先生的独子前几年已作古，唯一健在的后人儿媳朱小苗女士作为捐赠方，清华图书馆馆长邓景康出面接受捐赠。

清华方面出席的有：

邓景康：图书馆馆长，教师合唱团团长

赵　洪：艺术教育中心主任

唐　杰：校友总会秘书长

童庆钧：音乐图书馆负责人，教师合唱团副团长

袁　欣：图书馆特藏部主任 （仪式主持人）

清华老乐友、张先生未入室弟子茅沅和我应邀与会，见证了这一时刻。

此事策划已有一段时间，因朱小苗是耶鲁大学教授，常住美国，委托作曲家茅沅代管。双方时间凑在一起不容易，现在约好时间，她专程回国，得以完成，张先生的遗作终于有了安顿之处，以后还可以陆续发挥作用。我们都感到欣慰，了却一桩心事。仪式后，自由座谈，我们回忆张先生的事迹，校方介绍清华的艺术教育与图书馆的有关这方面的工作和今后规划，我颇有收获。

张肖虎先生的音乐贡献是多方面的：作曲家、音乐理论家、音乐教育家，以及音乐活动的组织者，对融合中西音乐的探索，以及普及音乐，都有开创性的成就。他的贡献并不亚于现在经常见诸媒体或网络的老一代音乐家，而名声不彰，方今即使在音乐界，年轻师生不见得都知其名，我常为之感到不平。也许这正与他涉及的方面广而杂有关。而且他以育人为主，编写教材，还组织各种活动，等等，要做的事很多，对出版作品，推广演出等等，并不在意。

我在天津时通过我的钢琴老师刘金定先生得识张肖虎先生，关于张先生在天津的音乐活动，以及《阳关三叠》钢琴曲的来龙去脉，我已另文介绍，此处不赘。茅沅对他了解更多。他在天津的活动，我原来只了解自己直接接触到的，后来才从茅沅处以及其他方面逐步知道更多。例如他曾在耀华学校教过音乐，而我就读耀华时却不知道。

综合起来，张先生与音乐有关的活动如下：他自幼爱好音乐文艺，有天赋，学过不止一种乐器。为谋生考虑，上了清华土木工程系，但是毕业后却一直做与音乐有关的工作（这恰巧与后来的茅沅一样），先在清华任音乐助教，并参加组建军乐队、合唱团，等等。抗战开始，他因需要奉养母亲，回到天津，同时悄悄把部分乐器运到天津租界上，得免落入日寇之手。复员后又运回清华。日占时期那几年，他依托天津租界，开展了多方面的音乐活动。除教钢琴外，在天津工商学院教音乐，组建了工商学院的管弦乐队，在很长一段时间内，这支乐队一直是天津唯一的中国人组成的乐队（我在天津上中学时，就知道有工商学院管弦乐队，却不知道是张先生所创建）。抗战期间，他还写了苏武牧羊交响诗，并与人合作写了《木兰从军》歌剧，其用心不言而喻。为了木兰从军的歌词精益求精，曾请在北平的俞平伯先生修改，俞先生也尽心尽力，应其要求一次次修改。可惜当时的环境不允许，歌剧终于没有上演，但是他组织并指挥合唱团唱木兰从军的歌，我还被召去伴奏过。当时我只觉得非常好听，却不知道这是从歌剧中来的。

1940年代末，他重返清华创建音乐室，重组军乐队，并组建了清华管弦乐队，这支全由师生业余爱好者组成的乐队，水平参差不齐，但也是当时北平唯一的一支管弦乐队。燕京大学有高水平的音乐系，却没有乐队。在他努力下，请了钢琴、提琴、声乐的专业老师来音乐室任教，中外籍都有，学生都是课余自愿来学，没有学分。但是非常踊跃，培养出不少人才。

据茅沅说，张先生一个心愿，就是以音乐室为基础，在清华创立正式的音乐系。1949年北平和平易手后，清华重新开学，还没有校长，由叶企孙先生任教务长暂时负责。张先生就拉着茅沅（作为学生代表）去找叶企孙先生请愿，要求他批准成立音乐系。叶先生苦笑说：我只是过渡时期临时代管，没有这个权力，如果我能决定，一天成立一个系都可以。此事遂作罢。后来张先生看清华事无可为，就离开了。以后在北师大、中国音乐学院，对音乐教育做出自己的贡献。同时还创作不断。中国少数几个大型舞剧之一《宝莲灯》是比较知名的，尽管近年来较少演出。但是整个舞剧的作曲是张肖虎，大概很少人知道了，连我也是很后来才知道。其工作往往鲜为认知大体如此。他作古以后留下许多作品、手稿，以及未整理的原始资料。朱小苗也不是从事音乐专业的，感到就此淹没十分可惜，所以有捐赠清华之举。

在图书馆座谈中得知今日之清华，业余的艺术活动已有相当规模，乐队的水平也今非昔比（有特长生）。校领导对人文艺术教育日益重视。有了专门的"艺教部"。音乐、艺术方面开了正式的选修课，不像我们当年只能在音乐室作为课余爱好来学。图书馆专设"特藏部"，"音乐图书馆"正在筹建中。张先生的捐赠也引来其他著名音乐家的家属的捐赠。以清华雄厚的实力，只要有心，办成全国数一数二的音乐资料、图书、档案馆，当是可以期望的。我提出的建议是，希望这些赠品不仅是供人参观的博物馆藏，而是利用方今先进的技术手段，尽量整理成为可以供后人借阅、学习、研究、欣赏的资料，以便音乐家的创作和思想得以传承。以《阳关三叠》为例，我之所以锲而不舍要争取此曲得以正式出版，就是不要让它在自己这样一个业余爱好者的手里成为绝响，而是进入正式教学、专家演奏的渠道，得以高水平的演奏版本推广、传播。

座谈会后，袁欣女士善解人意，得知我对清华老图书馆的感情，陪茅沅和我到旧图书馆走一圈。我当年在校园每天除上课外，就是在三点之间来回奔走：静斋（宿舍）、图书馆、灰楼（琴房）。几十年后旧地重游，风物依旧。阅览室一排排桌椅完全是老样子，不过据说已经是完全按原样新造的。当年我每天一下课就先放一本书在一个固定的位子，算是占位，晚饭后再去。陪同人建议我们再坐在桌旁留影，重温学生梦。

我印象最深的走路不出声的软木地板，早已经不起岁月的磨损，换了大理石砖了。不过进入书库，那磨玻璃的地板还在，仰望二层楼还是玻璃天花板，只是颜色已经暗淡，现在基本上是灰色，有些地方还可依稀看出一点当年的绿色。我在校时，四年级毕业班以写毕业论文为名，就有权进书库，当年自己颇有终于"登堂入室"的自豪感。据说现在学生已不准进书库了，只有教师能凭证入内。想想也是，我在校时全校只有弟子三千，毕业班只有几百人，研究生人数可忽略不计。以现在的在校生包括研究生、博士生，无论订出怎样严格的规矩，这小小的书库是绝对招架不住的。何况现在一切手段都电子化了，进书库查书的必要性也大大降低。

书库靠窗的走廊还摆放着桌椅，供人查阅抄写。有一套桌椅编号209是当年杨绛先生当研究生时常用的，上面还有她的照片（据解释，实际上当年杨绛的是202号，但找不到了，这是找到的最接近202号的）。出来时，图书馆已经预备好拿出馆藏的我的著作签名。发现有的还是我的朋友捐给他们的。我允诺他们还没有的，回来后补赠齐全。

感谢清华图书馆提供了这样一个温馨的下午。朱小苗、茅沅和我也都为张先生的遗作有这样一个安排而感到安心。归来时正值下班高峰，穿过大半个北京城回家之路照例奇堵，在夕照下慢慢爬行的出租车里打了一个盹，好心情丝毫未受影响。

（2018年）

《有琴一张》再版后记

本书初版于2017年，那年我87岁，出了一张《衰年自考》光盘，以为值得一写的音乐生活就此划上句号。如今四年过去了，我已进入"90后"，没有想到在此几年中我的音乐生活不减反增，而且结识了许多专业名家，不但进一步受益、受教，开阔眼界，而且扩大了朋友圈，斗室中增加欢声笑语。在专家面前，我一贯虚心求教，他们也不弃我老朽，平等相待，坦诚指教。加以这几年囿于主客观原因，文字工作日益减退，弹琴和音乐在生活中占比重增加，似乎又有新的体会和长进，这也助我泰然应对各种境遇而自得其乐。今趁再版之机，将近况补记如下。

关于张肖虎先生，有两件值得一记的事，一是**促成了《阳关三叠》钢琴谱正式出版**，二是**遗作正式捐赠清华图书馆**。见另外两篇文章，此处不赘。

关于古琴的后续

几年前，我曾有幸邂逅中西古琴，并为文记盛（已收入本集）。当时我还怀疑，到了中国是否会落入真正的鉴赏家。谁知本书截稿前竟然巧遇中国收藏家喻恒。他确实收集了不少价值连城的著名小提琴。他也成立了基金会，向一流专业演奏者提供名琴，不让日本专美于前。而且他本人演奏小提琴也有相当水平。我与他结识颇为意外，是复旦大学李天纲教授来京，约来我家相聚，他带来一位"不速之客"，就是喻恒，并介绍他是古提琴收藏家。那次喻先生带来的是1757年的瓜达尼尼琴，并临时给我谱子，让我伴奏，他拉了马思奈的《沉思》和舒曼的《梦幻曲》，他的琴艺虽非专业，看来有相当基础。

2021年有机会聆听在古钢琴上的演奏，是著名钢琴演奏家和教育家盛原，他除一般演奏、育人外，还弹羽管琴，并有一项兴趣是在各种品牌和不同时代的钢琴上弹奏不同作曲家的作品。我有幸应邀聆听他在古钢琴上演奏肖邦，一次是小范围的沙龙聚会，他在肖邦时代的贝希特琴上演奏肖邦，除上半场肖邦各种曲目外，下半场24首前奏曲一气呵成。演奏者全身心投入，我这个听者也随之心潮起伏，颇为震撼。傅聪去世之前，盛原曾到伦敦专门登门求教，傅聪为其详细讲解并示范自己对肖邦前奏曲的体会。拜互联网之赐，我得以见到视频，这属于高层次的精益求精，我只有仰望的份儿。临近岁末，又得以聆听他在1835年代琴上演奏肖邦晚期作品，包括遗作，同时对曲目背景及内容作讲解，颇受教益。当然不同的钢琴音色是有差异的。但是差别大到古今之异，我还是分辨不出来。

新老乐友——亦师亦友

我以琴自娱，以乐会友是最大的乐趣。不过本人有自知之明，绝对是业余水平，上不得台面，而且自己已是槛外闲人，不敢随便占有各类忙人的宝贵时间，不仅是音乐界为然。幸运的是，无心插柳，竟结识了好几位一流的专业音乐人，而且他们都不弃老朽，诚心指教，使我受益匪浅，所以这些忘年交同时又都是我的老师。

过去提到过上音的毛翔宇教授和天津的靳凯华老师，尽管和我不在一个城市，只要有机会，仍然继续热心主动对我进行指导。我每赴沪，毛老师总在百忙中抽空见我，并必问这次弹什么，我也援例准备一两首向他请教，特别是一些难点，经他点拨，总有所长进。疫情期间，他竟然主动教我下载一软件，约时间上了两堂网课。我知道他非常忙，为我这样一个没有什么"前途"，大概连附中水平都够不上的白头贡生费时费力，十分过意不去。他有教无类，认为我还有提升空间，故愿加以点拨。

靳凯华也已届耄耋之年，而壮心不已，在天津一边教学，一边致力于推广业余钢琴活动，她创办的成人钢琴协会已有二十年。2018年她以祝寿为名在天津为我举办了一场音乐会，之后下决心要继续对我进行指导，不由分说，自己定下三个月来一次北京，早出晚归。津京之间火车只需半小时，但她因摔伤过，腿脚不便上下月台，每次都是由她的学生兼好友开车走高速，需两小时。有友如此热心，我感动之余只有虚心受教。她除了我原来练过的曲目外，还给我留了新的作业，主要有海顿C大调奏鸣曲（1791年）和巴赫十二平均律中的一首比较不太难的。另外还有一些练手指的谱子。这是2019年的事。可惜好景不长，一共来了三次，就遇到疫情，从此无限期推延。靳老师一方面各种活动仍然十分忙碌，一方面也拗不过自然规律，精力日衰，即使条件允许，我也不忍这样"剥削"她了。

还有一位新相识，也在师友之间，是郭珊。她也是中央音乐学院出身的正规钢琴专业人，不过后来担任了国家交响乐团的副团长，做了行政工作没有从事专业演奏，退休后又恢复练琴。她除了音乐之外，对有关文化历史有广泛兴趣，经雷颐（近代史学者，我多年老友）带到我家来介绍认识，一见如故。她住在北京，来往方便，而且也已退休，时间多一些，成为我家常客。我们天南地北聊天的同时，当然少不得弹琴，还玩四手联弹。理所当然地，她又成为我的老师，随时指点，纠正毛病，提出建议。除其它外，她给我留下一本车尔尼740，成为我经常练习的课本。2019年一些朋友为我提前过90岁生日，举行了一次音乐演奏会，我邀请郭珊参加了演出。关于音乐会，下面再详述。

还必须提到一位音乐奇人——代博，钢琴家兼作曲家，也是中央音乐学院毕业，后在学院任教。不幸童年因病双目失明。多年以前，我第一次见到他是通过三联书店的朋友叶芳介绍。他属于80后，所以当时应该还不到30岁。随后我们应邀参加了他的独奏音乐会，既弹钢琴又弹羽管琴。前半场是巴赫的作品，后半场是他自己的创作。据介绍，作为钢琴家，他对巴赫有特殊的造诣，而创作风格却比较现代。盲人有特殊的音乐天赋并不鲜见，但达到他这样的造诣的并不多。令我惊讶的是叶芳说他是我的"读者"，所以介绍我认识。交谈之下，他在文史方面的修养、对音乐以外的兴趣之广泛和知识之渊博，确实不同寻常。显然手读盲文无法满足其需求。我只知道当时已存在朗读专业，可以从广播中听书，但是大多是小说或比较适于普及的书籍文章，而且速度较慢，不大可能满足这样广博的阅读量。智能手机之兴起，音频与文字间转换的技术发展和普及似乎还是近几年的事。我孤陋寡闻，对此不太了解。他还向我介绍过书籍，其中有纪德写的《肖邦笔记》，发给我全部英文版。近年来他有多种作曲，包括为大型纪录片《影响世界的中国植物》配乐。

最近他在音乐学院开了一堂选修课：中东欧历史文化，足见其在文史方面的造诣和兴趣。

他音乐成就突出，已得到国际承认，常到国外演出、讲学，更加见多识广。他有一位秀丽聪慧的妻子曹雨涵，拉小提琴，对他照顾有加，相得益彰。借微信之力，近年来我们常有联系。他们也曾来我家玩，雨涵和我也合奏过。代博以他敏锐的听力当然不放过我的瑕疵，坦率指出，进行指导，还做示范。他不知记忆中有多少曲子。他说一方面记声，一方面记手，也就是一首熟练的曲子可以不管声音，凭手的记忆完整地弹下来。甚至还可以一方面顺着手下意识地弹一首曲子，同时戴着耳机听一篇完全不相干的文章。这是什么功夫！前面提到钢琴家盛原，曾是代博的老师。他除了请我听他演奏外，也有所交往，除了聊天外，每次我都借机准备一两首曲子请他指导，颇受教益。

总之，生活在科技迅猛发达的时代也是代博这样的天才之幸。

其他还不断结识多位国内一流的音乐家，总是偶然机缘凑巧，或朋友的朋友连环结识。他们不弃我外行、老朽，除了出于对音乐的爱好外，也都有一定的思想基础，至少认同我的某些看法，对人文艺术有所追求。此处不一一点名，以免吹嘘"我的朋友XXX"，有"追星"之嫌。他们多数属于中青年，或已功成名就，或是冉冉上升的新星，来日方长。音乐家当然不可能不食人间烟火，我只衷心希望他们能抵挡住各种诱惑和功利之心，保持对艺术的纯真、敬畏之心。

以乐会友方兴未艾

2017-19的两三年中，又参加了几场规模不等的音乐沙龙。其中比较正式的一场是2019年热心朋友联合为我举办90岁生日音乐会，正好与我《九十自述》一书出版同时。比实际年龄提前了一年，似乎冥冥中有预见，如果到2020年就办不成了。

那次音乐会许多熟悉和不熟悉的朋友都闻讯纷纷要求前来，但囿于场地和有关部门对大型聚会的限令，许多热心者被婉拒。实际听众也大大超过规定的50人。胜友如云，不能一一介绍。这里只提四位比我还老的：大画家黄永玉（96岁）、作曲家茅沅（94岁）、卢萃持（92岁）、经济学家吴敬琏（89岁，比我大半岁）。需要介绍的是卢萃持，她是我第一年上燕京大学的第一位同宿舍的同学，新闻系，毕业后一直从事广播事业。她比我高一班。当年老同学帮助新同学成风，她对我在生活上热心照顾。她是广东人，还曾教我用广东话背《长恨歌》。后来我离开燕京，便断了来往。进入21世纪，由于他她的儿子也与音乐界有关系，一次惊喜的偶遇，我联系上了这位老同学，十分高兴。难得的是隔了大半个世纪，各自历尽沧桑，却无生疏感，话旧、论今都仍投机。这次我特意请她来。

以我的水平，当然撑不起一次演奏会。请了几位专业音乐家来撑场面。节目如下：

音 乐 会 节 目 单

2 0 1 9 年 6 月 2 2 日

1，钢琴独奏　　　　　　　　　　　　　　　　　资中筠

　　第8奏鸣曲（悲怆）（贝多芬曲）
　　II\III乐章

2，钢琴独奏　　　　　　　　　　　　　　　　　郭　册

　　阳关三叠（张肖虎曲）
　　夕阳箫鼓（黎英海曲）

3，钢琴四手联弹　　　　　　　　　　　　郭册 资中筠

　　天鹅（圣-桑曲）
　　军队进行曲（舒伯特曲）

休　息

4，钢琴独奏　　　　　　　　　　　　　　　　　资中筠

　　安慰III（李斯特曲）
　　女巫之舞（麦克道威尔曲）

5，女中音独唱　　　　　　　　　　　　　　　李　克
　　钢琴伴奏　　　　　　　　　　　　　　　李舒曼

　　哈巴涅拉（选自歌剧卡门，比才曲）
　　致音乐（舒伯特曲）

6，小提琴钢琴合奏　　　　　　　　　　　姜帅 资中筠

　　第5奏鸣曲（春天）（贝多芬曲）
　　第I、II、III、IV乐章

我的发言大意：

实际上我知道自己弹琴是上不得台面的，特别是一离开家里的琴，就错误不断。我对音乐和艺术有一种敬畏，深知业余和专业是不能跨界的，不会以为自己学了几年就可以拿来表演了。也看过一些人无论是在哪一方面有成就，字写得不怎么样，就拿出来展览或拍卖，深引以为戒。但今天是一个私人朋友的联欢会，承蒙朋友们热心与我同乐，随便弹几首，不管弹成什么样，供大家一乐。

我今天很高兴也很荣幸请了几位专业的音乐家一起助兴。他们都是真正专业人士：

郭珊老师，是中央音乐学院毕业，专业在中央乐团弹琴，后来从事行政工作，是中央乐团的副团长，有几年没有专门弹琴。但是你们听了就会知道她是专业的。我特别请她弹《阳关三叠》，因为我始终认为这样一支曲子不能只有我一个业余水平的版本。有一些技巧的要求我就是达不到。我就给了她一份乐谱，希望她练一练来参加演出。她艺高人胆大，在短时间内一首完全没有摸过的曲子就拿下了。一些熟朋友大概听过不止一次我弹《阳关三叠》，今天可以听到专业水平的演奏。

李克老师，她是女中音，也是中央乐团的，现已退休。她曾担任贝多芬第九交响曲的领唱。伴奏是她的女儿，也是中央乐团的钢琴手。

另有一位青年才俊姜帅先生，将要与我最后合奏贝多芬的《春天》奏鸣曲，他也是科班出身，从中央音乐学院附中到音乐学院毕业，后去德国深造，参加过德国的交响乐团，现在是爱乐乐团的小提琴副首席。

这么多高手跟我一同演出我很感动，也诚惶诚恐。总之我非常感谢。

讲到节目单，开头结尾都是贝多芬的，这不是故意的，是因为我自己能弹的曲目有限。前年我把我能背下来的录了一张光盘《衰年自考》，共十三首，送给了一些朋友，在这之后我又重新背了《悲怆》

奏鸣曲，这是现在唯一一首三个乐章完整背下来的。本来曾经有过一个不自量力的想法，想今天三个乐章都弹，但后来考虑第一乐章我弹的毛病太多，太不成熟，并且很费力，前面把劲使完了，后面就没力气了，后面《春天》还有四个乐章呢，所以最后决定只弹第二三乐章。即使这样，也弹不好，请大家多多担待。

另外，据说现在音乐界有一种反对"德奥中心"的说法，我恰好有限的音乐知识就是以德奥为中心，而且止于19世纪，连20世纪的都极少。现在要弹的"女巫之舞"是我唯一会的美国作曲家的作品。麦克道威尔是跨世纪的，我原把他算入20世纪，但后来发现音乐史上还是把他算入19世纪浪漫主义。不过此浪漫主义非彼浪漫主义，与另一首李斯特的《安慰》非常不同。"Witches Dance"翻译成"女巫之舞"比较文绉绉，说白了是"妖精跳舞"，更能想象它的意境。快速、跳跃、一惊一乍的。不过我能不能表现出来，又是另一回事了。

那次音乐会后，引起郭珊的兴致，她的乐友当然很多，又组织过几场的音乐聚会，自娱自乐。自此以后，我以乐会友的活动日益增多，部分地替代了空间日益逼窄的文字写作。如无疫情影响此类聚会还会更多。我活到老学到老，竟然有所长进，兴趣日浓。于是又做了一件以前没有想到的事，就是换琴。我2008年搬新居，终于有空间可以放下三角琴，于是购买了平生第一台三角琴，认为已经如愿以偿，这是最后一次换琴了。是营口钢琴厂出产的，属于该厂第一批三角琴，为创牌子，物美价廉，当时感觉不错。琴行老板坦率介绍称，现在此琴音色、性能都不错，但国产琴与进口名牌的区别在于难以持久，大约十年后就毛病开始显现，需要大修整。我那年78岁，认为十年足够了，我自己大概维持不了十年弹琴的能力。没想到十多年过去后，方兴未艾。而琴的品质果然下降，自己的要求反而高起来。调音师认为此琴微调不够，需要搬回琴行彻底修整，当然费用也不菲。我忽发换琴之想，同样是折腾，何不换一台进口琴呢？有了此念后，一段时间脑海中有两种声音打架：一说自己来日无多，又是业余自娱，不值得再折腾；一说惟其来日无多，就这点乐趣，有生之年为什么不任性享受一下呢。斗争结果，后者占上风。于是下决心，在我熟悉的琴行老板帮助之下，购得一架能放进我有限的空间里的小尺寸的Kawai，果然比原来的各方面有不少改进，主要是自己感觉舒服。每与朋友谈及此事，他们一致的意见都认为我本该随性而为，根本用不着纠结。

我很幸运，少时有机会学了一点琴，还遇到好老师，使我晚年还有那么丰富的生活和乐趣。同时我对专业演奏家总是保持钦佩和敬畏。正由于学过而没学好，深知达到某种堪称专业的水平——更不用说大师级——是多么不容易。一靠天赋，二靠苦练，缺一不可。至于二者的比例，因人而异。我还是坚信，无论多高的天赋还是缺不了苦练基本功这一关。

近见有学者文章称，决心让自己孩子做个"普通人"，所以不让他学钢琴云。文章所针对的是现在家长望子成龙心切，追求虚荣，使孩子不堪重负，这点我赞同。但是把学不学钢琴作为是否做普通人的分野，大谬而不然。这恰好落入了作者所反对的观念的窠臼，也是方今中国家长或教育界的误区。孩子课余学习一门艺术，无论是音乐、美术、舞蹈、体育，都是美育熏陶的一部分，如果在某方面有天赋，或特别喜好，则可作为将来的专业来培养，否则作为业余兴趣，与做不做"普通人"无关。方今社会实用主义盛行，学钢琴或其他乐器成为一种工具，或者作为"特长生"，可以升学时加分；或者满足父母的虚荣心，成为进入某种"圈子"的标志，达到目的后就放弃。如果想以此为专业，则想到的是"琴中自有黄金屋"——有一位音乐老师告诉我，郎朗作为励志的范例对音乐教育起了非常负面的作用，因为许多学童学习的动力不是对音乐本身的欣赏，从中得到精神上的满足，而是以郎朗为标的，期盼一朝像他一样名利双收。这当然不是郎朗之过，而是畸形的宣传之过，或者是高度功利化的社会现象之一。正如人们提到比尔·盖茨，想到的是亿万富翁，却不是他当年的好奇心和创新精神、艰苦创业的过程，以及对互联网科技的贡献。以个人的经历，我如果从来没有学过琴，就世俗的功业成就而言，毫无增减。有幸学了一些，增加人生许多乐趣。特别是晚年以此自娱、以此会友，慰我孤寂良多。师友热心指导和我用心学习，都毫无功利目的，本是风烛残年，进入这样的境界，我何幸！

（2021年岁末截稿）